向历史名将学谋略与智慧

刘子仲 著

再现猛将斗智斗勇的伟大智能
于乱世中窥见最真实的人性
以史为鉴，以人为镜

ZHEJIANG UNIVERSITY PRESS
浙江大学出版社

图书在版编目(CIP)数据

向历史名将学谋略与智慧/刘子仲著. —杭州：浙江大学出版社，2012.7
ISBN 978-7-308-09088-9

Ⅰ.①向… Ⅱ.①刘… Ⅲ.①谋略—中国—古代—通俗读物 Ⅳ.①C934-49

中国版本图书馆CIP数据核字（2011）第184713号

向历史名将学谋略与智慧

刘子仲　著

丛书策划　张　琛(zerozc@zju.edu.cn)
责任编辑　张作梅　张　琛
封面设计　墨华文化
出版发行　浙江大学出版社
（杭州天目山路148号　邮政编码310007）
（网址：http://www.zjupress.com）
排　　版　杭州大漠照排印刷有限公司
印　　刷　杭州杭新印务有限公司
开　　本　710mm×1000mm　1/16
印　　张　18.75
字　　数　315千
版 印 次　2012年7月第1版　2012年7月第1次印刷
书　　号　ISBN 978-7-308-09088-9
定　　价　38.00元

浙江大学出版社发行部邮购电话（0571）88925591

前　言

幽邃深远、博大精深的《史记》隐藏了中华民族伟大的千年智慧;“史家之绝唱,无韵之《离骚》”的《史记》是每个人一生中应该细读的历史经典。它给了古今无数人难以形容的震撼,每一个炎黄子孙都应该认真品读一下这本千年文明史上的巨著。

读《史记》,我们可以从品读中理解历史的精髓和古人的心境,更有不可忽视的智慧和动人的情节,这些智慧和故事给我们感悟,给我们启迪。

一部《史记》从传说中的黄帝开始,一直写到汉武帝元狩元年(公元前122年),叙述了我国三千年左右的历史,是一部“究天人之际,通古今之变,成一家之言”的伟大著作,是我国历史学上一个划时代的标志,它全面记述了上古至汉初三千年来的政治、经济、文化多方面的历史情况,是我国古代历史的伟大总结,是司马迁对我国民族文化特别是历史学方面的极其宝贵的贡献。其对中国后世的史学和文学影响深远,是后人研究、借鉴、查阅历史的金牌范本。

有人称司马迁为“中国史学之祖”,并说他“集前此学术的大成,而为中国史学界别开一新局面”,足见他与《史记》在史学中的地位。

一部《史记》,写尽了各路群臣和哲人、智士。《史记》就如一个历史舞台,记述了那段历史的风云变幻,波诡云谲。《史记》是一部群雄之争的历史,是一部智者拼智、勇者比勇的高智能竞赛舞台。

在这个舞台上,除了皇帝还有很多令人注目的焦点人物,而这些人物则永远站在皇帝的背后。他们就是为皇帝打下江山的猛将们。没有他们就没有帝王们的千秋大业,没有他们就没有国家的长治久安和百姓的安居乐业。他们以自己的血肉之躯铸就了帝王们的万里江山和百姓的和平、享乐。

他们永远与战火、烽烟、鲜血这些残酷的现实联系在一起。战争——这古老的人类游戏，是他们永远的活动舞台。

中国五千多年的文明史，是在这战争中，由分到合，又由合到分，再由分到合中进行的。在这战争主导下的分分合合之中，有多少猛将粉墨登场，又造就出多少幕精彩的、震撼人心的历史片段。

他们是历史的创造者，改革者，决定者。

然而，历史是漫长的，而人生却是短暂的，盖世的英豪，即使是名震一时，也难免会被历史的巨浪淘去。但是，也有很多人到今天我们仍然能记起，仍在不经意间就提到他的名字、他的事迹。他们留给了人们很多值得讨论的话题。

《向历史名将学谋略与智慧》一书，以《史记》中猛将们的故事为底料，吸纳睿智精华成一家之言，集知识性、趣味性、实用性于一体。对猛将们的人生作了详细的归纳总结、品读、分析，有十分深刻的教育意义和强烈的艺术感染力。

《向历史名将学谋略与智慧》透过生动笔触，通过巧妙裁剪，互相衬托，在现实矛盾困惑中分析历史武将的处事方式及其经验教训，总结和评判其文化性格。

本书以独特的眼光、敏捷的思维，品读出了历史的另一面，对历史、对人物、对人生的感悟汇集出了人生的大智慧。相信，本书会令你回味无穷，不愧为一本佳作！

目录
CONTENTS

热血知己……范蠡
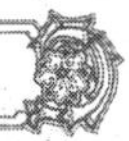

范蠡是春秋末期越国的军事家、政治家、外交家和商业鼻祖。楚国宛邑(今河南南阳)人。这位热血男儿佯狂倜傥,傲然负俗,与文种相偕入越,被越王勾践用为谋臣,以"十年生聚,十年教训"的韬略,协助勾践彻底击败吴王夫差而雪耻复国,继而助勾践北向称霸中原。完成任务后深知"飞鸟尽,良弓藏;狡兔死,走狗烹"的生存规则,便激流勇退,悄然而去。

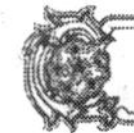
不战而胜……司马穰苴

根据《史记·司马穰苴列传》记载:"齐威王使大夫追论古者司马兵法,而附穰苴于其中,因号曰《司马穰苴兵法》。"司马穰苴所著的《司马穰苴兵法》,是我国古代战争实践经验的理论概括,也是早期兵法理论的继承和总结,历来为兵家所重视。司马穰苴也备受后人钦佩。

不败战神……白起

司马迁在《史记·白起王翦列传》中称赞白起"料敌合变,出奇无穷,声震天下"。白起是中国历史上伟大的统帅、军事家,是继孙武之后,中国战争史上又一个伟大的军事统帅,也是秦国历史上战功最为卓著的将领。白起善于用兵,一生征战沙场达三十七年之久,战胜攻取七十余城,歼敌百万,未尝败绩,为秦国统一作出了巨大的贡献。

文武兼用……乐毅

乐毅是春秋战国时期的一代名将,他的军事指挥才能以及胆识和魄力被历代军事战略家们所肯定。史书上虽没有记载乐毅在军事理论上有什么建树,但他指挥燕赵联军,连克齐国七十余城的不凡业绩,证明他是一位有杰出才能的军事家。

兵家鼻祖……孙武

孙武是我国古代伟大的军事家,也是世界著名的军事理论家,创造了我国军事史上以少胜多的奇迹,为吴国立下了卓著战功。他所著的《孙子兵法》是我国现存最早、最完整、最系统的兵书,被誉为"兵经"、"兵家鼻祖"。

辗转仕途……田单

太史公曰：作战要一面交锋，一面用兵出奇制胜。善于用兵的人，能够不断得胜。不管是奇袭还是正面交战，都要相配合，才能使人捉摸不定，如同圆环没有起止。用兵一开始要像处女那样沉静，让人没有防备，等到机会来临，就要如脱逃的兔子一样，使人不及防御。而田单就是这样的人！然而，虽有如此才能，但是，他的仕途并不是一帆风顺的。

谋略专家……孙膑

庞涓妒孙膑之才而将其骗至魏，施以膑刑（割去膝盖骨），因有孙膑之称。战国时期齐国阿（今山东阳谷县东北）人。中国历史上卓越的军事家、军事理论家。生卒年代不详，大约活动于公元前380年至公元前320年左右，是春秋时期齐国著名军事家孙武的后代。司马迁说：“孙武既死，后百余岁有孙膑。……膑亦孙武之后世子孙也。”少时孤苦，年长后从师鬼谷子学习《孙子兵法》，显示了惊人的军事才能，不料，他却因此遭人暗算……

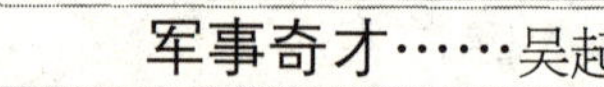

军事奇才……吴起

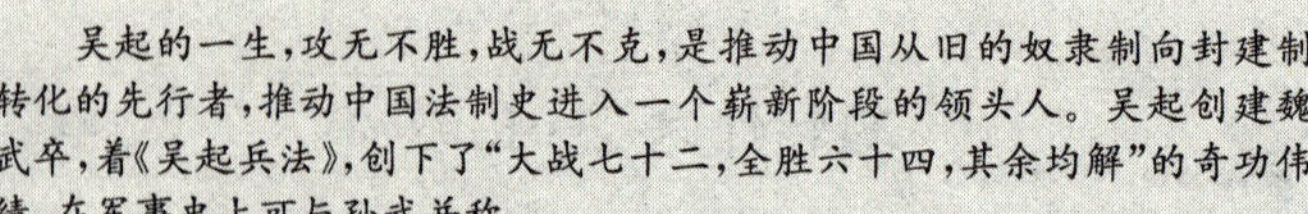

吴起的一生，攻无不胜，战无不克，是推动中国从旧的奴隶制向封建制转化的先行者，推动中国法制史进入一个崭新阶段的领头人。吴起创建魏武卒，著《吴起兵法》，创下了“大战七十二，全胜六十四，其余均解”的奇功伟绩，在军事史上可与孙武并称。

八将首领……赵奢

赵奢主要生活在赵武灵王（公元前324—前299年）到赵孝成王（公元前265—前245年）时期，享年约六十余岁，是战国后期赵国名将，战国八将中的第一将领。初任赵国部吏，旋主治国赋。后任将军，精于用兵。赵惠文王二十九年（公元前270年），秦军进攻阏与（今山西和顺），他奉命救援，先侦察敌情，继以急行军赶往，居高临下，大破秦军，因功封马君。

不得复用……廉颇

廉颇是战国时期一位杰出的军事将领，其征战数十年，攻城无数而未尝败绩。而他勇于改过，真诚率直的性格，更使人觉得可亲可爱。他的一生，正如司马光所言：“廉颇一身用与不用，实为赵国存亡所系。此真可以为后代用人般鉴矣。”这一结论，既概括了廉颇一生荣辱经历的史实，又揭示了人才与国家盛衰兴亡的重要关系，确实值得后人深思。

戎马人生……李牧

李牧是战国末年东方六国最优秀的将领，是秦国统一的最大障碍。率赵军抗击秦国时，却被奸臣陷害。他的无辜被害，使后人无不扼腕叹恨。胡三省注《通鉴》时曾将李牧的被害与赵国的灭亡联系在一起："赵之所恃者李牧，而卒杀之，以速其亡。"司马迁在《史记·赵世家》中说："迁素无行，信谗，故诛其良将李牧，用郭开。岂不谬哉！"司马迁对李牧的冤死，表示很愤慨。

重才善战……魏无忌

魏无忌（？—公元前243年），魏昭王少子，安厘王的异母弟，战国时期魏国著名的军事家。因安厘王元年（公元前276年）被封于信陵（今河南宁陵县），所以后世皆称其为信陵君，与春申君黄歇、孟尝君田文、平原君赵胜并称"战国四公子"。

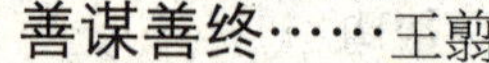

善谋善终……王翦

历史上不知道多少名将浑浑噩噩栽在了君王的疑心上，都不知道自己怎么死的呢！然而也有那么几个名将，不仅帮助君主成就了万世伟业，更难得的是保全自己，为自己的人生画上了一个完美的名号。秦国大将王翦就是这样的人，王翦虽是在晚年的时候才开始活跃的，但这丝毫没影响到他的功绩。这与他的老谋深算有着密切的关系。

文武并用……蒙恬

蒙恬（？—公元前210年），秦始皇时期的著名将领，祖籍齐国。秦始皇二十六年（公元前221年），蒙恬被封为将军，攻齐，因破齐有功被拜为内史（秦朝京城的最高行政长官），其弟蒙毅也位至上卿。蒙氏兄弟深得秦始皇的尊崇，蒙恬担任外事，蒙毅常为内谋，当时号称“忠信”。其他诸将都不敢与他们争宠，但也遭到了不少奸臣的妒忌，由此拉开了人生的坎坷之路……

起义之路……陈胜

陈胜自幼家境贫寒，“少时尝与人佣耕”。但是，他胸怀大志，不忍受地主阶级的剥削与压迫，逐渐产生了改变现实、摆脱贫困的思想。然而，虽有一定的才气和英雄的胆略，可是他毕竟缺乏作为一名领袖人物所必须具备的文化、政治、军事素质。这样他在如火如荼瞬息万变的情势之下，就缺乏那种驾驭高度复杂局面的能力和运筹帷幄的智慧，难免以悲剧收场。

西楚霸王……项羽

综观项羽一生，可以发现他是一个有勇无谋的人，他的一生中几乎没有用过心机，总是直来直往，快言快语，速战速决，但这样的项羽一碰上善于掩饰自己情绪的刘邦，注定是要倒大霉的。俗话说："大丈夫喜怒不形于色。"项羽直率的个性不断地支配着他的行为，所以项羽给人的感觉是一眼就能看透，很容易陷自己于危险的境地中。因此，楚汉相争的结局，就在我们的意料之中，一个将自己弱点完全暴露在敌人眼前的人注定是失败的。

自负之将……韩信

韩信的一生是辉煌的，但是，客观来讲，韩信是个悲剧人物，他的一生或郁郁不得志，或功高盖主而惨遭杀害。韩信不同于张良，他不懂什么是政治家，帅和将之间始终都有一道明显的鸿沟，"鸟尽弓藏，兔死狗烹"的道理他也不懂，他更不想懂，韩信一步步从社会底层走上来，一直因为刘邦对他的知遇之恩而忠心耿耿，不肯背弃，他的理想是做千古功臣，但他却忘了一点，他是将，天生的将，而刘邦是帅。这样，注定了他的悲剧结局。

两汉人物……英布

英布（卒于公元前195年），中国秦朝时六县（今安徽六安县）人。年轻时受过黥刑（刺面），所以又称黥布。起初为骊山役徒，修筑秦始皇陵墓。秦末率骊山刑徒起义，响应陈胜、吴广造反。后来投奔项梁，被封为九江王，楚汉战争中投奔刘邦，与韩信、彭越会师，消灭项羽，被刘邦封淮南王。公元前196年，因韩信、彭越被杀，举兵反汉，战败之后逃亡到江西一带，被长沙王吴臣诱捕杀害。

汉初名将……彭越

彭越与韩信并列为汉初三大名将，位在英布之上，曾率偏师在楚汉相争于荥阳之时抄敌粮道，迫使楚兵主力回师，复败复起，拖住楚军主力，使得汉军主力及淮阴侯部能够并力前行，终于将楚军压至彭城一带，方有以后垓下事，功劳甚著，封赵王（淮阴侯为楚王，英布为淮南王），后刘邦疑惧之，发配往蜀地，路中碰到吕后，以为碰到知音，向吕后诉苦，吕后仍带他到刘邦处，劝刘邦杀之，以绝后患。

西汉名将……周亚夫

周亚夫是汉朝军事家。《史记·绛侯周勃世家》中载："太史公曰：绛侯周勃始为布衣时，鄙朴人也，才能不过凡庸。及从高祖定天下，在将相位，诸吕欲作乱，勃匡国家难，复之乎正。虽伊尹、周公，何以加哉！亚夫之用兵，持威重，执坚刃，穰苴曷有加焉！足己而不学，守节不逊，终以穷困。悲夫！"司马迁对他称赞的同时，也为他惋惜，说他因为过于耿直，对皇帝不尊重，不善谋身，结果导致悲剧结局，令人慨叹。

飞将难封……李广

李广一生戍敌边关，与匈奴交战七十余次，以骁勇善射、智谋超群著称，匈奴闻其名则远而避之，不敢与其相战，堪称不战而屈人之兵。李广治兵宽缓不苛，与士卒同甘共苦，深受边关军民的爱戴，在历代的边疆士兵中都有非常高的威望，是一位“才气天下无双”的将军。可就是这位人称“飞将军”的名将，终其一生竟然没有得到封侯，引来民间无数惆怅，“李广不封侯，古往今来同一哭”，“自叹马卿常带疾，还嗟李广不封侯”。

大漠将军……卫青

他是一位才华与人品俱佳的将领，他礼贤下士，性格谦和，从不居功自傲，体恤士卒，因此深受部下拥戴。在中国历史上，这样的将领是不多见的。即使在建立战功，得到高官厚禄之后，也懂得谦虚谨慎，宽厚待人，故司马迁称其“为人仁善退谦”；班固亦称“青仁，喜士，退让”。曾是大汉帝国的擎天之柱，纵使归于尘土，也掩盖不了千秋功业、千秋声名。这就是汉朝大漠第一将军卫青。

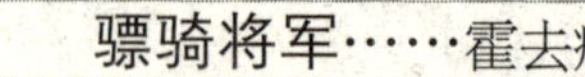

骠骑将军……霍去病

杜甫《后出塞》诗云："中天悬明月，令严夜寂寥。悲笳数声动，壮士惨不骄。借问大将谁？恐是霍骠姚。"诗中所说的霍骠姚就是汉武帝时期最为耀眼的青年军事将领霍去病。

霍去病，西汉著名将领，大将军卫青的外甥。霍去病从小生活在奴婢群中，生活十分艰苦，但他勤奋好学，小小年纪就精通了骑马、射箭、击刺等各种武艺。他是个性格坚毅、智勇过人的青年。西汉时期，西汉王朝与匈奴的斗争已达到白热化程度，匈奴屡次入侵，汉武帝一改以前的和亲政策，开始了对匈奴的反击战争。霍去病的才能也在抗击匈奴中得以展现。

热血知己

◎范　蠡

范蠡是春秋末期越国的军事家、政治家、外交家和商业鼻祖。楚国宛邑(今河南南阳)人。这位热血男儿佯狂倜傥,傲然负俗,与文种相偕入越,被越王勾践用为谋臣,以“十年生聚,十年教训”的韬略,协助勾践彻底击败吴王夫差而雪耻复国,继而助勾践北向称霸中原。完成任务后深知“飞鸟尽,良弓藏;狡兔死,走狗烹”的生存规则,便激流勇退,悄然而去。

文武双全,投奔明主

春秋末期的吴越争霸,由于其出人意料、峰回路转的结局,深为后人所知,更由于充斥其中的阴谋与阳谋的变幻,使得整段历史颇有跌宕起伏的戏剧性,在这个舞台上出场的人物,都值得去细细考察一番。在所有的角色当中,范蠡无疑是其中最为出色的一个。

范蠡,先秦著名的政治家、思想家和谋略家。字少伯,春秋末期楚国宛邑(今河南南阳)人,生于宛郡的内乡县,出身贫寒。父母早亡,由哥嫂抚养成人。范蠡小时天资聪慧,博闻强识,喜读书,抱负大,不喜耕作,众乡邻不齿。范蠡说:"你们怎么知道我的志向呢?"他苦读了《书》、《易》、《诗》等大量的书籍,学到了许多历史知识和治国安邦的理论。范蠡不仅弄通了风后的《握奇经》,还潜心钻研了姜太公的军事书籍《六韬》和《三略》。姜太公把大力发展农业、手工业和商业作为军事韬略的"三大法宝",对这些范蠡都十分推崇。后来范蠡无论是治家还是治国,姜太公的思想对其影响都很大。

当时著名的理财家计然(计然,名研,姓辛,字文子,着有《文子》一书,春秋时期名人),到南阳云游,范蠡拜其为师,跟他学习经济知识和经商技巧。

范蠡在青年时就已经学富五车、满腹经纶,而且聪敏睿智、胸藏韬略,颇有圣人之资,再加上他精通剑法,可以说是文武双全。但当时楚国政治黑暗,选拔官吏,非贵族阶层不得做官。范蠡空有文才而不被任用。报国无门,使得范蠡放浪形骸,做事办事不合时宜,往往做出许多令人吃惊不已的事情,疯疯癫癫,行为怪异,被誉为有名的"楚国狂人",乡邻们喊他为"范疯子"。

楚荆王时,楚国名士文种(字子禽,楚国郢人)到宛任令。他学识渊博、志向远大,本想在都城升迁,但由于不是贵族出身,被发配边陲小邑做了一个邑令(相当于今日县长)。文种之才可以治国,如今治邑,自然轻松。上任不久,宛邑民顺政清。文种闲暇,四处察访。一察施政,二访贤人。当听说百里长河弟子范蠡有奇才,便遣小吏去范公村召之。小吏去范公村,范蠡不见。小吏回文种说:"村人都说范蠡是个疯子,不必再召见了吧。"文种笑道:"吾闻贤俊之士,易招疯子之讥,内怀独见之人,外遭不智之毁,你不明白,明日备车,吾亲往谒之。"

到了次日,文种乘车到了范公村,询问范蠡家住处。村人告之在村西北角。文种下车,往范蠡家走去。走到范蠡家大门外时,突然一黑色大狗从门内窜出,"汪汪"地叫个不停。

文种和小吏先是一愣,仔细看时,却是一人披着狗皮学狗吠叫。手下人便说:"这就是范蠡。"众乡邻都围着看热闹。跟班的小吏恐怕文种听了感到羞惭,就拿衣服遮掩范蠡。文种不让遮,说:"我听说过狗只对着人叫,他是个人身,却对着我学狗叫,意思是说我是个人,是看得起我呀!"于是他从容下车拜见范蠡,范蠡已知文种不是昏官,戏笑太大,已不成礼,慌忙逃去。

村人大笑。笑文种太痴,笑范蠡太疯。

范蠡之所以要用狗吠迎客,目的就是为了试探文种。刚开始,他已知文种德政,但可交不可交,心里却没有半点把握。世事维艰,世态炎凉,心不相通,不可深交。小吏传文种召他,他避而不见,是试试文种是否诚心。若心诚,必亲自来。文种来时,他在村头早已望见,临时决定披狗皮狂叫,是试文种是否会心。文种果然悟出,谓他是圣人,在村人讥笑声中向自己行叩拜之礼,可谓大智若愚。范蠡揣测,文种既然诚心交友,会心达意,明日必定还会前来。那明日,就要试一试文种是否知心了。若是知心之人,即引为知己,赴汤蹈火,在所不辞,当今乱世,能交一心心相通的朋友,即便宏图不展,也不枉来一趟人世。

当晚,范蠡将思绪整理了一遍。次日早饭后,范蠡对其哥嫂说:"今天有贤人来拜访我,请借给我一套干净衣帽。"范蠡兄嫂均为老实厚道之人,私下也常为其前程操心,前日吏来不见,昨日装狗,实在弄不明白弟弟意欲何为。换了别人,早就跑到宛城去了。还坐等邑令来谒?昨日邑令在哄笑声中离去,岂不生气,今日还能再来?但弟弟说了,况且他说的话往往很准,两人也就不再多说啥了。兄长范水掂起篮子上市去了,嫂子在屋内翻箱倒柜,看有没有合适衣服。终于找到一件范蠡父亲生前出门见客常穿的一件旧衣,虽然大了些,但比范蠡身上穿的破衣服好多了。

范蠡刚穿戴梳洗完毕，文种就来了。两人交谈后，都觉相见恨晚，结为终身知己。于是，文种把他推荐给楚王，范蠡从此开始步入仕途。但是后来，楚国忠臣伍奢被楚王杀害的事件给范蠡的心头蒙上了一层阴影，他认识到了楚国的衰落和政治的黑暗。最后，他找到文种，说出自己心中的感受，两人一同弃楚国而去，投奔了越国。当时正值春秋诸侯争霸，吴国、越国的气势已经很盛，常年战事不断，越王允常正求贤若渴。范蠡和文种的到来，使越王甚为高兴，与两人纵论天下大事，深契于心，随后越王便封范蠡和文种为大夫，成为了越王勾践的左膀右臂。

从古至今，像范蠡这样的人实在是不多，“装狗迎宾”历来都是一件很罕见的事，当然，也只有满腹经纶、胸怀大略的人才会如此作为，正如文种所说“有才之人做事，一定会有狂妄的举动，他们往往心怀独特的见解，行为上往往会给人一种狂妄无知的感觉”。是啊！哪有一个正常的人肯装作狗来迎接贵宾的，这样岂不是拿污水往自己身上泼吗？可又有几个人能够真正了解范蠡的苦心呢？

深谋远虑，能屈能伸

《史记·越王勾践世家》记载：范蠡事越王勾践，既苦身戮力，与勾践深谋二十余年，竟灭吴，报会稽之耻，北渡兵于淮以临齐、晋，号令中国，以尊周室，勾践以霸，而范蠡称上将军。

公元前496年，越王允常死后，他的儿子勾践即位。即位后，勾践用范蠡主持军事，文种主持政务，携手振兴越国。当时，吴王阖闾闻允常新丧，想趁越国人心不稳之际灭掉越国，便发兵攻打越国。但越军利用吴军的疏忽，采用偷袭战术把强大的吴国军队打得溃不成军，一败涂地，吴王阖闾也受了重伤，回到都城姑苏（今江苏省苏州市）后，便因重伤而死。随后他的儿子夫差继位，立志复仇。此后，吴国和越国便成无法化解的世代之仇。

公元前494年，越王勾践想趁吴国尚未准备妥之时，先发制人，出兵伐吴，范蠡极力劝谏说："吴国练兵快三年了。这回决心报仇，来势凶猛。咱们不如守住城，不要跟他们作战。"但勾践不同意，誓与吴国人拼个死活。越王勾践调动全国精兵三万人，北上攻吴，与吴兵战于夫椒（太湖中山名）。结果，勾践大败，仅剩五千残兵，退守会稽山（今浙江中部，主峰在嵊县西北），且被吴军团团围住，身陷绝境，形势危急。

心急如焚的勾践，左思右想却无计可施。于是就问范蠡道："因为不听您的话我落到如此田地，眼下我们该怎么办？"范蠡之高明终于体现，没有因为以前的事情甩手不管，他深谙大丈夫能屈能深的道理，向勾践建议："人待期时，忍其辱，乘其败……"，"持满而不溢，则于天同道，上天会佑之；地能万物，人应该节用，这样则获地之赐；扶危定倾，谦卑事之，则与人同道，人可动之。"他向勾践概述"越必兴、吴必败"之断言，进谏："屈身以事吴王，徐图转机。"如此，即可以屈求伸。勾践听从范蠡

勾践、范蠡、文种

之计，派大夫文种赴吴求和，并以美女、珍宝密贿吴国太宰，使吴王赦免越王，勾践夫妻入吴为质。于是，范蠡随越王入吴，为臣仆三年，备尝屈辱。公元前490年，勾践、范蠡终于被放回国。

获释归国后，范蠡与文种等，为勾践制定结好齐、晋、楚，表面卑事吴王夫差，暗中积聚力量的兴越灭吴九方略，是越国“十年生聚，十年教训”的策划者和组织者。为了实施灭吴战略，也是九方略之一的“美人计”，范蠡亲自跋山涉水，终于在苎萝山访到德才貌兼备的巾帼奇女——西施和郑旦，连同大批财宝献给夫差，以麻痹夫差。经过多年努力，越国大治。

公元前482年，夫差率吴军北上争霸，和晋、齐等国会于黄池，国内精兵为之一空。

勾践抓住这个机会，在国内举行誓师大会，出兵五万人突袭吴国，吴军措手不及，大败，连吴太子都丧命疆场。夫差闻得噩耗后，匆忙与齐晋订立和约，率军回救。勾践这次稳扎稳打，并不急于求成，他统兵避开吴国的锋锐，暂时撤回国内以待时机。

公元前478年，吴国发生特大旱灾，“士民罢弊，轻锐尽死于齐、晋”。勾践认为时机已到，便亲率大军攻打吴国。吴越两军战于笠泽(苏州附近)，越军在此战中，首次采用时髦的“夜袭渡河”方式，并运用了“两翼佯攻”、“中央突破”的战术，使得吴军受到了惨重损失，几乎全军覆没。勾践连战连捷，顺势包围了吴都苏州。周元王三年(公元前473年),越军围困吴都已达三年之久,夫差遣使求和,勾践欲许,范蠡认为,越国有幸不被吴国所灭,长期屈辱,志在灭吴,岂能失此良机而纵敌贻患,促使勾践定下决心,最终破灭吴国。夫差愧恨交加,自刎而死。

"卧薪尝胆"是在中国历史上是一个很具代表性的故事。这个故事虽然已经离我们有几千年了,但至今仍然被人们所津津有道!

在这里面,每一步计划都有范蠡的谋略,他深知吴王好色贪财时,就建议勾践送一些美女与金银珠宝给夫差,这样夫差就有可能放掉他们,勾践依计行事,结果完全就在范蠡的预料之中。反之,如果没有范蠡这些明智的提醒,那么勾践必然会盲目地与夫差拼命。试想,在这种盲目冲动的情况下去打仗,怎么可能打得赢呢?这件事也与后来勾践大败吴军有着密切的联系。在现实生活也有这样头脑发达的人,能够用智慧使自已死里逃生。

在这场战争中,勾践之所以能打胜仗与他自身那种永不忘国耻的精神有关,他不像吴王夫差那样胜利了就得意忘形,而是胜不骄、败不馁:每天吃饭之前先尝一尝苦胆,它的衣着也很朴素,这体现了他要夺回大好江山的决心。

通过以上的种种分析,越吴这场战争是一种智慧上的较量,稍有一点疏忽、粗心,那么失败的矛头就会指向你,冠"无能"永久的罪名!

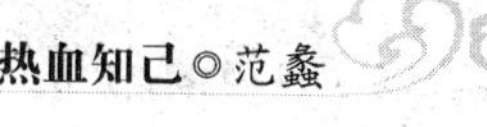

激流勇退，务农经商

在中国历史上，范蠡是一个富有传奇色彩的人物，不仅有文人的谋略，而且还具备商人的高超智慧，既能像儒者那样入世，又能像道家那样隐世。史书有关范蠡功成身退的记载，详见于《史记·越王勾践世家》：还反国，范蠡以为大名天下，难以久居，且勾践为人可与同患，难与处安，为书辞勾践曰："臣闻主忧臣劳，主辱臣死。昔者君王辱于会稽，所以不死，为此事也。今既以雪耻，臣请从会稽之诛。"勾践曰："孤将与子分国而有之。不然，将加诛于子。"范蠡曰："君行令，臣行意。"乃装其轻宝珠玉，自与其私徒属乘舟浮海以行，终不反。

范蠡泛舟

范蠡艰辛劳苦、尽心竭力地帮助越王勾践消灭吴国，洗刷了当年亡国称臣的耻辱。之后，范蠡又辅佐勾践北上进兵，与中原的齐国、晋国争霸，并最终称霸诸侯，立下了汗马功劳，自己也被封为上将军。

但是，越王勾践当上霸主之后，范蠡就立即离开了越国，最后在陶地（今山东省定陶县西北）住了下来。后人所讲的陶朱公的故事，指的就是范蠡。范蠡本来可以做大官，享受荣华富贵，却为什么要归隐呢？

归隐充分表现了范蠡的远见卓识。古人云："识时务者为俊杰"，范蠡看到伍子胥的命运结局，伴君如伴虎，伍氏于吴国的功绩何异与他于越国？那么自己最后的命运呢？范蠡看到这一点，但他并没有不辞而别，且辞别信写得委婉含蓄："我听说，君王忧愁臣子就劳苦，君主受辱臣子就该死。过去您在会稽受辱，我之所以未死，是为了报仇雪恨。当今既已雪耻，臣请求您给予我君主在会稽受辱的死罪。”表面上看起来是求死，实际上是为了逼勾践放自己一条生路。试想，面对如此功臣，又没有治罪的借口，勾践无论如何是下不了手的。于是，他也假惺惺地说：“我将和你平分越国。否则，就要加罪于你。”勾践这一回答，也十分周全，明的逼范蠡要与他平分江山，实际上这是一个杀范蠡的借口。一旦范蠡留下来，真的与他一起坐享江山，那注定只有死路一条。于是，范蠡一再明志，回答说：“君主可执行您的命令，臣子仍依从自己的意趣。”言外之意，我范蠡对越王的江山毫无兴趣。正因为这样，最后他才能从容打点包装细软珠宝，与随从从海上乘船离去。否则，无论多精明、能干，范蠡最后都逃不出勾践的魔掌。

可与范蠡相提并论的功臣文种等人，在与君主处理关系上却远不如范蠡，他们往往目光短浅。范蠡在离开越王后，念在大家待在一起那么久，就从齐国给大夫文种寄来一封信。信上说：“飞鸟尽，良弓藏；狡兔死，走狗烹。越王是长颈鸟嘴，只可以与之共患难，不可以与之共享乐，你为何不离去？”文种看过信后，声称有病不再上朝，结果被越王安上“作乱”的罪名，赐剑而亡。文种收到信后如果能够立即逃路，那么，即使不能闻达于诸侯，也不至于落个“兔死狗烹”的下场。相反，却自不量力地玩起装病不上朝的儿戏，结果招致杀身之祸。文种装病的原因，就是为了证明越王是不是在怀疑自己。结果，果然都在范蠡的意料之中。

作为臣子，武人或文人，功成身退应是一条明智的选择。古往今来，也不乏有人走这样的一条隐退之路，但却没有几个人能够走出这厄运的圈子的束缚，真是悲哉！就像在李白那首《悲歌》诗里说的一样：

……悲来乎，悲来乎，凤鸟不至河无图，

微子去之箕子奴。汉帝不忆李将军，楚王放却屈大夫。

悲来乎，悲来乎，秦家李斯早追悔，虚名拨向身之外。

范子何曾爱五湖，功成名遂身自退。剑是一夫用，书能知姓名。

惠施不肯干万乘，卜式未必穷一经。

还须黑头取方伯，莫谩白首为儒生。

所以，那些明智的人，总是能够以进退为由，逃出功高震主的怪圈，以免引祸上身。“名遂身退，明哲保身”表面看是“无为”，实则是“有为”，正如南怀瑾先生言：功成身退就如自然界的寒来暑往，秋去冬来，草木枯荣，生物之繁衍、新陈代谢，都是正常的现象。然后世，如秦之李斯、汉之韩信、明之刘基、李善长之徒都没有真正理解功成身退的意境，所以最终无一个能够善终的。范蠡进可辅国，退可守身，既能入世又能够隐世，真可谓高明之极！

范蠡之高明，不仅在于及时免祸，更在于他脱离政治领域之后，在经济领域同样取得巨大成功。他三次搬家，三次创业，均获成功，成为名副其实的敛财高手。他先是在齐国的海滨从事农耕，聚财达数十万，名声大振，齐国曾聘请范蠡为国相，他说："长久享受尊贵的名号不吉利。"范蠡毅然归还相印，散发家财，搬迁至陶地。在陶地，耕种之余他等待做买卖的时机，获取十分之一的利润，果然又获得成功，聚财万贯，名震四方，人称陶朱公，受到广泛尊重，并留下"陶朱之富"的美谈。

说范蠡功成身退是无奈的选择，并不是说越王勾践是个生性恶劣的人，而是说专制权威必然会造成名臣能将的如此结局。否则，只有像伍子胥、韩信等人那样惨死。范蠡从求功成到求归隐，个中有不少辛酸、无奈。同样，这又是他人格上转变的一种标志。这一人格的转变，关键在于范蠡彻底认清权位不可弄，声名不可隆，与专制权威终于划清了界线，把自己从奴隶地位中解放出来。

不过，范蠡还没有像庄子那样，认识到财物也是奴役人身心的东西。所以，他一富再富，最后自身虽未遭殃，却导致次子犯罪被杀。此又可笑、可叹者也。唐人任华《寄李白》诗"庄周万物外，范蠡五湖间"，将庄周与范蠡同咏，似未看透范蠡。但若以此指李白既能弃名归隐江湖，又能任侠轻财散尽千金，倒也是妥帖的用典。范蠡的人格没有扭曲于专制权威，但多少有点逐于物的味道。不过我们只要记住范蠡"功成去五湖"是功成身退之士的原型亦足够了。

一言以蔽之，范蠡是贤能之人中的贤能之人。为官，能深谋远虑，运筹帷幄，富国强民；持家，能辛勤劳作，惨淡经营，富甲一方，被人称颂与景仰。像范蠡这样能上能下，能屈能伸，为官为民，样样都能做得最好，名扬四海，永垂后世，这在中国历史上可谓屈指可数。也难怪司马迁会对他有如此赞扬："范蠡三迁皆有荣名，名垂后世。臣主若此，欲毋显得乎！"

不战而胜

◎司马穰苴

根据《史记·司马穰苴列传》记载:"齐威王使大夫追论古者司马兵法,而附穰苴于其中,因号曰《司马穰苴兵法》。"司马穰苴所著的《司马穰苴兵法》,是我国古代战争实践经验的理论概括,也是早期兵法理论的继承和总结,历来为兵家所重视。司马穰苴也备受后人钦佩。

严于治军，大显其能

《史记·司马穰苴列传》记载：司马穰苴者，田完之苗裔也。齐景公时，晋伐阿、甄，而燕侵河上，齐师败绩。景公患之。晏婴乃荐田穰苴曰："穰苴虽田氏庶孽，然其人文能附众，武能威敌，原君试之。"景公召穰苴，与语兵事，大说之，以为将军，将兵扞燕晋之师。

司马穰苴是春秋齐国人，是比孙武还早的知名军事家。他的名字本来叫田穰苴，但由于齐景公时任掌管军事的大司马，因此后称为司马穰苴，所以他的后代也就稀里糊涂的姓了司马。

齐景公时(公元前547—前490年)，齐国的霸主地位已经式微，往往会受到其他国家的骚动。晋国于公元前531年派军侵入齐国的阿(今山东省西部东阿县)、甄(今山东省甄城县的济阴)地区，燕国也趁火打劫攻入齐国河上(故黄河南岸地区)之地，齐国守军被打成了"一坨屎"。齐景公闻报大惊，急忙招来相国晏婴商议。晏婴向齐景公推荐一位名叫田穰苴的民间隐士。晏婴说："穰苴虽是田氏庶族后代，但此人文能得到群众的拥护，武能使敌人畏惧，愿君王不妨用他试试。"齐景公派人将田穰苴请进宫来，和他讨论用兵之道，田穰苴应对如流，妙论百出，齐景公心中大喜，当天就拜田穰苴为将军，率领五百乘，北上抗击晋、燕军队。穰苴却很有自知之明，对齐景公说："臣的身份素来卑贱，君王从闾伍下层之中将我提拔起来，位在大夫之上，士卒未能归附，百姓也不一定能信任我。我人微权轻，希望君王派一个您所宠爱的、在国内地位尊贵的大臣来做监军才行。"于是景公派自已宠信的大臣庄贾前往。刚刚开始合作，穰苴和庄贾约好："已奏准主公，定于明日正午祭旗发兵。我在军门中等你，务必不要迟到！"

第二天午前，穰苴先到军中，令手下军士立木设漏。漏是古时的一种计时工具。立木就是在营前竖一木杆以测日光，日影正中即为正午；他怕庄贾迟到，特地派了一名军吏前去催促。然而这位庄贾，一向为齐景公宠信，又兼出身娇贵，不把平民出身的田穰苴放在眼里，自以为监军为国君特使，军中谁敢怠慢？再者即将随军离京，一班亲朋僚属纷纷把酒话别，故对穰苴的催促不当回事。

阳光照在立木上，渐渐已到正午，三军静候多时。还未见庄贾前来，穰苴只得独自登坛，调兵布军，宣布军纪。一切完毕，日已近偏西，庄贾才姗姗来到。穰苴责问说："怎么第一次就迟到？"庄贾谢罪说："不才的亲戚朋友设宴相送，故而留下了。"但心里却很不以为然。

司马穰苴说："将军受命出征之时就应忘记家人老小，到了军中受纪律约束就应忘掉亲戚朋友，击鼓急进之时就应奋战不顾其身。今敌国侵犯深入国境，全国骚动，士卒暴尸于边疆，君王寝食不安，食不甘味，百姓的生命安危都悬担在你的肩上，你为何却大谈所谓亲友相送啊！"于是招来军中的司法官问："按军法，迟到的人该当何罪？"司法官回答说："当斩。"庄贾见要动真格了，恐惧万分，立即派人飞驰报告景公，请景公相救，报信人去了以后，还来不及返回，司马穰苴已将庄贾斩首于三军之前。三军将士无不为之震惊，过了一会儿，景公派遣使者拿着君王的符节凭证，驱车驰入军中，要穰苴赦免庄贾。穰苴对使者说："将帅在军中，君王的命令可以不予接受。"接着又问军正："在三军军营中擅自驱车奔驰，军法如何规定？"司法官答："依法当斩！"使节吓得面如土色，浑身发抖，高举节丈杖，叫道："下臣奉君命而来，并非有意冲撞军营。"穰苴说："既是君命所受，自当免死，但军法不可妄废！"说毕下令拆除使节车左驸，杀掉拉车的左骖，以代使节之死，并令中军官将如实向齐景公禀报。穰苴虽然强悍，但还是不敢随便杀君王所派的使者的，于是那个使者的仆人就倒了霉了，没做错什么事却被问斩了，这都是万恶的专制制度惹的祸啊！这样一来，更没有人敢嚣张了，军威扎扎实实地立了起来。

春秋时代，礼崩乐坏，君子陵夷，小人崛起，平民出身而拜相封将者，仍是一件很常见的事情。在此动荡纷乱的时代，地方上的诸侯贵族，其跋扈不可一世的气焰，日益炽烈；身处中央的周天子，虽为天下重器，却无发号施令之实权，周郑交质、繻葛之战，周王朝逐渐名存实亡。司马穰苴生在这样的时代，以他卑下低贱的身份，于国家危急存亡之秋，蒙受将军之重责高职，带兵抗晋抵燕，若不采取非常手段，立威建信，那么，即使有晏婴极力推举，也必然会大祸小患接踵而至；将兵扞燕晋之师,则迟滞多阻,甚而有所不可救者!

那时,齐国霸主地位十分微弱,而且还常常受到晋国和燕国的攻击,屡战屡败。此时,晏婴将司马穰苴推荐给齐景公,其实也就属于是临危受命。

司马穰苴那时的地位十分低下,他就向景公要求派一个宠信的人来监军。这说不定是司马穰苴的一个阴谋,估计他已经算准了景公会派那个庄贾来监军,抑或当时景公身边的宠臣都有些不地道。第二天,司马穰苴比约定的时间先到,立了个沙漏,到了时间庄贾没有来,司马穰苴就没有等他,开始进行操练。这些平素训练有素的军士们虽然不像吴王的那些嫔妃一样不听召唤,但心底可能还是有些不以为然。等到庄贾终于来了,司马穰苴义正词严地斩了庄贾,并狠狠地威吓了一番被景公派来赦免庄贾的人。这样便可起到立竿见影的效果,全军的纪律立马得到了整饬。

此外,司马穰苴杀掉拉车的左修,而不杀使节,这是司马穰苴故意做的周密安排。杀了庄贾,景帝一定会不高兴,但这个问题比庄贾的问题更加严重,所以他把要杀庄贾的消息及时传到了景帝的耳朵里,他算定景帝必派人来,然后给景帝一个大面子:你看我连国家大臣都杀,但对你景帝还是很忠心的,对你的使节,我比对国家重臣还尊敬。这样景帝心里得到平衡,自然也就不会追究那么多了。

但冒这样的风险也实在太大了吧,庄贾是国家重臣,其手下忠心者必多,他们一定是瞪大眼睛,拿着放大镜来找司马穰苴的毛病。所以他在工作方面特别尽心尽力,士兵们安营扎寨,掘井立灶,饮水吃饭,探问疾病,安排医药,司马穰苴都亲自过问,还把自己作为将军专用的物资粮食全部拿出来款待士兵,自己和士兵一样平分粮食,官兵一致,不搞特殊。这样内部团结,外部就不容易攻进,再加上有战功,那么司马穰苴的地位自然也就显赫起来了。

当年司马穰苴敢于杀庄贾,那是因为他自知国君有求于他,需要他领兵保国。这与孙武"吴宫教战"异曲同工。吴王听说孙武善兵,就招他入宫谈兵,并让他用宫女演练。宫女们把军演当游戏,嬉笑不止,孙武申明军令三次,宫女依然故我,结果孙武把两个领头的宫女杀了,队伍一下子严肃整齐了。这两位宫女是吴王的心肝儿,吴王说没了她们自己吃饭都不香了,请孙武别杀她们,但孙武坚决要杀。因为不杀她们就显示不出自己的行兵布防效果,显示不出管理军队的水平。吴王阖闾虽然没了妇人吃不下饭,但如果没有了江山恐怕连自己的性命都保不住了。

才智出众，遭人陷害

《史记·司马穰苴列传》记载：余读司马兵法，闳廓深远，虽三代征伐，未能竟其义，如其文也，亦少褒矣。若夫穰苴，区区为小国行师，何暇及司马兵法之揖让乎？世既多司马兵法，以故不论，着穰苴之列传焉。

司马穰苴整军之后，齐军面貌立即出现了很大的变化，成了纪律严明、军容整肃、令行禁止、悉听约束的能战之师。然后，他立即率师出发，奔赴前线。在军旅中，他对士卒们的休息、宿营、掘井、修灶、饮食、疾病、医药，都亲自过问和安抚，把供给将军的全部费用和粮食，都用以犒赏士卒，自己与士卒吃一样的伙食，对体弱士卒特别亲近，很快就得到了将士们的信任。三天后部署调整军队时，病兵都要求同行，士卒都争着奋勇参战。晋军得知这个消息，就撤兵走了。燕军得知这个消息，也回渡黄河而取消了攻齐计划。司马穰苴率齐军乘势追击，歼灭部分敌军，收复了已失去的齐国城邑和土地，然后率兵回来。未到国都就解散军队，废除军令，誓盟之后进入城邑。齐景公和诸大夫都到城郊迎接，举行慰劳部队的仪式后回到住所。随后接见穰苴，提升为掌管全国军事的大司马。田氏家族在齐国的地位也因此日益上升起来。

以后，齐国大夫鲍氏、高子、国子之辈陷害穰苴，在齐景公那里进谗言，景公罢了穰苴的官，穰苴离职后一心撰写兵书战策，不久病发而死。

司马穰苴无辜被免职，未免有些想不开。毕竟，他成为齐国的大司马，并非凭借田氏家族的势力，靠的是自己的才能和军功。如今，他却成了四大家族争权夺利的牺牲品，换作任何人都不会轻易想得通的。

如果人长期处于郁闷的状态，那么就会容易产生恶性疾病。可怜一代卓越的军事家，竟因此抑郁成疾、一病不起了。

司马穰苴抱恨临终之时，一定充满了惆怅与遗憾。本来，在动荡的年代里，正是英雄豪杰挥洒胸中才学、驰骋疆场建功立业的时候，谁料竟因几句谗言，齐景公竟自毁长城，使英雄无用武之地、以致郁郁而终。

司马穰苴墓

司马穰苴虽然死了，但田氏家族的势力并未因此而削弱。而且，由于田穰苴之死，田氏家族与鲍氏、高氏、国氏的矛盾日益加剧，闹到不可收拾的地步。

司马穰苴被罢黜，晏婴的态度为何史无记载。可以推测，晏婴对此是很矛盾的。一方面他爱惜田穰苴之才略，一方面又对田氏势力的尾大不掉而忧心如焚。他也曾向齐景公进谏，请齐景公限制田氏之权势。由此可见，田穰苴被罢黜，晏婴应该不会表示有太大的反对。

晏婴出使晋国时，与晋卿叔向私下谈起各自国家的政事，晏婴慨叹道："齐国之政，其卒归于田氏矣。"之后历史的发展证明了晏婴的论断。

司马迁在《史记·司马穰苴列传》中记载道："景公退穰苴，苴发疾而死。田乞、田豹之徒由此怨高、国等。其后及田常杀简公，尽灭高子、国子之族。至常曾孙和，因自立为齐威王。"

司马迁在这里记载是有错误的，田和不是齐威王，田和自立后，他的孙子才是齐威王。

无论怎样，齐景公罢免田穰苴，激化了田氏与鲍氏、高氏、国氏的矛盾，反而使田氏加速了夺取齐国政权的步伐，鲍氏、高氏、国氏以及晏氏后来均被田氏所灭。公元前391年，田和将齐康公迁于东海之上。又过了五年，周王朝承认田氏为诸侯，姜齐遂变为田齐，史称"田氏代齐"。

田氏代齐以后，齐威王命大臣整理古代兵法，将司马穰苴的军事论述附在其中，题名《司马穰苴兵法》，又称《司马兵法》或《司马法》。《汉书·艺文志》记载为一百五十篇，《隋书·经籍志》和《唐书·经籍志》都注为三卷，而今存之《司马法》只有五篇：仁本、天子之义、定爵、严位、用众，其核心思想是治军以"仁、义、礼、让"为本。《司马法》包括了相当丰富的军事理论，书中论述了统率军队和指挥作战的经验，以及指挥员应具备的条件，同时也反映出春秋战国时期的某些军事制度和战争观点。它是我国古代战争实践经验的理论概括，也是对早期兵法理论的继承和总结，历来为兵家所重视。

穰苴整编行伍，修兵练武，破燕败晋，从凡夫俗子一跃而成位高权重的大司马；除了穰苴自身的才识过人、晏婴的慧眼识英雄与景公的因贤任能之外，庄贾就是他成就伟业的第一功臣。不过，以血肉器，实在有违反道义之嫌。天生万物，无所谓贫富贵贱之分；阶级等第皆是人为，目的在于便利统治。于是，当有德者在位，则百姓或可安居乐业，天下太平；倘若在位者失德，人民往往置身水火，生灵涂炭！尤其是春秋战国时代，各国争相倾轧，尔虞我诈，莫不以称霸天下为目标；所谓"人不染风尘，风尘自染人"，若有国家想"遗世而独立"，成为化外之国，恐怕永远都只是一个黄粱梦。齐国虽曾盛极一时，但传至景公时，却也成了其他各国极欲染指的对象；其中，晋燕最为积极，嚣张的气焰与齐国丧失的城池，形成讽刺的正比。这时，即使是能言善道、辩才无碍的晏婴，也是无能为力的。就在齐岌岌可危之际，出现了奇迹。虽然穰苴没有显赫的家世背景，没有治军经验；他所能依凭的只有自己的能力，以及国君和宰相对他的信任。"女为悦己者容，士为知己者死。"亟思回报的穰苴，必须在短短的时间内，将屡战屡败的齐军，训练成烈火焚身浑不怕，出生蹈死无怨忧的终极战士，他所肩负的责任之重，不言而喻。穰苴所面对的，是一群散漫骄傲、没有纪律、士气低迷的军队；没有人瞧得起他，也没有人愿意奋发向上。他怎么办呢？要建立起威信，但如何对待下属呢？如果对象是一般士卒，杀鸡儆猴所收之成效，势必有限而难以约束全军，更遑论令其脱胎换骨，所向披靡；若将矛头指向高官权贵，则恐怕未有功劳先遭横祸，兴国大计也将化为乌有，这其间的选择，真是难矣！

终于，穰苴决定冒一个最大的风险，把高高在上、恃宠骄矜的庄贾作为监军，并利用庄贾轻慢骄傲的心态，设计与其约定会面，约定时辰一到，立即在军中颁行法令以待庄贾的来临。最后姗姗来迟的庄贾，就在众目睽睽之下被穰苴杀了，因此，使每个士卒的心中都烙下了"军令如山"四个字！既然穰苴已立了威严，那么操兵练武也就事半功倍了，遂后使齐军脱胎换骨，甚而大破燕、晋，凯旋而归。

生命就是生命，不应该轻易抹杀他人生存的权利；可是，非常时期总有非常的做法。"治乱世用重典"曾被人们千百次地扬弃，却也被人们千百次地提振。谁对谁错呢？“宽容”应是最好的答案。穰苴出现以前，齐国饱受外患侵略，上至君王将相，下至贩夫走卒，人人寝不安稳，食不知味；穰苴出现之后，齐国收复失土，扬眉吐气。凡是行军作战，必有死伤；凡有死伤，皆非百姓之福。然而，站在保卫国家的立场，穰苴是功大于过的。可惜穰苴功成名就之后，却在不知不觉中成为了另一个庄贾，恃宠而骄锋芒太露。

一个人的功过是非，并不是取于片面的，只有尽心尽力，俯仰无愧，谦冲自牧，有为有守，其人格精神方能可大可久，千古流芳；否则，短视近利，纵然叱咤一时，却仍会沉没于历史洪流之中，激不起任何的涟漪。

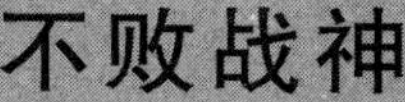

不败战神

◎白　起

司马迁在《史记·白起王翦列传》中称赞白起“料敌合变，出奇无穷，声震天下”。白起是中国历史上伟大的统帅、军事家，是继孙武之后，中国战争史上又一个伟大的军事统帅，也是秦国历史上战功最为卓著的将领。白起善于用兵，一生征战沙场达三十七年之久，战胜攻取七十余城，歼敌百万，未尝败绩，为秦国统一作出了巨大的贡献。

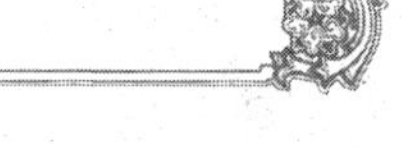

少年得志，百战百胜

《史记·白起王翦列传》记载：白起者，郿人也。善用兵，事秦昭王。昭王十三年，而白起为左庶长，将而击韩之新城。是岁，穰侯相秦，举任鄙以为汉中守。

白起少年时，勤奋好学，既学文，又好武，善动脑筋，工于心计，性格内向而坚韧，办事有主见。成年后，他独闯咸阳，以求谋得一官半职。

白起是战国时期秦国的著名将领，秦大夫白乙丙的后人。白起的父亲希望白起长大成人后能像吴起一样，成为一名优秀的军人，于是就给自己孩子起名为起。

少年时的白起就沉默寡言，隐忍果断。他常在岐山附近观察地形，模拟排兵布阵，对兵书战策极为痴迷。于是，乡邻身边的人都认为白起日后一定会是一名优秀的军事家。

白起十五岁时，就已经进入了军队，因作战勇敢屡立战功，渐渐引起了秦国的权臣穰侯魏冉的注意。在交谈几次后，魏冉发现白起很有指挥才能，便把他调到自己的身边，注意培养。因此，白起十分感激魏冉的知遇之恩。

昭王十三年，白起做左庶长，领兵攻打韩的新城(在今河南伊川县西)。次年，由左庶长升左更，出兵攻韩、魏，用避实击虚、各个击破的战法全歼韩魏联军于伊阙(今河南洛阳龙门)，斩获首级二十四万，俘大将公孙喜、攻陷五座城池(参见伊阙之战)。因功晋升为国尉。又渡黄河攻取韩安邑以东到干河的土地。昭王十五年，再升大良造，领兵攻陷魏国，占据大小城池六十一个。昭王十六年，白起与客卿司马错联合攻下垣城。昭王二十一年，白起攻赵，占取光狼城(今山西高平县西)。昭王二十八年，率秦军攻楚、拔鄢、邓等五座城池。次年，攻陷楚国的都城郢(今湖北江陵)，烧毁夷陵(今湖北宜昌)，向东进兵至竟陵，楚王逃离都城，避难于陈，秦国就以郢都为南郡。白起屡立战功，受封为武安君。之后，又攻取楚国，平定巫与黔中(今四川、贵州)二郡。昭王三十四年,赵、魏联军趁秦军远归,攻取韩华阳(今河南新郑北),白起与客卿胡阳率军救韩,千里奔袭华阳(华阳,亭名,在密县,古华城在郑州管城县南三十里处。《国语》:"史伯对郑桓公:虢、郐十邑,华其一也。华阳即此。")出其不意,如神兵天降,大破魏将芒卯(三国时谯周云乃孟卯)所领的魏军十三万。随即与赵将贾偃交战,水淹敌二万人。芒卯贾偃皆被生擒,时三晋无人不惧百战百胜的秦武安君。

白起的作战指挥艺术代表了战国时期战争发展的水平。白起用兵,善于分析敌我形势,然后采取正确的战略、战术方针对敌人发起进攻。如伊阙之战中集中兵力,各个击破;鄢郢之战中的掏心战术,并附以水攻;华阳之战长途奔袭。长平之战以佯败诱敌,使其脱离既设阵地,尔后分割包围战术,歼敌 45 万,创造了先秦战史上最大的歼灭战战例,也是中国历史上最早、规模最大、最彻底的围歼战。其规模之大、战果之辉煌,在世界战争史上也是罕见的。由此也反映出了战争自身发展的概貌。

白起一生作战有三大特点:

第一,不以攻城夺地为唯一目标,而是以歼灭有生力量作为主要目的,而且善于野战进攻,战必求歼,这是白起最为突出的特点。他是战争史上运用围歼战术作战的无与伦比的统帅。在中国战争史上,是三个最善于打歼灭战的军事统帅之一。白起能够在两千多年前便主张打歼灭战,这是他了不起的地方。

第二,为达歼灭战目的强调追击战,对敌人穷追猛打,较孙武的"穷寇勿追"及商鞅的"大战胜逐北无过十里"(《商君书·战法第十》),显然前进一步。

第三,重视野战筑垒工事,先诱敌军脱离设垒阵地,再在预期歼敌地区筑垒阻敌,并防其突围。此种以筑垒工事作为进攻辅助手段的作战指导思想,在当时是前所未有的。

不过,善始者并没有得善终,白起功高遭忌,最终死在了自己人的手里,白起如此,伍子胥、李牧也都是这样的下场。

长平之战，杀众于坑

战国时代，列国林立、兼并战争频繁。当时，列国具有统一实力者，首推经过两次商鞅变法日益强盛的秦国，其次是经过赵武灵王胡服骑射盛极一时的赵国。

长平之战是秦赵两强倾国以决之战，此役秦胜于赵。长平之战是中国战争史上的一出杰作。名将白起在这场战争中，以自己杰出的军事指挥艺术，统帅秦军给赵军以毁灭性打击，开创了我国历史上最早、规模最大的包围战先例。

那么长平之战暴发的原因是什么呢？

昭王四十三年，白起攻克韩陉城等五城（陉庭在今曲沃县西北二十里，在绛州东北三十五里），歼敌五万。四十四年，白起攻取南阳（此南阳在太行山南攸武处）太行小路，将韩国一分为二。四十五年，攻韩地野王（今河南沁阳）。野王降秦，上党通往都城的道路已被绝断（韩都新郑，上党必须由野王渡河始能通新郑）。郡守冯亭同百姓谋议道："上党通往外界的道路已被绝断，我们已不可再为韩国百姓了。秦兵日渐逼近，韩国不能救应，不如将上党归附赵国，赵国如若接受，秦怒必攻赵。赵国受敌一定亲近韩国。韩、赵联合，就可以抵御秦国了。"于是派人报告赵国。赵孝成王与平阳君、平原君为此计议。平阳君说："还是不要接受吧，接受后带来的祸患一定大于得到的好处。"平原君则认为：白白得来的土地，怎有不要之理，接受了会对我们有利。赵国果然接受了上党，封冯亭为华阳君。四十七年，秦令左庶长王龁攻韩，夺取上党。上党的百姓纷纷逃往赵国，赵驻兵于长平（今山西高平县），以便镇抚上党之民。四月，王龅攻赵（参见长平之战）。赵王听说秦军侵犯，就派大将廉颇率赵军主力抵达长平，以图夺回上党。

廉颇率众军到达长平后，立即向秦军进攻，由于几次攻打赵军都失败了，损失较大，廉颇鉴于实际情况，及时改变了战略方针，决心转攻为守，依托有利地形，筑垒坚守。廉颇这一手段起到了重要的作用，秦军的进攻势头被抑制了，两军在长平一带相持不下。

为了打破这个僵局，秦军派人携带重金去赵国国都邯郸收买赵王的左右权臣，离间赵王与廉颇的关系，四处散布流言说：廉颇防御固守，是想要投降秦军的表现；秦军最害怕的是大将赵括。昏庸的赵王本来就对廉颇产生了种种怀疑，如今再听到这样的流言，更加肯定廉颇怯战之心，于是就立即下令命赵括接替廉颇为统帅。

赵括是一个缺乏实战经验的人。他到达长平后，改变廉颇的战略防御方针，筹划战略进攻，企图一举而胜，夺回上党。

秦军见离间计得逞，暗中派武安君白起为上将军，而表面统帅王龁却只为尉裨将，并严令军中如有敢泄武安君为将者斩。白起到任后，研究了赵括没有实战经验只会纸上谈兵，又骄傲自大，听信谣言鲁莽轻敌，决定采取诱敌深入、困敌聚歼的战略方针，并做出了如下部署：

1. 将目前的前线部队转作为诱敌部队，等待赵军出击后，向主阵地长壁撤退，诱敌深入；

2. 利用长壁地形构筑口袋形阵地，以主力守卫，准备抵挡赵军的进攻，并组织一支精锐突击队，准备赵军被围后，用于不断出击以消耗赵军有生力量和磨损其锐气；

3. 将二万五千人埋伏在两侧翼，待赵军出击后，插到赵军后方，切断赵军退路，完成对出击赵军的合围；

4. 用骑兵五千渗透到赵军防御阵地中，牵制和监视留守的赵军。

战争的发展果然按着白起预计的方向进行。公元前260年，赵括统帅赵军向秦军发起了大规模进攻。两军交锋后，秦军的诱敌部队随即假装失败后退。赵括不问虚实，立即实施追击。赵军前进到秦军的预定阵地后，遭到了秦军主力的顽强抵抗，攻势受挫。赵括本想撤退，但此时已经晚了，预先埋伏的秦军两翼部队迅速出击，切断了赵军与其营垒的联系，包围了赵军。

赵军连战不利，情况危急，被迫就地构筑营垒，放弃进攻，等待救援，由于粮道断绝，赵军士气日益低落。粮道断绝四十六日后，饥饿不堪，甚至自相杀食。赵括走投无路，重新集结部队，分兵四队轮番突围，终不能出，赵括亲率精锐突击，被秦军强弩射回,赵括死于乱箭之下,赵军大败,赵军主将已亡,四十万将士皆投降。白起与人计议说:“先前秦已攻陷上党,上党的百姓不愿归附秦却归顺了赵国。赵国士兵反复无常,不全部杀掉,恐怕日后会成为灾乱。”于是诈允赵军降却引赵军一步步慢慢全部坑杀,前后共杀俘虏四十五万人,只留二百四十名童子军回赵。在这场战争中,白起依靠自己杰出的军事指挥才能,指挥秦军给赵军以毁灭性打击,秦军终于取得了空前激烈残酷的长平之战的彻底胜利。

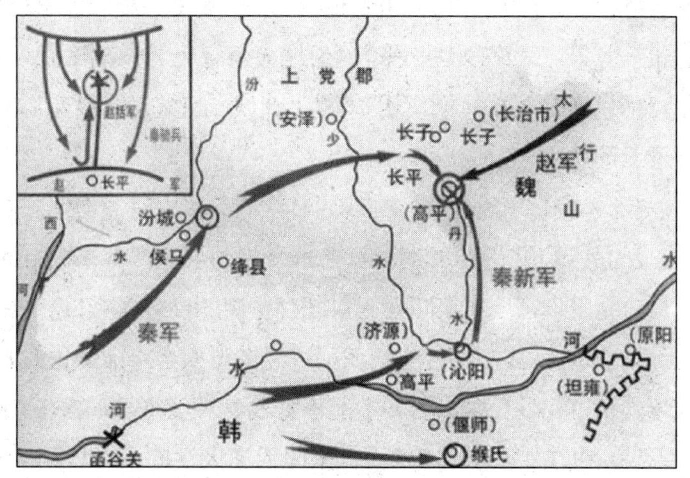

长平之战

长平之战,秦胜何故?

长平之战,秦赵双方总共投入百万以上的军队,这在世界战争史上是空前绝有的规模。

长平之战秦胜赵败的结局并不是偶然的。除了总体力量上秦对赵占有相对的优势外,双方战略上的得失和具体作战艺术运用上的高低也是其中重要的因素。秦军之所以取胜,有以下几种原因:

第一,秦无论战前还是战时,连横战略及至后来“远交近攻”,都是始终如一的,不会有丝毫改变,尽管从策略上,一定时期敌友或有变换,但战略目标从未有任何动摇。赵之合纵战略则出于权益,是不确定的,时纵时横,纵横捭阖,朝秦暮楚,敌友相消,脆而不坚(诚然稍后的秦赵邯郸之役之因应侯、白起有隙而影响秦的连横和“远交近攻”一度摇摆,相反赵却合纵不移,只有这样,邯郸之役则相反地恰恰以赵胜秦败而告终，只不过大势已去，时局已不可逆转而已）。

第二，秦以连横和“远交近攻”的战略为出发点，在集中进行军事斗争的同时，还格外注重把政治、外交和军事几条战线有机结合起来，以收相辅相成之功，其中特别是密切注视诸侯之间的动态动向，精心利用一切机会瓦解赵国合纵抗秦的图谋，尽量使对方陷入孤立无援的境地。以孝成王为首的赵廷则相反，各条战线各行其是而不见协同，其中特别是在时纵时横、纵横游离中，丧失掉一切固可争取而极端重要的外援以佐军事斗争的机会（事见《史记·平原君虞卿列传》、《史记·田完世家》、《战国策·齐策二·秦攻赵长平》、《新序·善谋上》）。胡三省说“赵之丧师蹙国，不特以赵括代廉颇之故，亦由不用虞卿之计（联楚、魏以合纵牵制对抗秦）也”（《资治通鉴》卷五胡注）。

第三，在《史记·白起王翦列传》中秦国制定了“令军中有敢泄武安君将者斩”，白起是整个决战的关键，纵使其平生军事艺术发挥到淋漓尽致——自如地决胜于千里之外看，但这也足以证明了秦昭襄王对既拜主将的高度信赖，这是秦军获得胜利的主要原因之一。赵孝成王尽管当初派了久经考验的名将廉颇进驻长平御秦是正确的，却既不知军事，又刚愎自用，亦不能于野战中对主将委以信任，不因应战场形势需要组织后援，以至掣肘大将野战，直至陷入秦人反间，竟以唯善“纸上谈兵”而全无实战经验的赵括，取代“以勇气闻于诸侯”（《史记·廉颇蔺相如列传》）而老成持重、足智富谋的廉颇为主将，以赌国运，由是形势急转直下，终于闹到一发不可收拾的地步，直至全军覆没。

长平之败谁之过？

长平之败，使赵国从此一蹶不振，赵括当时即使侥幸逃回了赵国，恐怕也得被赵王砍掉脑袋。那么，长平之败的责任全在赵括么？

1. 明知赵括“纸上谈兵”为何还要用？这难道也是赵括的错吗？赵括这个统帅可不是像有些官一样是跑来或买来的，而是赵王自己主动找上门来任命的。赵王为什么要换掉廉颇？让我们从赵王的角度来考虑一下：秦军占了本属自己的上党，如不夺回来，对国内的舆论怎样交代？其他的诸侯国又会怎样看赵国？这并不是一个单纯的面子问题，而是政治问题。在接替廉颇的人选上，难道赵王没有考虑其他人选吗？答案肯定是考虑过的。赵国当时除了廉颇，还有李牧等人，也是名将。

但估计他们全都认为在长平只能像廉颇一样打防御战。只有赵括认为可以进攻打败秦军,赵王也不可能不知道马服君当年的告诫。但在当时,又没其他人选,所以也只有用赵括为将军了。可见,赵王用赵括也是一种无奈之举。

2. 如果一直采用廉颇防御战的策略,能够打败秦军吗?答案是并不一定会打败秦军。长平地处韩国境内,秦、赵双方都需做长距离的后勤补给,虽然秦军人数多,补给量大,但秦国国力强盛,补给能力远胜赵国。双方长期"耗"下去,赵国不但不会打胜,反而有可能会先被拖垮。所以说,赵国的失败早已经是命中注定,不能完全都怪赵括。

3. 赵括的军事才能难道真的就远不如廉颇吗?赵括打了败仗,就被人说为"纸上谈兵"的无能之人,受到嘲笑两千多年。其实,"纸上谈兵"并非贬义,诸葛亮"未出茅庐,已三分天下",其著名的"隆中对"就是典型的"纸上谈兵"。而现代,"纸上谈兵"更是军队的训练手段,现在军队中的司令部演习,图上作业,以及用计算机做的兵棋推演等,均属"纸上谈兵"之列。

赵括之所以败,原因在于他实战经验不足,没有机会带兵打仗,也从来没有当过中、下级军官,或做过幕僚、助手什么的,史书都没有记载。估计以赵括的才气,他是不屑做这类小官的。但即使这样,也不能就此推定他一定不会打仗。韩信在被拜为大将军前,只是一个管粮草的小官,诸葛亮更是一出山,就打败了曹操的几员大将。所以说,古代战争,经验与才干之间并无必然的联系。廉颇可说是大名鼎鼎、实战经验丰富,开始他也想夺回上党,但面对强大的秦军,结果是损兵折将又失地。当时秦军的统帅是王龁,赵括来了以后,秦王才换上了白起,王龁改做了白起的副手。在秦王的眼里,对付廉颇用王龁就已经足够了,白起是专门用来对付赵括的,可见,秦王还是十分肯定赵括的才能的,不敢有半点掉以轻心。

4. 赵括的失败真的就不可原谅?断定他就是一个"纸上谈兵"的人吗?俗话说:"胜败乃兵家常事",更何况,秦军本就比赵军强大,白起又是那样的厉害。赵括打了败仗,也应该早在意料之中的,人们之所以揪着赵括的小辫子不放,是因为长平之战开创了我国古代大规模歼灭战的先例。史书记载赵军被歼人数高达四十五万之多。这个数字实在让人有点怀疑,因为古代出兵,常虚张声势。如赤壁之战时,曹操也就二十多万人,但却号称八十三万,目的是为了恐吓刘备、孙权。长平之战，赵军可能也是如此。赵军被打败这大概也不是赵括愿意看到的事情，更何况，他尽了自己的努力去挽回那个败局，所以，我们没有理由把赵国失败的责任全部推在赵括的身上。

长平之战的历史虽然离我们有几千年了，无论后人怎样误解赵括，评论长平之战的事情，但我们仍然抹去事实的真相，改写历史。白起是军事家、将军，赢得了战争，也改变了他的命运，长平之战是白起命运的一个转折点。

功高遭妒，悲剧收场

长平之战过后，白起本来打算乘胜就此将赵一网打尽。昭王四十八年十月，秦再次平定了上党，后军分两路：一路由王龁率领，进攻皮牢（今河北武安）；一路由司马梗率领，攻占太原。而白起自将围攻邯郸。韩国和赵国十分惊恐，派苏代用重金贿赂秦相应侯范雎说："白起擒杀赵括，围攻邯郸，赵国一亡，秦就可以称帝，白起也将封为三公，他为秦攻拔七十多城，南定鄢、郢、汉中，北擒赵括之军，虽周公、召公、吕望之功也不能超过他。现在如果赵国灭亡，秦王称王，那白起必为三公，您能在白起之下吗？即使您不愿处在他的下位，那也办不到。秦曾经攻韩、围邢丘，困上党，上党百姓皆奔赵国，天下人不乐为秦民已很久。今灭掉赵国，秦的疆土北到燕国，东到齐国，南到韩魏，但秦所得的百姓，却没多少。还不如让韩、赵割地求和，不让白起再得灭赵之功。"于是范雎以秦兵疲惫，急待休养为由，请求允许韩、赵割地求和。昭王答应了。韩割垣雍，赵割六城以求和，正月皆休兵。白起听说了这件事，就与范雎结下不能化解的仇怨。

那年九月，秦又发兵，使五大夫王陵攻赵邯郸。那时正好赶上白起有病，不能走动。次年正月，王陵攻邯郸不大顺利，秦王又增发重兵支援，结果王陵损失五名校尉。白起病愈，秦王打算以白起为将攻邯郸，白起却对昭王说："邯郸实非易攻，且诸侯若援救，发兵一日即到。诸侯怨秦已久，今秦虽破赵军于长平，但伤亡者过半，国内空虚。我军远隔河山争别人的国都，若赵国从内应战，诸侯在外策应，必定能破秦军。所以最好还是不要发兵攻打赵国。"昭王亲自下命令行不通，又派范雎去请，白起始终拒绝，称病不起。

由于事情紧急，秦王后来改派长平之战的副帅王龁接替王陵，继续猛攻邯郸。由于赵人死守，秦军围邯郸八九个月，死伤众多，而仍不能攻下。赵王出轻锐以寇其后，秦数不利。赵国虽然顶住了秦军进攻，但究竟在长平大败后，人力不足，兵源缺乏。赵人保卫邯郸，打得很英勇，也很艰苦。一直到信陵君率魏军前来支持，楚军配合作战，局面才有了新的变化。秦军已开始陷于被动，“多失亡”。

白起听到后说：“当初秦王不听我的计谋，现在如何？”昭王听后大怒，强令白起出兵，白起自称病重，经范雎请求，仍称病不起。于是昭王撤了白起的官职，降为士兵，迁居阴密（今甘肃灵台）。由于白起生病，未能成行。在咸阳住了三个月，这期间诸侯不断向秦军发起进攻，秦军节节退却，告急者接踵而至。恼羞成怒的秦王派人遣送白起，令他不得留在咸阳。白起离开咸阳，到杜邮，昭王与范雎等群臣谋议，白起被贬迁出咸阳，心中怏怏不服，有怨言，不如处死。于是昭王派使者拿了宝剑，令白起自裁。白起伏剑自刎时说：“我何罪于天而至此哉？”良久，又说：“我固当死。长平之战，赵卒降者数十万人，我诈而尽坑之，是足以死。”（《史记·白起王翦列传》）于是自杀。白起死时，是秦昭王五十年十一月。白起死非其罪，秦人很怜惜他，地方乡邑都祭祀他。

一代将才，引剑自裁

白起因为建立了卓越的功勋，所以得后人仰慕，尽管在这种眼神里或多或少的带有了概念化的历史因素。白起一生善于用兵、攻城略地、征战沙场达三十七年之久，为秦国战胜攻取七十余城，歼敌百万，未尝有败绩，为秦国的统一奠定了基础。王蘧常先生在《秦史》中这样论述白起谋略及其影响：“君策得遂，秦大一统之业必不待始皇帝之时矣。”

关于白起的论述有很多，大致是以《史记》中的看法认识为蓝本：“白起者，郿人也。善用兵，事秦昭王。”《太平御览》卷三百六十六引晋孔衍《春秋物语》形容其人“为人小头而锐面，瞳子白黑分明，而视瞻不转”。赵平原君胜见之曰：“小头面锐者，敢决也。瞳子分明者，见事明也。视瞻不转者，执政强也。”从历史遗留下的资料可以看出，白起是一个十分优秀的战略军事家，史学家司马迁称赞白起“料敌合变，出奇无穷，声震天下”。

纵观白起一生的战役，从左庶长迁为武安君，除善于攻杀外，他指挥下的战役，往往以惨烈的伤亡代价而震惊史书，其中更以杀戮战俘动辄数十万而为后世所垢。奇迹是在那个战火连天的岁月，一生从来没有打过败仗（各种历史资料表明的确一

次也没败过),并且经常以少胜多。既是高超的战术家又是高明的战略家。其指挥的战争规模之大,战斗之残酷后世鲜有能比者!

就这样一个前无古人的军事奇才,最后却落得个引剑自裁的下场,因此也成了几千年来人们比较感兴趣的话题了。白起的一生,是属于当时战乱纷飞的年代,他身上的悲剧,既有历史上功臣犯忌的共性问题,也有属于个性化的局势问题。此外,他的悲剧还在于后人对他的认识和看法上,也就是对其留名青史的认识不同。

也许悲剧早已注定

白起在长平大获胜利后,本来可以让那些降卒回家当老百姓,也可以吸纳到军中变为自己的士兵,或者用来当苦工,但残酷无情的白起却将他们一一杀掉。但这并没有使白起过瘾,竟下令将四十万降卒通通活埋。在已经成了杀人机器的白起眼里,生命就同地上的野草一样轻贱。

白起这种疯狂的举动令赵国十分震怒。为求自保,赵国和韩国联合,暗派苏代赴秦施反间计,拉拢了秦国的范雎。这次,白起就要倒霉了。秦王攻打邯郸,令白起带兵,他却称病不起。这次使诈,白起看错了对象。秦王可不是没有反抗能力的降兵,而是白起的主宰。一个居功自傲的奴才,背对摇唇鼓舌的范雎,白起已是在劫难逃。很快他就接到了秦王赐来的自杀之剑,白起之手杀人无数,今天,却要用来诛灭自己,这的确是一种有趣而悲凉的结局。

白起之所以会有这样的下场,应该说是他自己造成的。翻开中国历史,不少人一旦拥权自重,就不把人当人了,视人如草芥。于是乎,你欲诛我,那么我必设法杀你,你不仁,我就不义。你恶毒,我更恶毒十分。社会陷于血腥的杀戮轮回之中,无休无止。谁都不再安宁!白起身经百战、战功卓著,却难逃被诛之劫。临死时他说:“我做了什么伤天害理之事,苍天要这样惩罚我。”心中似有不平。过了一会儿,他又说:“我的确该死,长平一战,赵军投降的有几十万人,我欺骗他们,把他们全都活埋了,这就足够让我千刀万剐了!”俗话说“人之将死,其言也善;鸟之将亡,其鸣也哀”。那么可以肯定的是,他临死时说的最后一句话一定是真的。

英雄可以不问出身,但是,英雄必须选择他的归宿!是悲剧缔造了英雄,还是英雄选择了悲剧？也许没有乌江的自刎就没有霸王的一世英名；也许没有不见天、不见铁、不见地，就没有淮阴侯的完美结局；也许没有十二道金牌，没有莫须有的罪名，没有风波亭的慷慨就死，就没有岳武穆的精忠传奇。

白起选择了自裁谢幕，不过，历史的舞台并没有因为他的离去，而就此谢幕！

文武兼用

◎乐　毅

乐毅是春秋战国时期的一代名将，他的军事指挥才能以及胆识和魄力被历代军事战略家们所肯定。史书上虽没有记载乐毅在军事理论上有什么建树，但他指挥燕赵联军，连克齐国七十余城的不凡业绩，证明他是一位有杰出才能的军事家。

名门出身，明主器重

在罗贯中的《三国演义》中，诸葛亮把自己比为“管仲、乐毅”，以显示自己的大志，大多数人对管仲并不陌生，但对乐毅却很陌生，以下我们就来讲讲乐毅充满戏剧性的一生。

《史记·乐毅列传》记载：乐毅者，其先祖曰乐羊。乐羊为魏文侯将，伐取中山，魏文侯封乐羊以灵寿。乐羊死，葬于灵寿，其后子孙因家焉。中山复国，至赵武灵王时复灭中山，而乐氏后有乐毅。

乐毅，具体生卒年不详，主要活动于战国中期，赵国灵寿人。他从小在一个富有武学和兵法渊源的贵族家庭长大，他的先祖曾是战国初期魏国的名将乐羊。魏文侯四十年，乐羊曾统帅魏国大军攻灭中山国，因军功卓著而被封于灵寿。乐羊死后，就葬在灵寿，他的后代子孙们就在那安了家。后来中山复国了，到赵武灵王的时候又灭掉了中山国，而乐家的后代出了个有名人物叫乐毅。在这种特殊家庭中长大的乐毅，从小受到潜移默化的熏陶，他品行端正、聪颖好学、嗜好兵法，这就为其日后走上戎马倥偬的征战道路，笃行其建功立业的抱负，打下了坚实的基础。

战国时期，战火连天，各诸侯国为了在激烈的兼并战争中占据主动，并最终夺取胜利，都纷纷招揽人才，进行改革；同时也积极开展争取与诸侯国的外交攻势。在这种特定环境之下，士阶层的地位迅速提高，出现了“邦无定交、士无定主”的局面。有才华的人士怀着建功立业的夙愿，纷纷向明主投奔而去，以求在历史舞台上一展身手。乐毅也走上了这条道路。

乐毅因为是赵国人，所以先在赵国做官。赵武灵王二十七年(前 299 年)，武灵王在沙丘行宫被围困饿死后，他就离开赵国到了魏国。在魏国，他担任大夫的官职。后来他听说燕昭王因为子之执政，燕国大乱而被齐国乘机战败，因而燕昭王非常怨恨齐国,不曾一天忘记向齐国报仇雪恨。燕国是个弱小的国家,地处偏远,国力是不能克敌制胜的,于是燕昭王降抑自己的身份,礼贤下士,他先礼尊郭隗借以招揽天下贤士。就在这个时候,乐毅为魏昭王出使到了燕国,燕王以宾客的礼节接待他。乐毅推辞谦让,后来终于向燕昭王敬献了礼物表示愿意献身做臣下,燕昭王就任命他为亚卿,主持军国大事,佐助燕昭王演出了一场克齐兴燕的历史话剧。

燕将乐毅

乐毅一生曾出仕赵国、魏国和燕国,也正是因为有了这段丰富的政治生活经历,才使他开阔视野、增长才干,最终的叱咤风云、匡建功勋无一不与这些经历有关系。这种机遇的出现固然与当时人才自由流动的环境有关,因为当时出国游历,无需持有护照,不必办理签证;但他出仕燕国,同多年来齐燕矛盾激化的形势更息息相关。换句话说,燕国求贤、图强,是乐毅成为一代军事奇才的历史契机。燕王哙三年(前318年),燕国因燕王哙"禅让"的事件引发了内乱,齐国乘机出兵攻打燕国,很快攻下了燕都蓟城,对于当时来说,已算是控制了整个燕国。不过,齐国境内并不好,当地烧杀抢掠的残暴行径已经到了极为严重的地步了,因此激起燕国民众的强烈反抗,其他诸侯国也纷纷向齐国施加压力,齐军无可奈何,不得不撤离燕国。但也正是因为这件事,在两国之间埋下了仇恨的种子,一旦时机成熟,矛盾势必激化。燕昭王即位后,表面上维持同齐国的关系,暗中却积极备战,发愤图强,准备伺机攻打齐国,报仇雪恨。为改变燕国积弱的局面创造克齐的机会,他特地建造一座"黄金台"网罗天下文武之才。在当时,乐毅是一个有名的奇才,所以当他刚出使到燕国,燕昭王就对他优礼备至。燕昭王的器重,使乐毅很受感动,而燕国欣欣向荣的气象,又使乐毅备受鼓舞。他认定燕国就是他梦寐以求的建功立业场所,于是主动请求留燕效力。从此,乐毅一面训练燕军,一面辅佐燕昭王进行政治改革。经过二十多年的努力,终于使原本积弱的燕国变得民众殷富、国库充盈、士卒乐战,这为进攻齐国打下了牢固的基础。乐毅本人也在这一过程中大展身手,脱颖而出成为战国名将。

智勇双全，联军破齐

《史记·乐毅列传》记载：当是时，齐愍王强，南败楚相唐眛于重丘，西摧三晋于观津，遂与三晋击秦，助赵灭中山，破宋，广地千余里。与秦昭王争重为帝，已而复归之。诸侯皆欲背秦而服于齐。愍王自矜，百姓弗堪。于是燕昭王问伐齐之事。乐毅对曰："齐，霸国之余业也，地大人众，未易独攻也。王必欲伐之，莫如与赵及楚、魏。"于是使乐毅约赵惠文王，别使连楚、魏，令赵说秦以伐齐之利。诸侯害齐愍王之骄暴，皆争合从与燕伐齐。乐毅还报，燕昭王悉起兵，使乐毅为上将军，赵惠文王以相国印授乐毅。乐毅于是并护赵、楚、韩、魏、燕之兵以伐齐，破之济西。诸侯兵罢归，而燕军乐毅独追，至于临淄。齐愍王之败济西，亡走保于莒。乐毅独留徇齐，齐皆城守。乐毅攻入临淄，尽取齐宝财物祭器输之燕。燕昭王大说，亲至济上劳军，行赏飨士，封乐毅于昌国，号为昌国君。于是燕昭王收齐卤获以归，而使乐毅复以兵平齐城之不下者。

乐毅留徇齐五岁，下齐七十余城，皆为郡县以属燕，唯独莒、即墨未服。

在乐毅的一生中，最主要的军事实践活动就是统帅燕、韩、秦、赵、魏五国联军攻破齐国，大获全胜。这场战争，史称五国伐齐之役。乐毅的卓越军事才能也在这场战役中发挥得淋漓尽致。其最大的特色是，总揽全局，牢牢把握战争主动权，综合分析敌我双方的基本情况，制定适宜的战略决策和作战指导方针，并根据战场情势的变化，随时对自己的战略战术进行合理的调整。

当时，齐愍王很强大，南边在重丘战败了楚国宰相唐眛，西边在观津打垮了魏国和赵国，随即又联合韩、赵、魏三国攻打秦国，还曾帮助赵国灭掉中山国，又击破了宋国，扩展了一千多里地的领土。他与秦昭王共同争取尊为帝号，不久他便自行取消了东帝的称号，仍归称王。各诸侯国都打算背离秦国而归服齐国。可是齐愍王自尊自大很是骄横，百姓已不能忍受他的暴政了。

此时，燕昭王觉得这是攻打齐国的最佳良机，于是他便同乐毅商量如何进攻齐国。乐毅向燕王建议道；"齐国系霸主之余业，地广人多，根基较深，且熟习兵法，善于攻战。对于这样一个大国，虽有内患，仅由我们一国单独去攻打它，恐怕很难取胜。如果大王一定要去攻伐齐国，必须联合楚、魏、赵、韩诸国，使齐国陷于孤立的被动地位，方可制胜。"这就是所谓"举天下而攻之"的伐齐方略。

燕昭王接受了乐毅的建议，便派乐毅去赵同惠王盟约攻齐，并请赵国以伐齐之利诱说秦国，予以援助。又派剧辛为使节分别到楚国和魏国进行联络。当时各国都因厌恶齐愍王骄暴，听说联兵伐齐，均表赞同。

乐毅深知取得初战的胜利对于主宰战争全局有着重大的意义，所以他先发制人，予敌以出其不意的打击。乐毅返燕后，公元前284年，燕昭王调动全国兵力，任命乐毅为最高军事统帅。秦国派将军斯离率兵与赵国的军队会合，赵国国王索性将赵国相国大印交给了乐毅，让他指挥赵国军队。就这样，乐毅率领燕、赵、秦、韩、魏五国大军，浩浩荡荡，大举伐齐。

齐愍王得知乐毅率领着五国大军前来攻伐，便任命将军触子为统帅，调集齐国兵马，沿济水一线设防，进行抵抗。但在齐愍王的心中，却没有半点的把握，只怕齐国战败，于是对将军触子下了一道死命令说：只准打胜，不准打败，如果打败了，就要掘你家的祖坟。齐愍王这种昏庸残暴的做法，不仅没有激励齐军将士的斗志，反而涣散了军心。结果，齐军刚刚与乐毅的五国联军在济水以西接火后，第一战就失利了。齐国将军触子见战事毫无希望，只好丢下千军万马，独自逃脱，最后齐军大败。

齐军主力被打败后，乐毅便让秦国和韩国的军队返回，而让魏军和赵军去攻占他们打算攻占的城池，自己则率领燕军向齐国的腹地进击。这时，一位叫剧辛的谋士对乐毅说："这次齐国失利是因为五国联军的力量大，从长远考虑，燕军应及时占领齐国边境的城池，不该再向齐国内地进攻了。"乐毅对剧辛的看法却不是很赞同，他说："齐愍王已不得人心，我们继续进军，齐国必然大乱，燕军正好征服齐国。如果我们不乘胜追击，齐国就会重整旗鼓，卷土重来，到那时，我们不但难于取胜，反而会被齐军打败！"

于是，乐毅抓住战机，亲率精兵直取齐国国都临淄。临淄很快被攻破了。乐毅将齐国宫室中的财物、珍宝全部运回燕国，献给燕昭王。燕昭王十分高兴，亲自到城外去迎接乐毅率领的凯旋大军，并封乐毅为昌国君。

为减少齐人的敌对情绪，以利夺取全部齐地，乐毅严申军纪，禁止掳掠，减轻齐民赋税，并以官爵、封地笼络齐吏，争取民心。随即分兵出击：左军渡胶水，攻取胶东、东莱（今山东半岛东北部）；前军沿泰山山麓东至黄海，夺占琅琊（今山东半岛东南部）；右军沿河水、济水间，进据阿（今山东阳谷东北）、鄄（今山东鄄城北）；后军沿北海（今山东淄博东北沿海一带）攻占千乘（今山东高青东北）。乐毅率中军镇守齐都，指挥各军。燕军势如破竹，半年内攻克七十余城。随又集中兵力围攻仅存的莒和即墨（今山东平度东南）二城，可是持续三年都没有攻下。有人向燕昭王献谗言说："乐毅能在半年内，攻下七十余城，为什么费了三年还攻不下两座城呢？实际上不是他没有这个能耐，而是想收服齐国的人心，然后自己当齐王。"

燕昭王回答说："乐毅的功劳大得没话可说，就是真的当了齐王，也是应该的。"从而派使者到临淄，要封乐毅为齐王。乐毅十分感激燕昭王的厚意，但宁死也不肯接受封王。

在中国历史上，乐毅是一个很少见的人才，他擅长军事，强于战略，在有限的时间内攻破强大的齐国，使燕国威震诸侯。他以自己卓越的军事才能将燕国迅速推向强盛的顶点。

就在齐国走向政局动荡的境况时，燕昭王向乐毅表示了乘时伐齐的主张，乐毅欣然受命，被拜为上将军，率倾国之兵，杀奔齐国，他在济水之西击溃齐军，乘胜追逐，攻取齐都临淄，攻下七十余城，齐国几乎可以说败灭了。

那么，乐毅为什么能够在较短的时间内取得辉煌的战绩呢？其实，这与他高超的具体战略部署有着很大的关系：

第一，当燕昭王征求他对伐齐的意见时，他表示说："齐国地大人众，士卒习战，未可独攻也。王欲伐之，必与天下共图之。今燕之比邻，莫密于赵。王宜首与赵合，则韩必从。而孟尝君相魏，方恨齐，宜无不听。如是，而齐可攻也。"他向燕昭王提出了联合三晋一同伐齐的主张，并具体分析了组成这种军事联盟的必要性及可能性。其实，虽然当时齐国的势力很大，但却有许多败亡的象征，如果单凭燕国的力量盲目去攻打齐国，那么必然不能迅速置其于死地。如果联合了赵、韩、魏的力量，那么就会加强自身兵力上的优势，并能对齐国形成一种战略包围的态势。后来，乐毅进入齐境后，在济西依靠联兵的力量一举击溃齐军，由此可见，乐毅这一主张是正确的。

第二，济西一战，把齐兵打得落荒而逃，秦及三晋之兵各自收取边城，只有乐毅率领燕军长驱直入，向齐国纵深进兵，燕军势如破竹，直捣临淄，齐愍王田地出逃，乐毅将攻取的所有齐城皆编为燕国郡县，又将齐都的宝物祭器全部收取，载归燕国。可以看到，乐毅在这次军事行动中，并不是以掠地为战争目标，他在战略上抓住了乘胜灭齐这一要害。事实上，割取齐国边城只能算是一个小小的胜利，而齐国整顿恢复后必会前来争夺，尚有得而复失的可能，而灭掉齐国则是一个大大的胜利，就会使燕国有更大的收益，又消除了对方恢复争夺的可能，这是一种十分高明的战略方针。乐毅能够以灭齐为出兵目标，这足以证明了乐毅不凡的军事胆识和勇气，同样也显示了他比联军其他将领更高超的战略远见。

第三，当齐国被乐毅打败后，齐愍王田地向楚国求救，他在莒城封楚将淖齿为相国。但淖齿见燕兵势力强大，知道齐国早晚都会被燕国所灭。于是就私自派人通于乐毅，表明自己要杀掉田地，与燕平分齐国，希望燕国能支持他立为齐王。乐毅回报他说："将军诛无道，以自立功名，桓文之业，不足道也。所请唯命！"当即答应了他的请求。不久淖齿处死了田地，积极着手立王。在这里乐毅及时抓住有利的机会，以支持立王为条件，诱使淖齿处死田地，这一措施似乎含有以毒攻毒的策略，除掉了齐国的君王，造成敌方群龙无首的境况，同时又瓦解了齐楚联盟，使齐国陷入孤立无援的处境，这为自己日后灭齐创造了更有利的条件。

第四，在伐齐过程中，乐毅认为单靠武力，破其城而不能服其心，民心不服，就是全部占领了齐国，也无法巩固。乐毅充分地认识到人心向背对于战争胜负的决定性作用，而他本人也善于妥善处理军事打击与政治攻心的相互关系，做到双管齐下，事半功倍。在伐齐之战中，乐毅在坚决实施军事进攻的同时，十分重视开展争取人心的工作。如攻克齐都临淄之后，乐毅即注意约束将士，严明军纪，禁止军士掳掠。所以他对莒城、即墨采取了围而不攻的方针，对已攻占的地区实行废除暴政，减赋税，废苛政，尊重当地风俗习惯，保护齐国的固有文化，优待地方名流等收服人心的政策，欲从根本上瓦解齐国；同时他还用官爵和封地笼络齐国当地有影响的人物，从而争取了相当一部分齐国的地主、贵族和名士的拥护支持，并亲自到临淄城郊的齐桓公、管仲庙去祭拜，赢得了众多齐人的好感。

所有这一切都有力地保证了军事活动的顺利进展，也充分显示了乐毅足智多谋、文武双全的将军风范。

遭人误解，弃燕降赵

《史记·乐毅列传》记载：始齐之蒯通及主父偃读乐毅之报燕王书，未尝不废书而泣也。乐臣公学黄帝、老子，其本师号曰河上丈人，不知其所出。河上丈人教安期生，安期生教毛翕公，毛翕公教乐瑕公，乐瑕公教乐臣公，乐臣公教盖公。盖公教于齐高密、胶西，为曹相国师。

任何名将的军事天才的施展，都是受种种条件所限制的，在这方面乐毅也不例外。在他伐齐的最后阶段就遇上了很大的困难。他在齐地戎马倥偬，前后征战五年，基本上平定了齐地，然而唯独有莒城和即墨两城殊死坚守，久攻不下。在这种情况下，乐毅放弃了强攻坚城的做法，改由政治"攻心"为主，以军事围困为辅。为此，他把围城部队后撤到距两城九里的地方构筑营垒，规定燕军不抓捕从城中出逃的齐民，齐民难以维持生计，则予以赈济，希望通过这些行动，瓦解对手的抵抗意志，争取莒、即墨两城守军放下武器，自行出降。应该说乐毅这一方针是一种行之有效的策略。

不过，就在战局处于最微妙的关头，燕国国内的形势发生了急剧的变化，一贯信任支持乐毅的燕昭王在此时遽然去世，其子燕惠王继位。这位新国君，在当年做太子时就与乐毅有矛盾，这时见乐毅久攻莒城和即墨两城不下，便对乐毅产生深深的怀疑。齐国大将田单得知这个情况后，立即乘机进行反间，派人到燕国散布说；"除莒城和即墨两处之外，齐国大片土地全在燕国军队手里。乐毅能在短时之内攻下齐国 70 余城，难道用几年工夫还打不下莒城与即墨吗？其实他是想用恩德收服齐人之心，为他叛燕自立做准备。"燕惠王本来就对乐毅有些猜忌，听了这些话后更信以为真，于是下令派骑劫为大将去齐接替乐毅。乐毅深知燕惠王收回他的兵权，意味着听信谣言，欲加罪于自己。他认为"善作者不必善成，善始者不必善终"，决定拒绝回燕而西向去赵。赵惠王见乐毅归赵,隆重地接待了他,并封他为望观津(在今河南省商丘东),号望诸君。赵王这般尊崇乐毅,是借以警惕燕、齐,使他们不敢轻举妄动。

骑劫寡思少谋而又骄狂自大。乐毅奔赵后,他来到齐国,一反乐毅原来的战略部署和争取齐人的正确政策,而施之以残暴,激起了齐国军民的强烈反抗。田单设谋诳骗燕军,在即墨城用火牛阵大破燕军,杀死骑劫,转而追歼燕军到黄河边上,收复齐国所失之城邑,将燕军逐出齐境,从莒迎齐襄王(愍王死,襄王立于莒)归临淄。

燕惠王后悔派骑劫代替乐毅,导致痛失齐地,又埋怨乐毅投奔赵国,恐赵国用乐毅攻打燕国。于是惠王派人责难乐毅,而且向他道歉说:"先王曾以举国之兵托付将军,将军为燕大败齐军,报先王之仇,天下人为之震动,我也时刻记看你的功绩。可是刚逢先王去世,我又初立,听信于左右而误国。我之所以派骑劫代替将军,为的是将军长年累月地暴露于荒郊野外,怕你太辛苦,所以请你回来调息,并想同你共议国事。将军却误听传言,和我产生怨隙,弃燕降赵。将军为自己打算,这样做是合宜的,可你如何报先王的知遇之恩呢?"乐毅回信说:"我虽然不才,可是怕您听信左右不实之言,因此斗胆献上此信,望大王明察。"这就是历史上著名的《报燕惠王书》,此书想表达的主要有两点:

一、有才能的人要靠君王的知遇,才能建功立业。乐毅表明自己对先王的一片忠心,与先王相知相惜,并抒发功败垂成的愤慨,也以伍子胥"善作者不必善成,善始者不必善终"的历史教训,申明自己不效愚忠、不愿屈死。

二、主张为人要宽容,与人为善。燕惠王托词误会,他不揭短,依旧礼尚往来。末段以"臣闻古之君子,绝交不出恶声;忠臣之去也,不洁其名"这段话是告诉燕惠王:你错了,但我不怪你,对你也没有恶意;虽然我很冤枉,可是我不会为去申冤而坏了你的名声。乐毅说到做到,不但没有挟怨报复,反而经常走动两国之间,互通往来。

于是,这才打消了燕惠王对乐毅的某些偏见,便封乐毅之子乐间为昌国君。

无情的岁月流逝,将一代名将的双鬓染白如霜,乐毅终于垂垂老矣,怀着事业未竟的隐痛和惆怅,寂寞地走到了自己人生之旅的尽头。

乐毅是历史上的军事奇才,是战国时期卓越的将领,他指挥燕赵联军,连克齐国七十余城。他的军事才能被智圣先师诸葛亮所崇拜,他的《报燕惠王书》中提出的国君用人的思想,一直受到封建社会的贤人志士的向往。其充满色彩的一生就这样在历史的篇章上跃然起伏!

兵家鼻祖

◎孙　武

孙武是我国古代伟大的军事家，也是世界著名的军事理论家，创造了我国军事史上以少胜多的奇迹，为吴国立下了卓著战功。他所著的《孙子兵法》是我国现存最早、最完整、最系统的兵书，被誉为“兵经”、“兵家鼻祖”。

出身贵族，避隐着兵法

《史记·孙子吴起列传》记载："孙子武者，齐人也。"孙武（公元前6世纪末至公元前5世纪初），亦称孙子，字长卿，春秋时齐国乐安（今山东惠民，一说博兴）人。他是伟大的军事家和军事理论家，是我国军事理论的奠基者。著有《孙子兵法》传世，此书是我国现存最早的兵书，也是世界上最早的兵书。

孙武的祖先叫妫满，被周朝天子册封为陈国国君（陈国在今河南东部和安徽一部分，建都宛丘，今河南淮阳）。公元前705年，陈国的国君陈厉公喜得一子，取名完。时逢周朝的太史路过陈国，见到公子完，预言公子完将来是要做国君的。不过这位太史说得并不清楚，他说公子完可能是在陈国做国君，也可能是在其他国家做国君；可能是公子完本人，也可能是他的子孙。这位被周太史预言前途辉煌的公子完，就是孙武的直系远祖。可是公子完本人并没有当上国君，当时陈国发生内乱，公子完便携家带口，逃到齐国。齐桓公见陈完颇有才干。授予他"工五"即管理手工业事务的长官之职。陈完在齐国定居以后，改姓田，田氏遂在齐国扎根，直到最后喧宾夺主，最后把姜姓的齐国改成了田氏。一百多年后，田氏家族成为齐国国内后起的一大家族，地位越来越显赫，在齐国的领地也越来越大。田完的五世孙田书，做了齐国的大夫，很有军事才干，因为领兵伐莒（今山东莒县）有功，齐景公在乐安封给他一块采地（诸侯封赐给所属卿、大夫作为世禄的田邑，又称"采邑"式"食邑"），并赐姓孙氏。因此，田书又被称为孙书。孙书的儿子孙凭（孙武的父亲），做了齐国的卿，成为齐国君主以下的最高一级官员。

孙武大约生于公元前535年左右的齐国乐安（今山东惠民），具体的生卒年月日不可考。由于贵族家庭给孙武提供了优越的学习环境，孙武得以阅读古代军事典籍《军政》，了解黄帝战胜四帝的作战经验以及伊尹、姜太公、管仲的用兵史实，加上当时战乱频繁，兼并激烈，他的祖父、父亲都是善于带兵作战的将领，他从小也耳闻目睹了一些战争，这对少年孙武军事方面的培养是非常重要的。但当时的齐国，内部矛盾重重，危机四伏。齐景公刚上台的时候，左相庆封灭掉了右相崔杼。可是没过多久，田、鲍、栾、高四大家族联合起来，又赶跑了庆封。内乱愈演愈烈，齐国公室同四大家族之间以及四大家族内部为争权夺利，进行着残酷的斗争。

孙武对这种内部斗争极其反感，不愿纠缠其中，萌发了远奔他乡、另寻他路去施展自己才能的念头。

当时南方的吴国(今江苏大部和安徽、浙江的一部分)，东靠大海，西邻楚国，南接越国，北面与齐、晋相望，地理位置非常重要。吴国自寿梦称王以来，联晋伐楚，国势强盛，很有新气象。孙武认定吴国是他施展才华和实现自己抱负的地方。大约在齐景公三十一年(公元前517年)左右，孙武从山东逃奔到南方的吴国。

孙武来到吴国后，在吴都郊外结识了从楚国来的伍子胥。伍子胥原是楚国的名臣，公元前522年因父亲伍奢和兄长伍尚被楚平王杀害而潜逃到吴国。他立志兴兵伐楚，为父兄报仇。孙武结识伍子胥后，十分投机，结为密友。这时吴国的局势也在动荡不安之中，两人便避隐深居，待机而发。

公元前515年，吴国公子光利用吴国伐楚，国内空虚的机会，以专诸为刺客，袭杀吴王僚，然后自立为王，称阖闾。阖闾即位后，十分注重人才，伍子胥等人就是很好的证明，而且他还体恤民情，不贪美味，不听淫乐，不重女色，注意发展生产，积蓄粮食，建筑城垣，训练军队，因而深得百姓的信赖，那时吴国呈现出一派繁华向荣的景象。阖闾又立志要使吴国更加强盛，时而向长江中游发展，灭楚称雄。隐居吴都郊外的孙武由此更加看清自己的前途，他在隐居之地，一边灌园耕种，一边写作兵法，并请伍子胥向阖闾推荐自己。后来，他写成了一部十三篇的兵法。

孙武的兵法十三篇，各有侧重，波澜起伏，分析透彻，见解精到，实用性强。为了能够得到吴王的重用，他在兵法开头就说："吴王听我所陈之计而用兵则必胜，我就留在这儿，如不听我计而用兵则必败，我也就要再到别的国家去。"为了使吴王读兵法感到亲切，他在兵法中经常运用当时吴、越两国冲突的战例，有针对性地阐述。他在兵法中自比商朝开国大臣伊尹和周朝开国大臣姜太公，希望能够辅佐吴王完成统一大业。

孙武的《孙子兵法》对后世有着深远的影响,因此也有不少学者为孙武隐居著书何处而探究。有的说:"孙武来到南方的吴国,在都城姑苏(今苏州)附近过着一种隐居生活"。有的说:"孙武在吴都近郊……先隐后静观,以待时机"。有的说:"孙武为避乱奔吴后,在太湖附近的山林中隐居起来"。有的说:"孙武来到吴国后……隐居于今吴县西部山西"。还有的说:"孙武隐居在穹窿山的深处"等等。而这些说法与历史记载"辟隐深居"相符,但具体还不是那么精确。那么,孙武奔吴以后,到底隐居于何处呢?以下我们就从孙武避难奔吴说起。

《孙子兵法》

当初,孙武之所以要奔吴,目的就是为了躲避田鲍四族谋乱。《孙武·兵法试说》载:"公元前523年,齐国发生'四族谋乱',孙武决定离开齐国,投奔……吴国。"如今我们可以确切地肯定孙武是奔过吴国,他奔向吴国何处呢?至今还是一个解不开的谜团。

在齐景公时代引发的"四族谋乱",那时正是吴王僚时代。推测孙武应该奔向吴国都城的。当时吴国的都城在何处呢?当时吴国的都城是在南宫,而不是在姑苏(当时还没有姑苏城,姑苏城是阖闾即位后命伍子胥建筑的,原名阖闾城)。那时的南宫在何处呢?据许多专家调查,认为南宫遗址应该在今苏州市郊外的胥口镇下陈村。

孙武到底是因为什么样的原因到都城南宫的呢?据了解,主要有以下两个客观的原因。齐景公时,齐国出现了"四族谋乱"的局势,这不仅使孙武在齐国无法安居,因为孙武也是四族的一支,也使孙武在齐国无法实现自己的抱负。因孙武出身于齐国军事世家,由于受家庭影响,自小熟悉兵法,怀有抱负,因而孙武必须离开齐国。要离开齐国,到何处去呢?他把眼光投向了吴国。那时,吴国虽然是一个小国,但却正处于兴盛时期。所以,孙武决定要奔吴,自然要去吴国的都城南宫。

孙武来到吴国都城后,对南宫的地形进行了观察。南宫东有胥山,西有渔洋山,南临太湖,北靠穹窿山。而北面的穹窿山最高大,且森林茂密,离南宫又近,是隐居的好地方。所以,孙武很可能在穹窿山南麓的深山密林中隐居下来。孙武隐居后,便一面躬耕自给,研究兵法;一面静观局势,等待时机。

从以上叙述来看,孙武奔吴后,隐居在吴国都城南宫北部的穹窿山区。那里是一个山明水秀的人间仙境,至今仍有不少游人去到那里怀念这位伟大的军事家。

军纪严明，练兵有方

今天我们读起孙子初次以吴王的妃子练兵的故事时，对其杀吴王两个爱妃的行为，很多人还是津津乐道，似乎很欣赏他的做法。以下我们来看一下史记中是如何记述的：

《史记·孙子吴起列传》记载：以兵法见于吴王阖闾。阖闾曰："子之十三篇，吾尽观之矣，可以小试勒兵乎？"对曰："可。"阖闾曰："可试以妇人乎？"曰："可。"于是许之，出宫中美女，得百八十人。孙子分为二队，以王之宠姬二人各为队长，皆令持戟。令之曰："汝知而心与左右手背乎？"妇人曰："知之。"孙子曰："前，则视心；左，视左手；右，视右手；后，即视背。"妇人曰："诺。"约束既布，乃设𫓧钺，即三令五申之。于是鼓之右，妇人大笑。孙子曰："约束不明，申令不熟，将之罪也。"复三令五申而鼓之左，妇人复大笑。孙子曰："约束不明，申令不熟，将之罪也；既已明而不如法者，吏士之罪也。"乃欲斩左右队长。吴王从台上观，见且斩爱姬，大骇。趣使使下令曰："寡人已知将军能用兵矣。寡人非此二姬，食不甘味，原勿斩也。"孙子曰："臣既已受命为将，将在军，君命有所不受。"遂斩队长二人以徇。用其次为队长，于是复鼓之。妇人左右前后跪起皆中规矩绳墨，无敢出声。……于是阖闾知孙子能用兵，卒以为将。

事件的详细缘由是：

公元前512年，也就是阖闾刚刚即位的第三年，吴国国内稳定，仓廪充足，军队精悍，早已经做好向西进兵征伐楚国的准备。就在这时，伍子胥向阖闾提出，这样的长途远征，一定要有一位深通韬略的军事家筹划指挥，这样才能取胜。他向吴王阖闾推荐了正在隐居的孙武，向吴王介绍孙武的家世、人品和才干，称赞孙武是个文能安邦、武能定国的盖世奇才。可是，孙武自从来到吴国后一直隐居著书，吴王连孙武这个名字都不曾听说，认为一介农夫肯定不会有多大的本事，于是就拒绝了。伍子胥并没有因此而放弃推荐，仅一个早上就推荐了7次，这才感动了吴王，答应见孙武一面。

孙武带着自己刚完成的兵法进见吴王。吴王看了孙武写的兵法书，十分欣赏他的军事才能，顿时，他又产生了另一个念头，兵法头头是道，是否真适合于战争的实用呢？孙武能写兵法，又怎样才能证明他不只是一位纸上谈兵的人呢？于是吴王便对孙武说："你的兵法十三篇，我已经逐篇拜读，实是耳目一新，受益不浅，但不知用起来是否可行，不如用它小规模地演练一下，让我们见识见识？"孙武回答说："可以。"吴王又问道："先生打算用什么样的人去演练？"孙武答："只要君王愿意，无论什么样的都可以用。不管是高贵的还是低贱的，也不论是男的还是女的，都可以。"又问孙武："你能用兵法操练宫中女子吗？"孙武回答说可以。于是，吴王下令从宫里选出一百八十名女子，交给孙武指挥。

孙武把一百八十名宫女分为左右两队，指定吴王最为宠爱的两位美姬为左右队长，让他们带领宫女进行操练，同时指派自己的驾车人和陪乘担任军吏，负责执行军法。

分派已定，孙武站在指挥台上，认真宣讲操练要领。孙武说："我叫前，你们就看前面；叫左就看左手；叫右就看右手；叫后就看背后。一切行动，都以鼓声为准。你们都听明白了吗？"宫女们回答："听明白了。"安排就绪后，孙武便击鼓发令，不过尽管孙武三令五申，宫女们口中应答，内心却感到新奇、好玩，她们都哈哈大笑起来，根本没把号令当一回事。

孙武说："你们对规定和军令不够清楚，是我的过错，现在我再讲一遍。"于是他又重新讲解了一遍。孙武第二次击鼓传令。宫女们还是觉得好玩，仍旧嘻嘻哈哈不以为然。孙武说："号令不明是将帅的责任，号令已明而不服从，则是队长的过错。依照军令队长当斩。"于是派人搬来早已放置在一旁的铡刀，下令将两个队长处死。

吴王见孙武真的要杀自己两个心爱的妃子，马上派人传命说："寡人已知道将军善于用兵了。没有这两个美姬，寡人吃饭都不香了，请赦免了她们吧。"孙武毫不留情地说："臣既然受命为将，将在军中，君命有所不受。"说完，下令将两个妃子杀了，另外找了两名宫女当队长，继续练兵。

当孙武再次击鼓发令时，众宫女前后左右，进退回旋，跪爬滚起，全都合乎规矩，阵形十分齐整。孙武传人请阖闾检阅，阖闾因为失去爱姬，心中不快，便托辞不来，孙武便亲见阖闾。他说："令行禁止，赏罚分明，这是兵家的常法，为将治军的通则。对士卒一定要威严，只有这样，他们才会听从号令，打仗才能克敌制胜。"听了孙武的一番解释，吴王阖闾怒气消散，最后还拜孙武为将军，因为他知道孙武是帮助自己成就霸业的难得的将才。

司马迁通过"孙武斩美人"一事的记叙，使得孙武神貌栩栩如生，呼之欲出，这自然是司马迁选择写这个故事的目的。但是一句"王徒好其言，不能用其实。"暴露孙武真实的面目。从这句话中，我们能够读出来的情绪，有轻蔑，有骄傲，也有淡淡的失望，颇能显示孙武睥睨一世的神态。司马迁为何要借此来展现孙武的风采？以下一一为您揭晓。

孙子杀吴王的妃子，看起来是一个简单的故事情节，其实背后隐藏着很深的历史背景。孙子是古代兵家代表人，兵家多征战厮杀，你死我活，生活过得血淋淋的，人的性格在这生活的锻炼下也变得残酷嗜血。兵家和法家十分相似，都是为专制统治王朝服务的，他们目的是驯服万民，为君王卖命，自己在这过程中谋取功名利禄。这就决定了他们对百姓只能用野蛮和残酷的手段。现代外国著名作家孟德斯鸠在《论法的精神》里说："专制政体维护政权的办法是恐怖，民主政体维护政权靠的是荣誉。"

其实，孙子是个聪明人，从开始决定拿吴王的妃子练兵开始，他就想好了，自己一定要杀其中的几个，他一开始就知道这些女人其中的几个一定会死。但是，他没有因为仁慈和怜悯不这么做，而是一切按计划有序地进行，直到吴王的两个爱妃第二次没按他的号令排好队，他要杀吴王的两个妃子，直到吴王替妃子求情被他否决，直到那两个妃子人头落地，这一切都在孙子的预料之中，但孙子并没有因怜惜而对她们从轻处罚，他毅然决然地砍掉她们的脑袋，用她们的鲜血铺就其未来的功名之路。

从以上叙述我们可以看出，孙武之所以能把一群养尊处优、拖沓懒散的宫女训练得服服帖帖、规规矩矩，主要有两个原因：

第一，他执法如山，不畏权势，不留情面，不因权废法，坚决顶住了求情风，快刀斩乱麻，故能收到立竿见影的效果。如果他当时也来个"下不为例"，网开一面，那么训练必然依旧“言者谆谆,听者藐藐”,难以达到“阵形十分齐整”的效果。

第二,他严中有宽,宽严结合,这是训练最有效的策略。这一方面表现在对军纪的三令五申上,另一方面则表现在和阖闾的抗争艺术上。他斩吴王的两位爱妃,并不是贸然行事,而是在军纪无人遵守的情况下做出的慎重抉择!吴王两位爱妃被斩后,阖闾很生气,当孙子请他检阅队伍时,他竟拂袖而去。孙武说:“看来,大王徒好其言,不能用其实。”阖闾自觉理亏,于是就只好拜其为大将!

总之,不管孙武这种作风多么不近人情,多么残酷和自私,但这种作法对于大局都是有利的,只有这样才能整顿吴国军威,使阖闾跻身于“春秋五霸”之列!

大破楚军,助吴称霸

《史记·孙子吴起列传》记载:“西破强楚,入郢,北威齐晋,显名诸侯,孙子与有力焉。”这里所说的“西破强楚,入郢”一事,就是春秋末期周敬王十四年(公元前506年)暴发的著名的吴楚柏举之战。

公元前512年,阖闾、伍子胥和孙武,指挥吴军攻克了楚的属国钟吾国(今江苏宿迁东北)、舒国(今安徽庐江县西),这时连连获胜的阖闾,想要长驱直入攻克楚都郢(今湖北江陵县纪南城)。孙武认为目前的形势不能低估楚军的能量,盲目攻楚军,于是就劝阻道:“楚军现在还不能轻视,况且我们现在灭掉两国之后已经很疲惫,应该收兵休整,待机再战。”阖闾听从了孙武的建议,就班师回国了。

伍子胥也完全同意孙武的主张,并向吴王献策说:“人马疲劳,不宜远征。不过,我们也可以设法使楚人疲困。”于是伍子胥和孙武共同确定了扰楚疲楚寻机破楚的战略,然后组建了三支精锐军队,轮流袭扰楚国边境。在第一支军队袭击时,楚国便调集主力迎战。但楚军一出,孙武却率吴军撤退了。而楚军返回驻地时,吴国的第二支部队又攻入了楚境,如此轮番袭击,弄得楚国连年应付吴军,人力物力都被大量耗费,国内十分空虚,属国纷纷叛离,吴国却从轮番时攻中抢掠不少,在与楚对峙中完全占据上风。

公元前506年,孙武又运用长途奔袭、灵活机动的战法打败了楚军。当时,楚国围攻吴的属国,即一个小国——蔡国。孙武率领三万精兵,乘船逆淮河而上救援。楚军见吴军来势凶猛,不得不放弃对蔡国的围攻,收缩部队,调集主力,以汉水为界,加紧设防,抗击吴军的进攻。不料孙武突然改变了沿淮河进军的路线,放弃战船,改从陆路进攻,直插楚国纵深。

伍子胥问孙武:“吴军习于水性,善于水战,为什么还要从陆路进军呢?”

孙武告诉他说:“用兵作战贵在神速。应当走别人料想不到的路,以便打它个措手不及。逆水行舟,速度迟缓,楚军必然乘机加强防备,那样想要打败楚就难上加难了。”伍子胥听后,连连点头称是。

于是,孙武在三万精兵中选择了强壮敏捷的三千五百人为前阵,迅速地穿过楚国北部大隧、直辕、冥阨三道险关,直插楚国纵深。不出数日,挺进到汉水东岸。

此时楚昭王大惊,派出囊瓦、沈尹戌等人率兵抵抗吴军。左司马沈尹戌建议主将囊瓦率主力拖延吴军,自己率兵往方城迂回至吴军侧后,截其退路,封锁三个险隘,再前后夹击吴军,消灭他们。本来,这是楚军击败吴军的上策。囊瓦起初也同意了沈尹戌的建议。可是在沈尹戌率部北上方城后,楚将武城黑却对囊瓦说:“如果等待沈尹戌部夹击,则战功将为沈尹戌所独得,不如以主力先发动进攻,击破东岸吴军,这样令尹之功自然居于沈尹戌之上。”大夫史皇也说:“楚人讨厌你而赞扬沈尹戌。如果沈尹戌先战胜吴军,功在你之上,你的令尹之位也就难保了。最好赶快向吴军进攻。”囊瓦一听,觉得有理,就改变策略,渡过汉水,不等沈尹戌包抄吴军侧后,就发动攻击。孙武见其渡过汉水攻击,佯装后退,退到大别山,楚军在吴军后退时连战数场,皆败,楚军士气不断下降,疲惫不堪。

孙武见楚军陷于被动,于柏举与楚军决战,阖闾之弟夫概进谏:“囊瓦这个人不仁不义,楚军没有几个愿为他卖命。我们主动出击,楚军必然溃逃,我军主力随后追击,必获全胜。”但阖闾谨慎,不敢用此计。夫概回营后,对部将说:“既然事有可为,为臣子的就应见机行事,不必等待命令。现在我要发动进攻,拼死也要打败楚军,攻入郢都。”于是率领自己的五千前锋部队,直闯楚营。楚军果然溃乱,阖闾见夫概部突击得手,乘机以主力投入战斗,楚军很快便土崩瓦解,史皇战死,囊瓦逃奔郑国。吴军发动战略追击,于柏举西南的清发水重创楚军残部。再追,于雍澨再大破囊瓦军残部。吴军再与由息与回救的沈尹戌部队交战,激烈战斗后楚军大败,沈尹戌伤重而死。其后吴楚于麦城之战再大败楚军,至此吴军五战五胜,成功消灭楚国,吴军于柏举之战十日后攻陷郢都。吴军攻陷郢都后屠城,楚国军民死伤十万以上,楚昭王逃奔至随国。孙武以三万吴军大败二十万楚军,攻灭了强楚,于是一战成名,震惊中原诸国。

其后楚大夫申包胥求救于秦,秦哀公派出五百乘兵车攻打吴军,秦楚联军击败吴军,吴国本土又发生内乱,吴军就被逼返回吴国,楚国才免于灭国之难。

吴国后来因秦国干预及越国偷袭，而被逼由楚国撤军，但是已使楚国元气大伤，不能威胁吴国。公元前496年，吴王阖闾不听孙武劝阻，出兵攻打新即位的越王勾践，结果被其打败，并气愤病死。孙武及伍子胥帮助阖闾之子夫差治国练兵，并助夫差成功大败勾践，报仇雪恨。而其后夫差北上称霸，于黄池大会诸侯，亦是因为孙武令士兵训练有素的成果。

孙武虽然帮助吴国建立了霸业，但夫差日渐骄横，不听忠言信谗言，逼死功臣、忠臣伍子胥，孙武见状寒心而退，知道自己想辅佐吴王统一南北的大志已无法实现，为免遭杀身之祸，便隐居深山，修订他的兵书去了。

春秋晚期，吴国在发展的过程中与强大的楚国产生了尖锐的矛盾，以至长期付诸武力，兵戎相见。从公元前584年第一次“州来之战”起，两国之间在短短的六十余年时间里，曾发生过十次大规模的战争，其中吴军全胜六次，楚军全胜一次，互有胜负三次。总的趋势是，吴国逐渐由弱变强，开始占据战略上的主动地位，以至于彻底地消灭了楚国。

吴王阖闾是一位英明的君主，自从他即位后，励精图治，发展生产，改良吏治，整军经武：“立城郭，设守备，实仓廪，治兵库”，并大胆起用伍子胥、孙武、伯嚭等外来杰出军政人才，积极从事争霸大业。就在这个时候，西方的楚国成了吴国胜利前进道路上的最大障碍。也就是说，只有从根本上打垮或削弱楚国，阖闾才能实现自己成为中原霸主的梦想。可见，吴楚之间战争是无法避免的了。

俗话说“吉人自有天助”，当时楚国与晋国长期征战，争霸中原，搞得民疲财竭，国力中衰，而且楚国内部政治黑暗，军事无能，民众怨愤，君臣离心，这为吴国提供良好的灭楚机会。所以说，当时楚国虽然表面上看势力强大，余威尚存，其实早已是外强中干了，经不得任何的风雨飘摇，吴楚柏举之战前夕，楚国已经处于一个被动的地位了。

不过，从整体的实力来说，楚要比吴更具优势。否则在公元前512年阖闾第一次提出大举攻楚的战略计划时，孙武就不会以“民劳，未可，待之”的理由加以劝阻了。当然这并不代表吴国消极地守株待兔，他们的厉害在于他们从不消极等待敌方出现破绽，而是积极运用谋略，主动创造条件，完成敌我优劣对比的转换。所以，他首先伐灭楚国的羽翼，扫除伐楚前进路上的障碍。其次，还有一个更重要的原因，就是伍子胥提出的“疲楚误楚”的高明战略方针。其方针就是将吴为分为三支，轮番出击,骚扰楚军,麻痹对方。这种做法给楚军造成错觉,误以为吴军的行动仅仅是“骚扰”而已,而忽视了吴军这些“佯动”背后所包藏的“祸心”,放松了警惕,造成士兵逃走的下场。

在公元前506年秋天,楚国大军围攻蔡国,蔡在危急时刻向吴国求救。此外,唐国也因痛恨楚国的不断侵凌勒索,而主动与吴国通好,帮助吴国抗楚。唐、蔡两国虽然都是蕞尔小国,但他们位居楚国的北部侧背,这个地理位置是十分重要的。如果吴国与他们联盟,那么就可实施其避开楚国正面,进行战略迂回、大举突袭,直捣腹心的作战计划。

柏举之战是春秋晚期一次规模宏大,影响深远的战争。吴军灵活机动、因敌用兵,以迂回奔袭、后退疲敌、寻机决战、深远追击的战法,一举歼灭了强胜多年的楚国,进而为吴国争霸中原奠定了坚实的基础。

吴军之所以能够取胜,主要有以几个原因:

第一,修明政治、发展生产、充实军备的结果。

第二,善于“伐交”,争取得到晋国的支持,争取唐、蔡两国的协助的产物。

第三,但是最为重要的原因,在于其战略指导上的高明。一是采取疲楚误楚的正确策略,这样可以使楚军疲于奔命,松懈对吴军的戒备;二是选择正确的进攻方向,“以迂为直”,乘隙蹈虚,实施远距离的战略袭击,使楚军在十分被动的情况下仓促应战;三是把握有利的决战时机,先发制人,一举击败楚军的主力;四是进行一举歼灭的战略,不给对方留下任何东山再起的机会。

强大的楚国曾多次打过胜仗,怎么可能这样轻而易举地战败呢?他的失败,主要在于其政治腐败、内部动乱、将帅不和、四面树敌、自陷孤立。从军事上看,则在于其疏于戒备,招致奇袭;在于其主将贪鄙无能,临战乏术;在于其轻率决战,一败即溃。

孙武在吴楚柏举之战中所表现出来的卓越军事才华,令他成为古今历史上备受人们推崇的大军事家,他的军事生涯在经过艰难曲折的历程后,也于此时达到了顶峰,其军事指挥艺术也在实战中得到了验证。

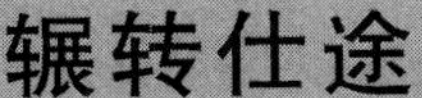

辗转仕途

◎田 单

太史公曰：作战要一面交锋，一面用兵出奇制胜。善于用兵的人，能够不断得胜。不管是奇袭还是正面交战，都要相配合，才能使人捉摸不定，如同圆环没有起止。用兵一开始要像处女那样沉静，让人没有防备，等到机会来临，就要如脱逃的兔子一样，使人不及防御。而田单就是这样的人！然而，虽有如此才能，但是，他的仕途并不是一帆风顺的。

巧布"火牛",以奇制胜

《史记·田单列传》记载:兵以正合,以奇胜。善之者,出奇无穷。奇正还相生,如环之无端。夫始如处女,适人开户;后如脱兔,适不及距:其田单之谓邪!

临危受命,施连环计

田单是齐国田氏王族的远房本家。齐愍王在位时,田单担任首都临淄佐理市政的小官,没有被齐重用。后来,燕国派大将乐毅联合五国攻打齐国,齐愍王被迫从都城逃跑,没过多久,又退守莒城。在燕国军队长驱直入征讨齐国之时,田单也离开都城,逃到安平,让他的同族人把车轴两端的突出部位全部锯下,安上铁箍。没过多久,乐毅率军攻打安平,城池被攻破,齐国人争路逃亡,都因被撞得轴断车坏,被燕军俘虏。只有田单和同族人因用铁箍包住了车轴的缘故,得以逃脱,向东退守即墨。这时,燕国军队已经全部降服了齐国七十余城,只剩下莒和即墨没有攻下来。当燕军听说齐愍王在莒城,就调集军队,集力攻打。大臣淖齿就杀死了齐愍王,坚守城池,抗击燕军,燕军攻打几年都没有把城攻下来。于是,乐毅就带领兵将向东行,围攻即墨。即墨的守城官员出城与燕军交战,战败被杀。后来,即墨城中都推荐田单为首领,说:"安平那一仗,田单和同族人因用铁箍包住车轴才得以安全脱险,可见他是一位用兵奇才。"于是,大家就拥立田单为将军,坚守即墨,抗击燕军。

两年过去了,燕昭王去世后,太子即位,就是燕惠王。田单一听到这个消息,认为是个好机会,暗中派人到燕国去散布谣言,说:"齐愍王已被杀死,没被攻克的齐国城池只不过两座而已。乐毅是害怕被杀掉而不敢回国,所以,他以讨伐齐国为名,其实是为了和齐国兵力联合起来,在齐国称王。齐国人心还未归附,因此暂且拖延时间,慢慢攻打即墨,以便等待时机成熟再称王。齐国人担心的是,如果再派其他将领带兵攻打,那么即墨必将会被攻破。”

燕惠王本来与乐毅素有不和,如今听了这个消息,就决定派大将骑劫到齐国去代替乐毅。乐毅本来是赵国人,于是就逃到赵国去了。

骑劫当了大将,接管了乐毅的军队。燕军的将士都不服气,可大伙儿敢怒而不敢言。骑劫下令围攻即墨,围了好几层。可是城里的田单,早已把决战的步骤准备好了。田单要求即墨城中的每户人家吃饭时都在庭院里祭祀祖先,引得飞鸟都在城的上空盘旋,下来啄食。燕国军士对此感到很奇怪。田单便扬言说:“有天神下来指导我。”又要求城里人散布说:“有天神做我们的军师。”有一个士兵说:“我可以当您的老师吗?”接着就扬长而去。田单连忙站起来,把他拉过来,请他坐在面向东的上座,用侍奉老师的礼节来侍奉他。那个士兵说:“我欺骗了您,我真是一点本事也没有。”田单说:“请您不要再说了。”接着就奉他为师。每次发号施令,都这样来蛊惑燕国将士。

同时,田单又派人混入燕国军队中散布说:“齐兵最怕被燕国人割去鼻子。如果燕军把俘虏到的齐兵都割去鼻子押到队伍前去与齐兵战斗,即墨就守不住了。”燕军果然这样做了,守城的齐兵一看投降燕国的人都被割去了鼻子,全部义愤填膺,更加坚守城池,生怕自己落在燕国人手里。

接着,田单又派人混入燕军说:“齐国人最怕被挖掉城外的祖坟,怕祖先受到凌辱。”燕军一听,果然挖了齐国人的祖坟,把死人的尸骸弄来燃烧,大火冲天。齐国人从城墙上望见了,都大哭不止,决心出战与燕军拼个你死我活。

田单得知这个情况后,心中暗喜,说:“出战的时机到了!”于是就亲自拿着夹板铲锹,和士兵们一起修筑工事,并把自己的妻子姬妾都编在队伍之中,还把全部的食物拿出来犒劳士卒。命令装备整齐的精锐部队都埋伏起来,让老人妇女上城防守,又派使者去和燕军约定投降事宜,燕军官兵都高呼万岁。田单又把民间的黄金收集起来,共得一千镒,让即墨城里有钱有势的人送给燕军,请求说:“即墨的宋城将士就要投降了,希望你们进城之后,不要掳掠我们的妻子姬妾,让我们能平安地生活。”骑劫高兴地接受了财物,满口答应。因此,燕军认为即墨人要投降啦,以后就不用打仗了,于是就对齐军放松了警惕。

巧布“火牛”，出奇制胜

田单挑选了一千多头牛，把它们打扮起来。牛身上披着一块被子，上面画着大红大绿、稀奇古怪的花样。牛角上捆着两把尖刀，尾巴上系着一捆浸透了油的苇束。

一天夜里，田单下令凿开十几处城墙，把牛队赶到城外，在牛尾巴上点上了火。牛尾巴一烧着，一千多头牛被烧得牛性大发，朝着燕军兵营方向猛冲过去。齐军的五千名士兵拿着大刀长矛，紧跟着牛队，冲杀上去。

城里，无数的老百姓都一起来到城头，拿着铜壶、铜盆，狠命地敲打起来。

一时间，一阵震天动地的呐喊声夹杂着鼓声、铜器声，惊醒了燕国将士的睡梦。大伙儿睡眼朦胧，只见火光炫耀，成百上千脑袋上长着刀的怪兽，已经冲过来了。许多士兵吓得腿都软了，哪儿还能抵抗呢？

别说那一千多头牛角上捆的刀扎死了多少人，那五千名敢死队砍死了多少人，就是燕国军队自己乱窜狂奔，被踩死的也不计其数。

燕将骑劫坐着战车，想杀出一条活路，哪儿冲得出去，结果被齐兵围住，丢了性命。

齐军乘胜反攻。整个齐国都轰动起来了，那些被燕国占领地方的将士百姓，都纷纷起兵，杀了燕国的守将，迎接田单。田单的军队打到哪儿，哪儿的百姓群起响应。不到几个月工夫就收复了被燕国和秦、赵、韩、魏四国占领的七十多座城。

于是田单到莒城迎接齐襄王，襄王也就回到都城临淄来处理政务。齐襄王封赏田单，赐爵号为安平君。

田单是战国后期齐国历史上的一个著名人物，曾以火牛阵大破燕军，力挽狂澜，光复齐国；之后，他又辅佐齐襄王十九年，使齐国得以延续发展；晚年虽客死异国他乡，但仍未失晚节。保一身正气，令后世敬仰。田单的一生是成功的，其成功的原因何在呢？在即墨之战中，他采取了一系列的谋略手段：

第一，以身作则，激励军民。田单在整顿扩编守城部队时，将自己的妻妾编入部队，这样即墨城里的百姓自然也就会愿意编入守城部队。他以身作则，与军民同甘共苦。城中富人、商人送给他的物品，他全部分给士卒；士卒生病，他去慰问并请医生治疗；他不分昼夜巡视城防，和士卒一起修补被攻破的城墙；燕军攻城，他站在最关键和危险的地方指挥战斗。这些行为已经深得军民的信赖，对激励军民的斗志起了重要的作用。

第二，利用迷信，激发斗志。田单深知每个军民都热爱自己的家乡、祖先，针对这个心理特点，经常宣传："如果失守，齐国灭亡，宗庙被毁，祖宗的灵魂将无处安身，自己的灵魂也无乡可归。"这样就可激起军民奋死拼杀的心理。此外，他利用军民存在普遍的迷信心理，利用鬼神以鼓舞士气。田单让即墨军民每餐都端饭到户外祭祀祖先，这样就可招来许多飞鸟在城上空盘旋，进入城中吃食。这种现象引起了燕军的注意，以为城中粮足是有神灵保佑。田单借机宣传说："将有神仙来做我们的军师。"一个士卒听到后，对田单说："我可以当军师吗？"他说这句话后，自觉有些冒昧，于是就返身疾走。田单立即一把拉住他，将他让到上座，拜他为神师。士卒说："我是欺骗您的，我没有什么本事啊！"田单说："你不要说话就行了。"此后，田单每次下命令都说这是神师的指示。即墨军民便信以为真，真的以为有神灵相助，因此斗志变得更旺盛了。燕军听到这个消息后个个心惊胆战。

第三，巧用离间，逼走乐毅。乐毅是燕国有勇有谋的将军。这次他率军攻齐国，约束部队，禁止掳掠，并笼络齐国权贵人物，所以攻齐连连告捷。他指挥燕军久攻即墨不下，便改用攻心战法，围城而不打，还后撤九里，筑垒相持，对出即墨城的居民，不但不抓捕，还对困难者给予赈济。田单对此十分忧虑，如果这样长久下去，那么必然会动摇人心。所以决定设计逼走乐毅。齐襄王五年(公元前279年)，燕惠王继位后，田单素知乐毅与惠王过去有些不和，认为有隙可乘，遂派人到燕国散布谣言说："齐愍王早已死了，而乐毅还没有攻下齐国的莒和即墨两城。这不是因为无力攻取，而是为了躲避燕惠王的迫害，不敢归燕，所以他以伐齐为名，暗中与诸侯联系，企图在齐国称王。齐国人不怕乐毅称王，就怕燕国换将。如果燕国派别人来接替乐毅，那么即墨就会被燕军攻破了。"燕惠王本来对乐毅好几年都没有攻下莒和即墨两城就有怀疑，当听到乐毅要在齐称王的谣言后便更加深信不疑了。于是，他派骑劫代替乐毅统率燕军。

乐毅害怕会遭到不测，所以就回赵国老家了。乐毅一走，燕军少了一个深受将士爱戴的统帅，又对骑劫的无能心怀不满，因而军心涣散，战斗力大大削弱。于是，田单也巧妙地达到自己的战略目的。

第四，诱敌施暴，强化仇敌。田单得知燕军统帅骑劫是一个粗暴无能的人，于是就抓住他这个弱点诱敌施暴，这样就可加强军民对燕军的仇恨。他派出间谍到燕军中散布说："我们特别畏惧燕军捉到我们的士卒后，割掉鼻子，并让他们在燕军的前面进攻我们。如果那样，即墨肯定守不住。"骑劫竟然不加分析便信以为真，遂命令部下割掉所有齐军俘虏的鼻子，胁迫他们作为前锋进攻即墨。当即墨的军民看到燕军如此粗暴的行为后，无不义愤填膺，纷纷表示誓与即墨共存亡，绝不肯向燕军投降，不让燕军生擒。后来，田单又派人到燕军散布说："我们最担心的是燕军挖我们的祖坟。那样，即墨城的百姓一定会寒心，就会无心守城了。"于是，愚蠢的骑劫再次下令挖开齐人坟墓，烧毁尸骨。即墨军民在城墙上遥望燕军这种残暴行径，无不咬牙切齿，全都表示要与燕军决一死战。

第五，巧妙示弱，麻痹骄敌。为了麻痹燕军，田单将自己的企图隐藏起来，让老人妇女登城守卫，同时把城里的黄金收集起来，派城里的富豪送给燕军，并佯称："即墨守军马上就要投降。请你们受降时不要伤害我们的家室妻妾。"骑劫见即墨守城的都是老弱妇幼，所以认为齐军确实已经没有战斗力了，所以对齐军准备投降的说法深信不疑。燕军也"皆呼万岁"，只等着受降，这使燕军对齐军完全放松了警惕。

这一切都布置好了，田单准备了最后辉煌壮丽、震天动地的一击！当一千多头身绘浓彩、尾绑火把的牛群冲向燕军的时候，整个燕军部队一下子傻了眼，溃败势不可免！由于这一仗的威名，接下来的复国变得相对简单了。田单追击着燕军，一路接收着叛燕的齐军，声势越来越大；而燕军却越来越衰弱，终于，失陷的七十余座城池又回到了田单的手里，齐国全面复国了。

解裘救人，惹怒贵族

田单本是春秋时期临淄一名市掾(官名)，后来临危受命，以一连串的谋略，使齐国从亡国中恢复了过来，可见，他在中国历史上是一位带有传奇色彩的人物。

周赧王三十六年(公元前 297 年)，田单在即墨城用火牛阵打败了燕军和诸国联军，遂请齐襄王到临淄。齐襄王立即封了田单做相国，并把安平城封给了他，此举引起了许多贵族大夫的不满和忌恨。

当初，齐愍王逃到莒城，被救援的楚将淖齿杀了之后，那些跟去的贵族大夫们，走的走，逃的逃，各自奔命，有的甚至卑颜屈膝地跪倒在淖齿面前称臣。等到田单打败燕军，请齐襄王回临淄即位后，那些人又开始摆起他们的贵族架子，他们总以为自己比别人高贵，不把田单这个小人物放在眼里。

田单当了相国，仍然像以前那样关心百姓、体恤百姓，因此，受到了众多人的尊敬和爱戴。他看到由于连年战争，百姓的生活早已是苦不堪言，但那些贵族的大夫们，却依旧享乐，不顾百姓的死活。强征暴敛，搜刮民财，修建府衙，整天过着花天酒地的生活。田单便上书齐襄王，要求限制贵族们的行为，这下可把那些贵族惹恼了，于是他们就暗地里联合起来，千方百计地陷害田单。时间久了，原本对田单十分信任的齐襄王，最终也经不起那么多人的闲言碎语，逐渐对田单产生了不信任。

这年一个冬天的晚上，田单在朝中理完政事，乘了车子，要回安平城。他路过淄水时，见到一个老人涉水过河。因水太冷，老人过河之后冻得不能行走，瘫在河边。田单见后，心中可怜，便解下自己的裘衣披在老人身上，接着也解开老人的衣服，然后抱起老人胸对胸紧紧搂在怀里，上车后他命令车夫加快速度赶回安平城。回家后，田单要家人细心照顾老人。一段时间后，老人就逐渐康复了。田单在雪地里救人的事很快传遍了整个临淄，人们都夸赞田单是一个爱民如子的好官。

但此事被齐襄王知道了，齐襄王非常反感，说："田单这样对人施以恩惠，该不是为了篡夺我的江山吧！不早防备，恐怕以后会发生变故。"说完后，环顾左右，见没有其他人，只有一个穿珍珠的匠人在远处的屋檐下坐着。齐襄王便把那个匠人叫了过来，问他："你听到我说的话了吗？你以为如何？"匠人回答说："大王不如借势使这事成为大王您做的好事。您嘉奖田单的善行，下令国中说：寡人为人民的饥饿担忧，田单就收养他们；寡人为人民的寒冷担忧，田单就解下衣裘给他们穿上；寡人担心烦劳白姓，而田单也为此担心，这很称寡人心意。田单行善而大王嘉奖他，这样田单行之善也就成了您所行之善了。"齐襄王一听十分高兴，便下令赐给田单牛、酒以示嘉奖。过了几天，穿珠的人又来见齐襄王说："大王在上的时候，应召见田单，在大庭广众之中当着大臣面向他作揖，慰劳他，还可下令寻找国中那饥寒的百姓，收养他们。"齐襄王这样做了后，派人暗中到百姓中探听人们的反映。派去的人回来报告，他们听到人们说："田单爱百姓，原来都是大王教导他的。"

英明的领导者不会嫉妒部下的政绩，因为这正体现了他的教导有方。

田单推荐一个叫貂勃的人给齐襄王，请齐襄王任貂勃为官。齐襄王身边有九个宠臣，中伤田单，他们对襄王说："燕军攻伐齐国的时候，楚国曾派将军率万人来帮助齐国。如今国家已定，社稷已安，大王何不派使者去感谢楚王呢！"襄王说："派谁去呢？"这九个人说："派貂勃去吧！"貂勃到楚国去，楚王接受了谢意，又把貂勃留下来饮酒，一连几个月也未让貂勃返回。这九个人就说："貂勃能这样受到楚王款待，还不是因为安平君田单的权势吗？而且安平君和大王名为君臣而其实上下无别。安平君现在心怀异志，欲为不善，对内安抚百姓，对外招抚戎狄，礼待天下贤能的人，一定是怀有不可告人的目的。希望大王明察。"过了几天，齐襄王说："召国相田单来！"田单知道襄王对自己心怀不满，闻听襄王召见，便脱去帽子，光着脚，露着上身来见襄王。退去的时候，又请襄王治自己的死罪。过了五天，齐襄王对田单说："你对我没有什么罪。你尽你的臣子之礼，我尽我的君王之礼就是了。"貂勃从楚国回来以后，齐襄王赐他喝酒，饮到高兴处，齐襄王说："召国相田单来！"貂勃听到后，避席低首而拜，说："大王觉得您和文王比谁更强呢？"齐襄王说："我不如周文王。"貂勃说："是啊，臣本来就知道您比不上周文王。那么您比齐桓公怎么样？"襄王说："我不如齐桓公。"貂勃说："臣也知道您比不上齐桓公。可是，周文王得到姜尚，以为师尚父，齐桓公得到管仲，以为仲父。而您得到安平君，却只独呼其名

‘单’,您从哪里学来的这亡国之言呢?而且田单以摇摇欲坠的即墨城,七千疲惫之卒,大败燕军,收复齐国的千里江山,功劳很大。那时候如果安平君舍弃大王而自己称王,天下没有人能阻止他。然而,安平君从道义出发,把大王和王后接回国都,如今国家已定,人民巳安,大王却称之为‘单’,连小孩子都知道不应该这样做。大王赶紧把这九个人杀掉以向安平君道歉,不然,齐国就危险了。”齐襄王听说后,这才清醒过来。于是下令杀掉九个宠臣,连家属也逐出都城。又下令把有一万户人家的夜邑(在今山东省掖县境)增封给田单为食邑。田单和齐襄王的矛盾才缓和下来。

其实,以田单此时在齐人心目中的威望,自立为王不是难事,会得到齐国百姓的欢欣支持。田单没有自立的原因主要是出身底层,也许从来没有想过有朝一日要称王,也满足于为人臣子的身份。就算天赐良机再加上别人的提醒,称王的念头也只是一闪而过,根本没有称王的心理准备,也无称王的勇气和信心,结果就会不了了之。历史上此类先例也比比皆是,立有万世功勋的乐毅、田单和后世的韩信一样,皆是占据齐地却因为出身造成的不自信而没有自立为王,但最后反而受制于人。

进攻狄族，离齐奔赵

田单曾以人心危恐的即墨方圆三五里城郭，疲惫不堪的七千名士兵，力擒敌军大将，收复齐国千里疆域。

然而，就是这么一个田单，做了安平君以后，率大军攻区区狄人，却是三月不能攻下，田单想起攻狄之前，鲁仲连曾对他说："将军攻狄，不能下也。"田单当时很不高兴，说："我以五里之城，七里之郭，破亡余卒，大破燕国几十万大军，你说我攻不下区区狄人，可能吗？"

话一说完，内心大不以为然，径自上车去了。结果，田单率军进攻狄族，三个月也未能攻克。

齐国的小孩唱着一首童谣说："高高的官帽像簸箕，长长的宝剑托腮齐，攻打狄城不能下，梧丘筑城空伤悲。"

田单听了很担忧，忙回去请教鲁仲连："先生何以知我不能攻下狄人？"鲁仲连说："将军在即墨的时候，坐着，手编草鞋；站着，手拿铁锹；带领士兵们唱歌道：'无可往矣！宗庙亡矣！今日有没有救，看我们有没有胆！'当时，将军有战死的决心，士兵无偷生的念头，听了您的号召，莫不挥泪振臂，奋勇求战。这就是当初您打败燕国的原因。现在，将军您，东可收纳夜邑封地的租税，西可在淄水之上尽情地欢乐，金光闪闪的宝剑横挎在腰间，驰骋在淄水、渑水之间，现在您有贪生的欢乐，而无战死的决心，所以无法取胜啊！"鲁仲连一针见血指出实质问题。田单猛然醒悟过来："我田单有这样的决心，是先生您为我下的。"

第二天，他振奋精神，亲临城下，站在箭雨弹雹之中，身先士卒，击鼓进军，于是攻克了狄族大营。

其实，在攻狄之前，田单前去拜见鲁仲连，其谦虚求教之意是显而易见的。不过，他是背着大破燕国、恢复齐墟的功绩的沉重包袱去接受锦上添花的，容不得你说三道四，更不许你一口否定。因此，鲁仲连当头泼冷水，田单转身攻狄人。其速战速决，要现颜色给鲁仲连看的心意简直可从他急促的脚步声知道。但战争的胜负从不以个人的意志为转移，它有自己的发展规律。一个打了大胜仗，却不研究胜利的根本原因在哪里的人，充其量只沾沾自喜于战术优势而已，如果好胜心切、急躁冒进，不但前次战斗的优势会丧失殆尽，而且此次战斗又会在盲目的泥潭中越陷越深。田单的始而谦，继而骄，三而惧，也正说明了这一点。

结果也证明了，鲁仲连对田单的当头一棒，是从有关田单的诸多信息中经过分析、综合、提炼、总结，才予以有力一击的。可惜田单不屑一听，不告而别。这一走，田单吃尽了苦头，在其百思不得其解时，想到了鲁仲连的话，此时，回过头来反问，他才听得进去，才听以致用，才从骄而惧，转化为悟而改，改而胜。

那么，究竟鲁仲连对田单的一番谈话具有怎样的说服力和意义呢？

田单两战三阶段战况一览表

<table>
<tr><th colspan="2">战　次</th><th colspan="3">双方条件</th><th>经验教训</th></tr>
<tr><td rowspan="3">齐燕之战</td><td rowspan="3"></td><td>对方</td><td colspan="2">齐　方</td><td rowspan="3">生于忧患</td></tr>
<tr><td rowspan="2">万乘</td><td>物　质</td><td>精　神</td></tr>
<tr><td>1. 万里之城，七里之都
2. 破亡余卒</td><td>将军有死亡心
士卒无生之气</td></tr>
<tr><td>齐</td><td>前阶段</td><td>弱小</td><td>1. 东有夜邑之奉
2. 西有淄上之娱</td><td>有生之乐
无死之心</td><td>死于安乐</td></tr>
<tr><td>狄之战</td><td>后阶段</td><td>弱小</td><td>不再贪图物质享受</td><td>1. 历气循城
2. 立于矢石之所</td><td>只有保持忧患意识，才能生于安乐</td></tr>
</table>

其一：生于忧患，死于安乐

首先，鲁仲连着重分析了以田单为代表的齐方内部精神与物质两因素之间相互作用与转化的情况乃是致使战争胜利与僵持的根据所在。那么，田单两战三阶段的战况提供了什么样的经验教训呢？拿孟子的话来说：齐燕之战是“生于忧患”，齐狄之战前阶段是“死于安乐”，在后阶段必须保持忧患意识，抵制住优越的物质条件的诱惑，才能生于安乐、利用安乐而生得更好。

其二：成功需要强烈的信念

看田单的成功，是天才或信念？如果无领兵之才，田单自不能与乐毅相抗衡。然而同样一个天才，打败了数十万大军却攻不下区区小城，为什么呢？鲁仲连已经说得很明白："必死之心"。其实也不是说，要成功就得做好死的准备。而是要成功就要有必定成功的信念，必定成功的信念产生"我一定要做到"的态度，"我一定要做到"态度激发和调动人的才能和天赋。若失去一定能打败燕军的信念和态度，田单就不能频设奇谋，屡创奇迹，并打败强敌，得过且过的态度是成不了气候的。

无强烈的成功信念来支撑的天赋是无头的苍蝇，不知该何去何从。相反，若有强烈的信念，那么信念会激发你的才能，你会做出连自已都吃惊的成绩来，纵然不能像田单那么惊天动地，但让自己惊讶是绰绰有余的。

田单的强烈成功信念，使他的伟大军事才能得到完美的发挥。

加减说军功卓著，但齐襄王对田单基本上采取的还是打打拉拉的控制策略。襄王以为，齐国虽然复国了，但强秦和赵还是在不断地入侵，齐国其实还没有脱离危险，还需要田单这样杰出的统帅抵抗外敌，因而对田单在齐国的存在和发展还留有一定的空间。而在齐国政治中占有重要地位的齐襄王后却认为，田单在齐国的影响力根本不输于齐襄王，与齐襄王只有君臣的名分，却没有君臣的实力差别。在齐国，田单与齐襄王实际上是二日并存。田单在齐国的民间和军队中有着齐襄王都比不了的威信，对于这样一个手握重兵的人来说，颠覆齐襄王只是一个想不想，而不是行不行的问题，田单在转瞬之间就可以翻天覆地。尽管齐襄王对田单一直都很注意而且田单表现得也好像没有野心，可田单有颠覆齐襄王的实力，田单的存在就是齐襄王的最大威胁。齐襄王后认为齐襄王身边有这么一位只是想不想而不是行不行的实力派人物，才是齐襄王最直接也是最大的威胁。所以，齐襄王后希望把田单斩草除根。但因齐国外战不断，齐襄王还需要田单抵御强大的秦国和赵国，因而短时期内对田单还是拉拢态度。田单对齐襄王后要对自己不利也有所察觉，但齐襄王暂还没有这个意思，于是田单也就装作不知道。但齐襄王死后，田单终究还是被齐襄王后不断进逼而不得不投奔赵国。

在齐襄王十九年(公元前 265 年)，秦攻赵，赵派人向齐国求救，齐国派安平君田单率兵助赵抗秦。不久田单做了赵国的相国。田单在赵国一直没有较大的战功，史书记载说是他不愿意把自己的才能用在异国他乡，他心里所怀念的还是他的故乡齐国。后来，他又辗转回到了故乡，直至逝世。

田单是一个有情操、有人格、有智慧、有毅力的人，他仅凭自己的良心，替国家办事；他尽到自己应该尽的责任，为国君效命；他是一位仁义之士，处处替百姓谋福利；他不仅是一位卓越的军事家，同时也是一位伟大的政治家，更是一位人们心目中钦仰的忠义英雄！

谋略专家

◎孙　膑

庞涓妒孙膑之才而将其骗至魏，施以膑刑（割去膝盖骨），因有孙膑之称。战国时期齐国阿（今山东阳谷县东北）人。中国历史上卓越的军事家、军事理论家。生卒年代不详，大约活动于公元前 380 年至公元前 320 年左右，是春秋时期齐国著名军事家孙武的后代。司马迁说："孙武既死，后百余岁有孙膑。……膑亦孙武之后世子孙也。"少时孤苦，年长后从师鬼谷子学习《孙子兵法》，显示了惊人的军事才能，不料，他却因此遭人暗算……

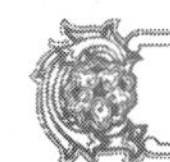

庞涓妒贤，孙膑遭刑

《史记·孙子吴起列传》记载：孙膑尝与庞涓俱学兵法。庞涓既事魏，得为惠王将军，而自以为能不及孙膑，乃阴使召孙膑。膑至，庞涓恐其贤于己，疾之，则以法刑断其两足而黥之，欲隐勿见。

青年时期，孙膑和魏人庞涓同拜鬼谷子为师，学习兵法。说起鬼谷子，相传鬼谷子姓王名栩或名禅，因他隐居这里山高沟深，树木茂密，幽不可测，时常鬼火乱飞，似非凡人所居，故称鬼谷，人亦称他为鬼谷先生或鬼谷子。鬼谷子是得道之人，通天知地，精晓百家学问，一曰数学，日星象纬，在其掌中，占往察来，言无不验；二曰兵学，六韬三略，变化无穷，布阵行兵，鬼神不测；三曰游学，广记多闻，明理审势，出词吐辩、万口莫当；四曰出世学，修身养性，服食导引，祛病延年，能够升天。鬼谷子屈身世间，只为要度几个聪明弟子同归仙境。据说，他的弟子众多，战国时代著名兵家尉缭和纵横家苏秦、张仪等，都出于他的门下。孙膑为人淳朴厚道，谦虚谨慎，加上学习勤奋刻苦，颇得鬼谷子的器重。一天，鬼谷子对众弟子说："我晚上太厌恶老鼠的声音，你们轮流值班替我驱鼠。"这天夜里，轮到孙膑值班，鬼谷子将孙膑叫到跟前，从枕下取出一卷文书，对他说："这是你祖上孙武著的《兵法》十三篇，世上早已失传。我看后有批注心得，用兵秘密，尽在其中。我看你心地忠厚，就交给你吧！"并告诫道："得到这本书的人，善用之为天下利，不善用之为天下害。"孙膑捧回书后，精心攻读，昼夜研习。三日之后即能背诵无误，对答如流。鬼谷子逐篇盘问，孙膑对答如流，一字不漏，而且还有独到的见解和深刻的发挥。鬼谷子大吃一惊，高兴地说："你能如此用心，你的祖先孙武先生后继有人了。"

谁料，庞涓知道了这件事，对孙膑顿生嫉恨之心。庞涓为人奸猾，嫉贤妒能，怎能容忍孙膑超过自己。然而，他非常善于伪装自己，心里很是嫉妒孙膑的才能，表面上却仍与孙膑称兄道弟。一天,弟子们下山汲水,听到路人传说魏国重金招纳贤士,访求将相,庞涓心动,他想自己本领已成,想到魏国应聘,可又怕先生不放,因此回见先生,想说又不敢说。鬼谷子见貌察情,早知其意便放庞涓下山去了。庞涓告别先生后,孙膑送他下山时,庞涓说:"我与兄有八拜之交,此行倘有进身之时,必然举荐兄长,同立功业。"孙膑说:"此话当真?"庞涓说:"弟若说谎,死于万箭之下!"当下两人洒泪而别。

当时正值战国中期,秦齐楚燕韩赵魏七雄争立,都想依靠武力一统天下。战国七雄内数魏国最强。魏惠王听说有个自称鬼谷子的弟子前来应聘,便欣然接见了他。庞涓拜见魏惠王,指画敷陈,倾倒平生所学,唯恐不尽。魏惠王问道:"魏国东边有齐国,西边有秦国,南边有楚国,北边有韩国、赵国、燕国。周边都是大国,魏国怎么样才能在诸国之中站稳脚跟?"庞涓大夸海口:"大王要是让我做将军的话,我敢说,就是把他们灭了都不难,还用得着怕他们吗?若是办不到,我情愿受罚。"魏惠王非常高兴,便拜庞涓为大将,另兼军师之职。其儿子庞英、侄儿庞葱、庞茅都随着庞涓混上了将军一职。于是这批"庞家将"整日操练兵马,雄心勃勃。不久,便率军进攻较弱的卫、宋等国,屡战屡胜,还击退了前来进犯的齐国。一时间,庞涓名声大噪,魏惠王更加信任他了。

庞涓在魏国受到重用后,并没有实现邀请孙膑下山的诺言。后来还是墨子的学生禽滑厘向魏惠王推荐了庞涓的同学孙膑,魏惠王才让庞涓写信给孙膑。庞涓忌妒孙膑,又不敢得罪主子,就写了一封假装热情洋溢的信,让魏惠王派人到鬼谷去请孙膑下山。

孙膑下山之前,鬼谷子告诉他,你这个同窗不厚道啊,你要当心。但孙膑根本没把老师的话放在心上。孙膑怀着感激庞涓推荐的想法,拜别老师鬼谷子后,就去见魏惠王。魏惠王乐坏了,想拜孙膑为副军师,跟庞涓一块儿执掌兵权。庞涓知道孙膑比自己有军事才能,对自己不利,就在背地里挑动魏惠王让孙膑为客卿。客卿没有实权,孙膑还是把庞涓的推荐之情挂在心上。

庞涓早就嫉妒孙膑之才,而如今孙膑来到魏国,对他的地位已构成了严重的威胁。于是,庞涓表面装得若无其事,暗中去安排了一个又一个阴谋。

一天,齐国来人给孙膑送信,是孙平写的,说叔父孙乔去世,请他回家看看。孙膑怕魏王怀疑,只好回信说暂时脱不开身。魏国边境守军搜出孙膑的信,交于魏惠王。魏王正在怀疑之中，孙膑受庞涓怂恿，向魏王上书，请假回家。魏王下令，将孙膑革职，扣留孙膑，由庞涓问罪。庞涓本想杀掉孙膑，但想起《孙子兵法》还未骗到手，于是又假惺惺地装起慈悲来。

庞涓假惺惺地对孙膑说："大王要办你死罪，我再三再四地磕头求情，大王才免了你的死罪，可是得把你的膝盖骨剜掉。"

孙膑哭着说："你这么出力帮忙，我这辈子也忘不了你的大恩！"

就这样，孙膑的脸上被刺了字，两块膝盖也被剜去，伤口好了，只能爬行。孙膑变成了一个废人，天天依靠着庞涓过日子，老觉得对不起人家。为了报答庞涓的恩情，孙膑在肢体残疾的情况下还恭顺地为庞涓默写《孙子兵法》。孙膑哪里晓得，召自己来魏国、送信人和假信，都是庞涓一手策划的。

装疯卖傻，逃脱虎口

据《史记·孙子吴起列传》记载：齐使者如梁，孙膑以刑徒阴见，说齐使。齐使以为奇，窃载与之齐。齐将田忌善而客待之。

孙膑每天都忍痛拼命抄写。庞涓的家奴看到这种情况非常郁闷：这么有名的一个军事家，就这样让人害死岂不可惜？于是将实情告诉了孙膑。

孙膑这才如梦初醒，看清了庞涓的真面目，真是追悔莫及。孙膑虽然知道了庞涓的蛇蝎之心，但如今自己肢体残疾，如何逃脱庞涓的魔掌呢？想来想去，最后才找到一条妙计，既然庞涓加害于我是因为我的才能，何不采取“能而示之不能”的办法来脱身呢？孙膑决定装疯卖傻，以此来降低庞涓的警惕之心，然后再趁机逃脱。一天庞涓派人送晚餐给孙膑吃，只见孙膑正准备拿筷子时，忽然昏厥，等醒来时已经疯了。只见他捶胸揪发，两眼呆滞，一会儿把东西推倒，一会儿又把刻好的兵法扔进火里，还抓地下的脏东西往嘴里塞。庞涓的手下看到这种情况，连忙跑去报告庞涓说：“孙先生疯了！”

庞涓接到报告后亲自来查看，只见孙膑一会伏地大笑，一会又号啕大哭，庞涓叫他，他就对庞涓一个劲地磕头，连喊：“鬼谷老师救命！鬼谷老师救命！”

庞涓非常狡猾，为了考察孙膑疯狂的真假，命令左右将他拖到猪圈中。孙膑仍然哭笑无常，累了就趴在猪圈中呼呼大睡。过了许久，都是如此，庞涓仍不放心，常派人前去试探。一天，送饭人端来了酒菜，低声对孙膑说：“我知道你蒙受了奇耻大辱，我现瞒着军师，送些菜来，有机会我设法救你。”说完，还流下了眼泪。孙膑显出一副莫名其妙的样子说：“谁吃你的烂东西，我自己做的好吃多了！”一边说一边把酒菜倒在地下，随手抓一把猪粪往嘴里填。

那人回报了庞涓，庞涓心想，孙膑受刑之后气恼不过，可能是真的疯了。从此，

对孙膑的看管比以前松懈多了，只是派人监视孙膑，不再过问。

孙膑白天在街上躺着，晚上又爬回猪圈，有时街上的人可怜他给他点吃的，他就哈哈傻笑，随即又嘟嘟哝哝，谁也听不清楚他讲些什么。时间一长，魏都大梁内外都知道有个孙疯子，没人再怀疑他了。庞涓每天都听人汇报，觉得孙膑再也无法和自己竞争了，于是就打消了杀他的念头，孙膑就这么活下来了。

当时，真正知道孙膑是装疯避祸的只有一个人，那就是当初了解孙膑的才能与智谋、向魏王推荐孙膑的禽滑厘。他把孙膑的境遇告诉了齐国大将田忌，又讲述了孙膑的杰出才能。田忌把情况报告了齐威王，齐威王要他无论用什么方法，也要把孙膑救出来，为齐国效力。

一天夜里，一个衣衫破烂的人坐到孙膑身边，不久，那人便揪揪他的衣服，轻声对他说："我是禽滑厘，先生还认识我么?"孙膑大吃一惊，等他经过仔细辨认确认是禽滑厘后，便泪如雨下，激动地说："我以为迟早要死在这里了，没想到今日还能见到你。你可得小心，庞涓那个大坏蛋天天派人监视我。"

禽滑厘说："我已经把你的冤屈都告诉了齐王，齐王让淳于党来魏国聘问，我们都计划好了，你藏于淳于党车内离开魏国，我让人先装成你的样子在这里待两天，等你们出了魏国，我再逃走。"

禽滑厘将孙膑的衣服脱下，交给他部下一个相貌和孙膑很相似的人穿上，躺在那里假装孙膑，禽滑厘又把孙膑藏到了车上。

第二天，魏王派庞涓护送齐国使者淳于党出境。过了两天，躺在街上的孙疯子不见了，庞涓派人四处查找，井里河里都找遍了，也没有见他的踪影，庞涓怕魏王追问，于是便撒了个谎，说孙膑淹死了。

田忌赢马，初显锋芒

《史记·孙子吴起列传》记载：忌数与齐诸公子驰逐重射。孙子见其马足不甚相远，马有上、中、下辈。于是孙子谓田忌曰："君弟重射，臣能令君胜。"田忌信然之，与王及诸公子逐射千金。及临质，孙子曰："今以君之下驷与彼上驷，取君上驷与彼中驷，取君中驷与彼下驷。"既驰三辈毕，而田忌一不胜而再胜，卒得王千金。于是忌进孙子于威王。威王问兵法，遂以为师。这便田忌赛马的故事。

当时，正值齐、魏争霸，交战不断的年代。早在公元前386年，代表新兴地主阶级的田氏贵族在齐国取得政权后，就进行了一系列的社会改革，集文武人才，坚守边境，抵抗外来的威胁。孙膑回国后，很快见到齐国的大将田忌。田忌十分赏识孙膑的才干，便将他留在府中，以接待上宾的礼节殷勤加以款待。

当时，赛马是齐国贵族最受欢迎的娱乐项目。上至国王，下到大臣，常常以赛马取乐，并以重金赌输赢。田忌与齐威王赛马时，每次都输得很惨。一天，他赛马又输了，回家后闷闷不乐。孙膑安慰他说："下次有机会带我到马场看看，也许我能帮你。"

当又一次赛马时，孙膑随田忌来到赛马场，满朝文武官员和城里的平民百姓也都来看热闹。孙膑了解到，大家的马按奔跑的速度分为上中下三等，等次不同装饰不同，各家的马依等次比赛，比赛为三赛二胜制。

孙膑仔细观察后发现，田忌的马和其他人的马相差并不远，只是策略运用不当，以致失败。孙膑告诉田忌："下次赛马时，我可以使将军获胜，赌注不妨下得大一些。"田忌听后非常高兴，随即以千金作赌注约请齐威王与他赛马。齐威王在赛马中从没输过，所以欣然答应了田忌的邀请。

等到比赛那天，孙膑对田忌说："比赛时，您用自己的下等马和齐威王的上等马赛,用自己的上等马和他的中等马赛,最后用自己的中等马和他的下等马赛。”田忌依计行事,结果,造成两个局部的优势和一个局部的劣势,以一负二胜赢得了千金的赌注。后来,这个的故事被传为千古佳话。

田忌赛马之地——遄台

对孙膑而言,帮助田忌在赛马中获胜不过是略施小计,而田忌却因此对孙膑更加折服,并把他正式推荐给齐威王。齐威王见是一个双腿受刑的残疾人,开始并未介意,当孙膑陈述自己对战争问题的看法时,齐威王便有意问道:“依你的见解,不用武力能不能使天下归服呢?”孙膑果断地回答说:“这不可能,只有打胜了,天下才会归服。”然后,他列举黄帝打尤,尧帝伐共工,舜帝征三苗,以及武王伐纣等事实,说明哪一个朝代都是靠武力解决问题,用战争实现国家的统一。这一番深刻独到的分析,使齐威王大受震动。再询问兵法,孙膑更是滔滔不绝,对答如流。齐威王感到孙膑确实是一位奇才,于是立即拜孙膑为军师。

通过这次赛马谈兵,孙膑一鸣惊人,由一个刑余之人,一跃成为一个大国军队的统帅。从此,孙膑在战国群雄角逐这个动荡的大舞台上,开始崭露头角,大显身手。

桂陵之战，大获全胜

《史记·孙子吴起列传》记载：其后魏伐赵，赵急，请救于齐。齐威王乃以田忌为将，而孙子为师，居辎车中，坐为计谋。田忌欲引兵之赵，孙子曰："夫解杂乱纷纠者不控卷，救斗者不搏撠，批亢捣虚，形格势禁，则自为解耳。今梁赵相攻，轻兵锐卒必竭于外，老弱罢于内。君不若引兵疾走大梁，据其街路，冲其方虚，彼必释赵而自救。是我一举解赵之围而收弊于魏也。"田忌从之，魏果去邯郸，与齐战于桂陵，大破梁军。

自战国初期以来，魏国长期处于独霸中原的地位，先后夺占秦、齐，楚等国的大片领土。齐国是东方的一个大国，齐威王即位后进行了政治、经济、军事的一系列改革，决心要同魏国争霸中原。公元前354年，魏惠王派大将庞涓统兵八万、战车五百乘大举进攻赵国。魏军长驱直入，很快就包围了赵国的都城邯郸（今河北邯郸），企图一举灭赵。邯郸守将连战连败，情势万分危急，赵成侯急忙派人火速前往齐国求救。齐威王自知唇亡齿寒的道理，答应救赵，准备让孙膑做统帅救援赵国。孙膑推辞说："臣是受过刑罚而侥幸活命的人，不宜做统帅，请以田忌为将。"齐威王于是听从了孙膑的建议，拜田忌为大将，孙膑为军师，率领八万齐

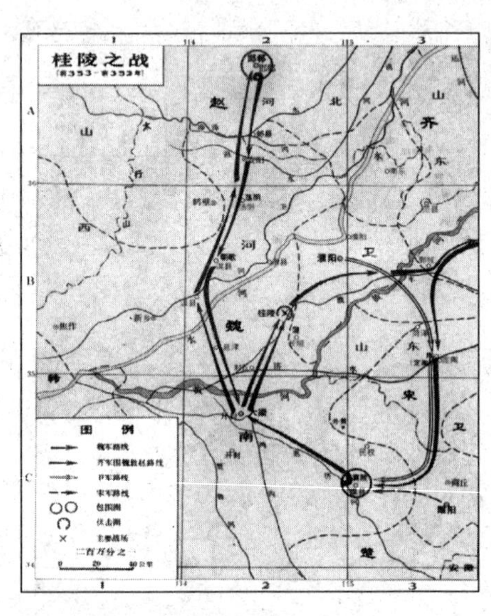

桂陵之战图示

军，大举攻魏。

出兵前，田忌与孙膑一起研究作战方针。田忌认为应该率军北上直趋邯郸，与魏军决一死战，以解赵围。孙膑不赞成这种打法，他审时度势，提出了一个"批亢捣虚"，"围魏救赵"的作战策略。他说："目前的形势犹如丝线夹缠成一堆，若要解开，万不能使力乱扯。人家打架，你想拔刀相助，但不能不弄清情势就挥拳加入殴斗。现在魏国把整个战斗力全部投入了这场战争，国内留守的不过是些老弱残兵。如果我们乘虚进攻魏国首都大梁(今河南省开封市)，占据它的交通要道，袭击它空虚的后方，那么魏军必然要放弃邯郸而回师自救。这样，既可解邯郸之围，达到救赵的目的，又可乘魏军长途跋涉的疲困将其歼灭，这不是一举两得吗?"田忌听罢，心中大喜，当即采纳了孙膑的意见。

由于当时魏军的战斗力很强，对于齐军北上邯郸根本没有取胜的把握，即使采取"围魏救赵"的方针，一旦意图暴露，庞涓及早回兵自救，这对齐军仍然是不太有利的。因此，孙膑又建议田忌，"围魏救赵"不能径情直逐，要首先挥师南下，佯攻魏国的平陵，并在佯攻中佯败。平陵是魏国东部地区的军事重镇，兵多粮足，地形险要，易守难攻。孙膑提出佯攻平陵并在佯攻中佯败的自负，是为了迷惑、麻痹庞涓，给出造成齐军指挥混乱不堪假象，促使他继续放心地围攻邯郸，进一步消耗其实力，而不急于回师自救。田忌采纳了孙膑的建议。而孙膑的这招果然很灵验，齐军采取佯攻平陵并在佯攻中佯败的行动后，庞涓不以为然，不仅没有回师自救的准备，反而更加放心地围攻出郸。同时，魏惠王也被齐军的行动所麻痹，没感受到齐军的威胁，于是便让魏军主力继续在邯郸鏖战，在魏都大梁未作必要的防御工作。

公元前353年，庞涓竭尽全力，终于攻克了邯郸。就在这时，孙膑建议田忌，立即转兵西下，把攻击的矛头指向魏都大梁，派一部分轻车锐卒，直驱大梁城郊，以突然猛然的"攻心"之势，逼迫庞涓星夜回师。同时偷偷地把齐军主力埋伏在桂陵(今河南长垣)，准备截击魏军，田忌依计而行。

就在庞涓陶醉于胜利之时，魏惠王派人告急，说齐军以轻锐之师进逼大梁，命庞涓火速班师自救。大梁乃魏国政治、经济和文化的中心，其得失关系到魏之存亡。庞涓刚刚攻下邯郸正在得意忘形，忽闻齐军兵临大梁，真是又气又急，顾不得休整军队，更顾不得将士们的疲惫和损伤，日夜兼程，回兵援救大梁。

当庞涓匆匆渡过黄河，刚刚走到桂陵时，就碰上了早已埋伏在那里的齐军主力。齐军以逸待劳，大破魏军，直杀得魏军丢盔卸甲，四处逃散，几乎全军覆灭，庞涓仅以身免。这就是历史上著名的桂陵之战。战后，魏惠王被迫讲和，把邯郸归还给赵国，赵国也因齐军的援救而复存。

减灶添兵，诱敌上钩

魏国虽然在桂陵之战受到很大的打击，但元气并未大伤，久霸中原的余威尚在，稍加休整后，便又恢复了生机。桂陵之战的第二年，即公元前352年，魏国便联合韩国在襄陵打败了齐、宋、卫的联军，齐国不得不与魏国讲和。公元前350年，魏国又向西边的秦国反攻，不但收复了失地，还围攻秦国的定阳(今陕西宜川县)，闹得秦孝公寝不安席，食不甘味，也被迫与魏国讲和。公元前344年，魏惠王召集了逢泽(今河南开封市)之会，参加会盟的共有十二个诸侯国，会后还一同去朝见周天子。至此，魏惠王独霸中原的野心又开始膨胀了。

公元前340年，即桂陵之战后十三年，魏惠王以韩国没有参加当年的逢泽之会为由，派庞涓率兵大举进攻韩国，企图一举亡韩。韩国在魏国的西南，是战国七雄中比较弱小的一个，根本不是魏国的对手。在强大的魏军进攻面前，韩国派遣使臣到齐国去求救。早就想夺取中原霸权的齐威王，认为大好时机到来，便召集群臣商讨救韩问题。宰相邹忌认为，韩魏相煎，这是齐国之幸，可以隔岸观火，齐国自身也需要加强内部治理，以不发兵相救为宜。大将田忌则认为，魏韩相斗，韩败魏胜是必然的结果，魏国的势力就会因此大增，则祸必殃及齐国，绝不能袖手旁观，坐失攻魏良机。两人争执不下，齐威王征询孙膑的意见，孙膑则提出一个“深结韩之亲而晚承魏之弊”的建议。他认为，如果不出兵救韩，韩国就会投降魏国，魏国就会更加强大，对齐国的威胁也就会随之增大，因此，不救韩对齐国是不利的。但是，齐国的军队必须为齐国的利益而战，若是过早地出兵救韩，等于由齐国来代替韩国作战，一旦两败俱伤，到头来齐国还得听从韩国的支配和摆布，因此，过早地出兵救韩对齐国也是不利的；只有先答应救韩，让韩、魏两国激烈拼杀，互相消耗实力，然后再出兵攻击疲惫的魏军，拯救危亡的韩国，只有这样做，才对齐国最为有利。

齐威王听了孙膑的建议，非常高兴，决定照此办理。他亲自出面，热情接待韩国的使臣，答应坚决出兵救韩，鼓励韩国全力抗击魏军。韩哀侯因得齐国救援的允诺而大喜，于是奋力抵抗进犯的魏军。然而毕竟弱不胜强，前后交兵五六次之后，韩军尽皆大败，不得不再次派使来齐，请求齐宣王速发救兵。魏军在激烈的战斗中也有一定的伤亡，实力有所削弱。于是，齐国抓住韩危、魏疲的最佳时机，命田忌为大将，田婴为副将，孙膑为军师，统兵数万，兵车数百乘，浩浩荡荡地离齐攻魏救韩。

孙膑认为："夫解纷之术，在攻其所必救，今日之计，唯有直走魏都耳！"所以，这一次，孙膑再次使用了"围魏救赵"的战术，大军直奔魏都大梁。魏惠王见齐军又杀气腾腾地直扑大梁而来，鉴于桂陵之败的惨痛教训，再也不敢让魏军在韩国恋战，急令调回魏军主力。庞涓传令大军离韩归魏；率兵十万，企图和齐军进行一次战略决战。

这次同桂陵之战的形势有所不同，魏军有一定的准备，兵力也较多较强，而且是主动迎击齐军，来势很猛。孙膑冷静地分析了敌我双方的情况。他决定改变战术，以计胜之。他对田忌说："魏军一贯勇猛凶悍，看不起齐军，认为齐军胆小怯懦。善于指挥作战的将军，应该顺着这种趋势加以引导。"当田忌进一步问怎样因势利导时，孙膑胸有成竹地提出一个退兵减灶的计谋，即避免与魏军正面接触，主动引兵东撤。在退兵途中，第一天造十万人做饭用的锅灶，第二天减为五万人的锅灶，第三天减为三万人的；以此向魏军示弱，作出齐军怯战、已逃亡大半的样子，从而助长其骄傲轻敌思想，诱其拼命猛追，以便设伏歼敌。田忌听后点头称是，依计照办。

庞涓怒气冲冲地率兵以急行军的速度从韩返魏，本想痛痛快快地与齐军决一死战，以雪桂陵之战的耻辱。不料齐军一仗未打就撤退了，于是他率领十万魏军紧紧追击。庞涓生性狡黠多疑，唯恐齐兵有诈，开始追击时还是比较谨慎的，行军速度还不算快，各队之间联络照应有致。一连追了三天，庞涓发现齐军的锅灶一天比一天减少，得意地说："我早知道齐军胆小怯懦，到我国才三天，就有一半以上的人开小差！"于是处于亢奋之中的庞涓当即传令，将步兵留后继行，自己亲率精锐骑兵，马不停蹄，昼夜兼程地沿着齐军撤退的方向猛追不舍。

庞涓在后面拼命追赶，田忌、孙膑却在前面从容撤退，同时派出许多侦探，观察并随时报告魏军动态。孙膑准确地计算着魏军的行程，判断庞涓必然于某一天的日落后到达马陵(今河南范县西南)。马陵地势险峻，一条窄道夹在两山中间，道旁树木丛生，是设伏歼敌的好战场。于是孙膑命令齐军停止前进，砍伐树木，堵塞道路，设置障碍，布下重重埋伏，准备围歼追敌。孙膑还特意命兵士把路旁的一棵大树刮去一段树皮，在白色的树干上用黑煤书写了八个大字："庞涓死于此树之下"。一切准备就绪后，孙膑挑选了弓弩手一万人，埋伏在山路两旁。然后对弓箭手发出命令说："天黑时候，只要看见火把就一齐射箭！"

果然不出孙膑所料，天黑之后，庞涓率兵追到马陵。他见道路被树木堵塞，即令士兵们下马、下车，准备开路追击。忽然间，庞涓发现路旁的一棵大树上隐隐约约写着什么字，于是让人点着火把来观看。他刚读完树上的几个大字，连叫"不好。"还没来得及下令退兵，齐军已万弩齐发。魏军顿时大乱，被齐军四面围住，既无法抵抗，又无处可逃，全部被歼。庞涓在乱军中，身中数箭，自知智穷兵败，无法挽救危局，遂拔剑自杀。他在自杀前仍不知悔悟自责，还愤恨不平他说：真不该成就了孙膑这小子的威名！庞涓所率精锐被歼后，齐军乘胜发起进攻，魏兵心胆俱裂，无人敢战，各自四散逃生。十万魏军曾经不可一世，如今尸横遍野，全军覆灭，并俘虏了魏军统帅太子申，魏军轻重军器，车马粮草，尽归于齐，齐军取得了战略决战的胜利。这就是历史上著名的马陵之战。

马陵之战中，孙膑因势利导，再次灵活地运用了"围魏救赵"这一战术，以强示弱，减灶诱敌，设伏马陵，一举歼灭了全部魏军，取得了决战的胜利。马陵之战和桂陵之战一样，是孙膑军事生涯中的最佳"杰作"，也是我国军事战争史上的两朵并开的"奇葩"，充分显示了孙膑过人的军事谋略和杰出的指挥才能。

经过桂陵之战和马陵之战，魏国的元气大伤，从此一蹶不振，失去了中原霸权。齐国则声威大震，威服诸侯，称霸中原。孙膑也因此名扬天下，实现了他平生的抱负。

急流勇退，增传兵书

孙膑虽然为齐国立下了汗马功劳，做出了巨大的贡献，但他在政治上却不得意。马陵之战前后，齐国上层统治集团内部的矛盾日益激化，相国邹忌与大将田忌的关系日益紧张，最后发展到互不相容的地步。邹忌之所以反对出兵救韩，真实目的就是怕田忌立功，影响到自己的声誉和地位。后来因齐威王赞成出兵救韩，邹忌无法阻拦，于是他又改变了主意，企图通过战争，借刀杀人，寄希望于田忌战败身死，或因故败将田忌除掉。孙膑因在魏国曾亲遭庞涓的陷害，对此有切身的体会，所以对邹忌的阴谋看得非常明白，也很警惕。马陵大捷后，孙膑曾劝田忌拥兵入朝，驱除邹忌，然而田忌却没有采纳。结果不久田忌便遭到邹忌的政治陷害，被迫流亡到楚国。与田忌关系密切的孙膑，从此也在政治舞台上消失，不知其所终。

然而，孙膑并不是一个自甘寂寞而虚度年华的人。他很有先见之明，为了摆脱政治上的纠纷，马陵大捷后孙膑没有接受齐威王对他的封赏，并主动辞去军师的官职，任齐威王怎样相劝，也动摇不了他急流勇退的决心，他对威王说："臣以废人，过蒙擢用，今上报主恩，下酬私怨，于愿足矣。臣之所学，尽在此书，留臣亦无用，愿得闲山一片，为终老之计！"威王只好设宴送行，并把石闾之山封给了孙膑。孙膑便隐居山中，不知所终。后人曾有诗赞道："孙子知兵，翻为盗憎；刖足衔冤，坐筹运能。救韩攻魏，雪耻扬灵；功成辞赏，遁迹藏名。揆之祖武，何愧典型！"

孙膑死后，给后人留下了一部珍贵的军事著作——《孙膑兵法》。《孙膑兵法》古称《齐孙子》。根据《汉书·艺文志》的记载，《孙膑兵法》共有八十九篇，图四卷。战国末期就已广泛流传于世。可惜这部重要著作，在东汉末年失传了。直到 1972 年 4 月，才在山东临沂银雀山汉墓中，发现一批《孙膑兵法》的残简。经过文物部门整理、注释，于 1975 年正式出版，分上、下编，各十五篇，共一万一千余字。由于竹简残缺不全,其中上编十五篇可以肯定是孙膑及其弟子们的著述;下编十五篇则无法完全肯定是孙膑及其弟子们的作品。仅就上编而言,虽然远非《孙膑兵法》原书的全貌,但也可从中看出,总结了大量战国中期的作战经验。具有鲜明的时代特点,在很多方面继承和发展了《孙子兵法》,有很高的军事理论价值。比如:《孙膑兵法》中提出了“战胜而强立”的战争观,充分肯定统一战争的进步意义和作用,极力主张用统一战争去克服战国七雄并立的封建割据局面,这较之《孙子兵法》“兵者,国之大事”的认识前进了很大一步;《孙膑兵法》提出以“道”制胜的原则,强调必须遵循战争本身固有的客观规律去指导战争,夺取胜利,这显然是对《孙子兵法》中“兵者,诡道”、“兵以诈立”思想的继承和发展,以“道”制胜较之以“诡”、“诈”制胜体现了更为深刻的理性认识。

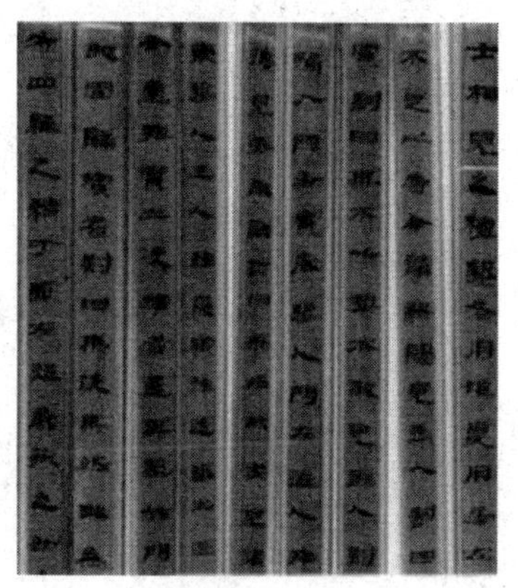

《孙膑兵法》竹简

《孙膑兵法》和《孙子兵法》之间有着不可分割的内在联系,因而自古以来世人即把两“孙子”并称,说二者是“一家”之言的“孙氏之道”。这在《汉书·艺文志》中则更为明确,其把《孙子兵法》列为所有兵书之首,而《齐孙子》位居第二,在吴起兵法、范蠡兵法以及其他所有兵法之上。

综观孙膑的一生,历尽艰辛曲折,忍辱不屈,奋斗不息。在实践上,孙膑对战国中期的历史发展产生了一定的影响,作出了一定的贡献。在军事理论上,孙膑取得了较重大的成就,确实是我国古代一位发愤成才的杰出军事家。

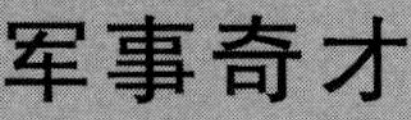

军事奇才

◎吴　起

吴起的一生，攻无不胜，战无不克，是推动中国从旧的奴隶制向封建制转化的先行者，推动中国法制史进入一个崭新阶段的领头人。吴起创建魏武卒，着《吴起兵法》，创下了“大战七十二，全胜六十四，其余均解”的奇功伟绩，在军事史上可与孙武并称。

含怨杀人，母死不丧

《史记·孙子吴起列传》记载：吴起少时，家累千金，游仕不遂，遂破其家，乡党笑之，吴起杀其谤己者三十余人，而东出卫郭门。与其母诀，啮臂而盟曰："起不为卿相，不复入卫。"遂事曾子。居顷之，其母死，起终不归。曾子薄之，而与起绝。

在先秦文献中，吴起作为军事家与孙武齐名，是一名"将三军，使士卒乐死，敌国不敢谋"的优秀将领，后世论兵，莫不称"孙吴"。作为改革者与商鞅并称，是一位"治百官，亲万民，实府库"(《史记·孙子吴起列传》)的杰出政治家。吴起一生在鲁、魏、楚三国出将入相，显示了卓越的军事才能，对后世用兵起了深远的影响。然而，吴起也是历史上德薄才高的一个典型人物。吴起的德操，却让人无法恭维。

吴起的家庭出身历史上并没有记载，但从"其少时，家累千金，游仕不遂"的情况看，他家极有可能是因经营工商业致富的平民。在奴隶制的等级制度以及开始崩溃但未彻底废除的条件下，此类家庭显然属于"富而不贵"之列。吴父早逝，连名字也未留下，看来他在仕途上没有什么作为。春秋战国时期，列国纷争，战乱不已，各国统治者都摆出"礼贤下士"的面孔，想方设法招揽天下的贤才为自己服务，世卿世禄制度已无法维持。于是身怀一技之长的文士和武士都风尘仆仆于列国道路间，四处游说诸侯，推销自己，猎取功名富贵，这在当时已是一种时代风尚。

吴起从小胸怀大志，曾周游四方，以舞刀击剑为乐。青年时期的吴起并不满足于做个平凡的富家子弟，一心想要入仕从政，希望在政治上有一番作为。为此，他不惜耗尽家财，结交权贵，疏通关节，希望跻身统治集团。然而，由于他不擅长官场奉迎之术，关于这一点可以从后来其遭遇中可以看出，不仅没有打开仕途之门，反而搞得家财荡尽，为此乡邻都嘲笑他。吴起一怒之下，挥剑而起，杀了三十几个嘲笑过他的人。这些闲人尽管说话刻薄了一些，但毕竟罪不至死。吴起仅是为出一口窝囊气，竟使三十多人喋血利剑，横尸堂前，视人命如草芥，其狠毒实在叫人不寒而栗。

杀人之后，吴起知道自己不会有好果。于是他迅速潜出卫都城外东门，决定远走高飞。在与白发苍苍的老母诀别时，吴起咬着臂膀发誓说："我吴起不做卿相之类的大官，决不再回到卫国。"谁料，吴起这一别，竟是与老母的永诀。以后吴起虽两度位极人臣，威风八面，但却再也没有回到父母埋骨的故乡。

吴起逃出卫国后，去到鲁国拜大儒曾参为师学习仁义道德。当时，鲁国"三桓"的势力已大大的削弱，公仪休、孔仅等儒者主政，鲁国作为一个三流的小国艰难地维持着。吴起白天研究、夜里背诵，非常努力。这时，有个叫田居的人，他曾经在齐国担任大夫，非常赏识好学不倦的吴起，于是经常和他在一起讨论学问，吴起雄姿英发，高谈阔论，田居很喜欢，于是便把自己的女儿许配给他了。

吴起在曾参那儿整整学习了一年，曾参听人说他家中还有老母，于是问他："你已经出来这么久了，为什么一直不去看望母亲？你这样能够安心吗？"吴起说："我有誓词在先，不当大官，这辈子不入卫城。"曾参说："在别人的面前可以发誓，在自己的母亲面前发誓有什么用？"于是心里就非常讨厌他。

曾 参

不久，传来吴起母亲病逝的噩耗，吴起想起母亲的抚育之恩，悲痛欲绝，但念及与母亲诀别的誓言，顾及返乡后仇家报复的危险，决定不回去奔丧，只是仰天干嚎了三声，然后继续读起书来。曾参就对他说道："母死不葬，就是忘本之人；水没有源头就会枯竭，木头没有根就会折断。你这家伙连母亲都可以忘记，一定不会有好结果的。从现在开始，你再也不是我曾参的弟子了！"于是，命令人把他赶出学校。

吴起在曾参门下的学习，使他对儒家的仁、义、礼、智、信等内容有了初步的认识，这对他后来的政治实践活动产生了不小的影响。但是在儒家门下的学习，也使吴起意识到儒家学说"迂阔而远于事情"的一面，感到这种学说难以适应时势的需求，因而他弃儒学习兵法，并最终寄身于兵家之中。从此，中华大地上少了一名儒者，却多了一位日后名闻天下、威震四方的将军。

避人生疑，举刀杀妻

《史记·孙子吴起列传》记载：将吴起者，卫人也，好用兵。尝学于曾子，事鲁君。齐人攻鲁，鲁欲将吴起，吴起取齐女为妻，而鲁疑之。吴起于是欲就名，遂杀其妻，以明不与齐也。鲁卒以为将。将而攻齐，大破之。

凡是通晓历史的人大都知道吴起这号人：他是战国初期著名的政治改革家，卓越的军事家、统帅、军事理论家、军事改革家。后世把他和孙子连称“孙吴”，着有《吴子》，《吴子》与《孙子》又合称《孙吴兵法》。殊不知，吴起这一切显赫声名皆来源于他挥向他老婆脖子那一剑。

吴起弃儒学习兵法，三年后学有所成，便到鲁国去求官。鲁相公仪休经常跟他讨论兵法，发现他确实具有过人的本领，于是把他推荐给了鲁穆公。这样，吴起很快就当上了大官，手里有了钱，就买了很多漂亮的奴婢，开始享受起来。

公元前412年，齐宣公派大将项子牛率兵向鲁国的莒和安阳发动了进攻。当时齐强鲁弱，身为一三流小国的鲁国君臣自知不是对手，十分恐慌。想战，兵力悬殊，怕打不过；想和，必然签下丧权辱国之约，丢失大量土地；想走，那更成了亡国之君。此时环顾朝野，全国很难遴选出一个统兵御敌的将军。危急关头，鲁国的相国公仪休又向鲁穆公推荐说：“您要想打退齐兵，非派吴起为将军不可。”穆公虽然口头上答应了，但心中却充满了疑虑。经公仪休再三催促，穆公才说：“我虽然知道吴起有能力打胜仗，但是他的妻子却是齐国高官的女儿。俗话说：

鲁穆公

‘真爱莫如夫妻’，你能保证他不会存在观望心理吗？这才是我一直犹豫不决的原因啊！”

公仪休听了，无话可说。他回到相府时，吴起早已等候多时。吴起急急地问道：“齐国已经打进来了，主公现在得到良将了吗？我不是夸口，如果请我为将，我一定会让齐兵有来无回。”公仪休说：“我已经为你向主公说了很多次了，可以主公因为你的妻子是齐国人的缘故，所以一直迟迟下不了这个决定。”

吴起说：“原来如此。要想释主公的疑惑，这太容易了。”

吴起回到家里，便对老婆田氏说：“男人为什么一定要找个好老婆？”他老婆随口答道：“男主外女主内，方可以成家立业。男人找一个好老婆，就是为了成一个像样的家业。”吴起又问：“那男人要是官高权重，收入巨丰，并且功垂千古，名播海内；光宗耀祖，显耀门庭，他老婆怕更是要欣喜若狂了？”他老婆说：“那当然喽！”于是吴起再对他老婆说：“好嘛，我正好有这样一个升官发财的机会，不过一定要你帮个忙才行。”他老婆奇怪地道：“我一个妇道人家，怎能帮你升官发财？”吴起道：“现在齐国正在攻打鲁国，鲁侯想让我当将军，却因为我娶了你做老婆而怀疑我。所以，我只能用你的头来打消鲁侯的疑心，这样我的功名就到手了！”

田氏大惊，还以为他在开玩笑，刚刚准备开口说话，吴起已拔剑一挥，他老婆的人头就落地了。这就是史上吴起为世人所诟病的“杀妻求将”，指他为了追求名利而不惜做灭绝人性的事。

杀了老婆，吴起一声也不吭，草草用帛裹了老婆的人头，去见鲁穆公，说：“臣有报国的志向，而您却因为我的妻子是齐国人而怀疑我。今天我把妻子的脑袋割下来给您，就是为了证明我是为了鲁国而不是为了齐国的。”

鲁侯见状脸色发青，惨然不乐，他对公仪休说：“吴起杀妻求将，心不可测啊！”公仪休回答说：“吴起不喜欢他的妻子是因为他喜欢的是功名利禄，如果您不用他，他必然会反过去帮助齐国了。”鲁侯虽然一百个不情愿，也不得不听从公仪休的话，任命吴起为大将，率兵二万抗齐。

吴起挂帅出征，立即显示出了他过人的军事才能，面对敌强我弱的不利形势，他充分激发了鲁军卫国保家的高昂士气，并利用齐军自恃强大、骄傲轻敌的弱点，故意将破甲瘦马、老弱残兵置于阵前，而将精选的五千精卒埋伏起来。当齐军被面前的老弱鲁军迷惑，以为鲁国不堪一击，放心大胆地追击时，纵两翼精兵巧妙包抄了齐军后方，打了一个以少胜多、以弱胜强的漂亮仗，即使鲁国转危为安，也使自己跻身于名将之林，闻名列国。

吴起赢得了战争，但是，他的政敌这时候跳出来四下散布谣言了，因为吴起是卫国在逃的杀人犯，而且他杀妻求将的行为实在人神共愤，连鲁国国君都觉得他居心叵测，所以，在吴起打了胜仗回来之后，鲁君终于还是将吴起辞退了。

试想，“杀妻求将”，不要说吴起老婆大惊，即使是后人读书至此亦怕要不大惊失色。之前说过，吴起老婆娘家不是一般小户人家，如果真要是小户人家便没了断头之虞，可她就是齐之国君田和宗亲、齐大夫田居之女。田居是在出使鲁国时认识吴起的，当时他觉得吴起这小子勤奋好学是个人才，便把女儿嫁给了他。谁会想这小子不仅有才，而且还利欲熏心、心狠手辣，敢提老婆之头求取功名。莫不让人心惊肉跳，而更莫名惊诧的是，吴起对功名利禄的邪恶执著。

古来今往，好功名者无数，吴起算是把事情做绝了的一个，看似大丈夫，其实非丈夫。哪个女子要他做丈夫呀？

无敌之将，大显其华

吴起是一个复杂的矛盾体，不论其功绩还是其道德品质千百年来皆是人们争论之焦点。他虽败于德，但无论他在道德上如何为千夫所指，他的军事才华还是不容抹杀的。

《史记·孙子吴起列传》记载：文侯以吴起善用兵，廉平，尽能得士心，乃以为西河守，以拒秦、韩。这是吴起在魏国大显其华之事。

“用之魏则强，用之楚则楚霸”，时人们如是评说；“楚不用吴起而削乱，秦行商君而富强”。多少年过去了，世人们如是评说。

郭沫若在《青铜时代·述吴起》中说：“假使让吴起在楚国多做得几年，使他的政治得以固定下来，就像商鞅日后在秦一样，行了二十二年法，虽然死了，法却没有变动，那么战国时代的中国，恐怕不必等到秦国来统一了。”历史无从假设，但吴起超群的抱负和才干是毋庸置疑的。

《孙子兵法》上说，当将领的要“智、信、仁、勇、严”五种品格具备，从这方面讲，吴起还是一位文武双全的名将。

当初，吴起离开鲁国后，听说魏文侯贤明，想要侍奉他。文侯问大臣李悝说：“吴起是个什么样的人呀？”李悝说：“吴起贪婪而且好色，但是非常会用兵，即使司马穰苴在世也不见得比他强。”于是魏文侯便以吴起作为将帅，攻打秦国，攻下秦国五座城池。

吴起治军号令严明，军纪森严，认为若法令不明，赏罚不信，虽有百万之军亦无益，曾斩一未奉令即进击敌军的材士以明法。更为难能可贵的是，他处处以身作则，为人表率，和最下层的士兵同衣同食，睡觉时不铺席子，行军时不骑马乘车，亲自背负干粮，坚持与士卒一起步行。吴起统率魏军攻打中山国时，有一个士兵身上长了毒疮，辗转呻吟，痛苦不堪。吴起巡营时发现后，毫不犹豫地跪下身子，把这位士兵身上毒疮中的脓血一口一口地吸吮出来，解除了他的痛苦。这个士兵的母亲知道这件事后大哭起来。别人说："你儿子仅仅是个普通士兵，却得到将军为你儿子吮血，应是光荣之事，你为什么还要哭呢？"士兵的母亲说："不是这样，前几年吴将军为他父亲吮吸疮口，结果他的父亲直到战死也决不回首。现在吴将军又为我的儿子吮血，我真不知我儿子要死在哪里了，所以我哭。"

魏文侯

魏文侯因吴起善于用兵，且廉洁正直，能得到士卒的拥护，便让他在西边守护黄河西岸的魏国土地，同时抵御韩国和秦国的入侵。

吴起镇守西河期间，展露了其身为军事家的另一方面的才华，对魏国的军制，进行大刀阔斧的改革。

首先，将魏国沿用的春秋时代的动员兵制改革为募兵制，开始实现兵农分离的政策。其创立的"武卒制"是将细化后的专业士兵作为魏国军队的基础，并逐渐替代了战时的临时动员兵。"武卒制"的核心内容就是精兵战略，以真正意义上的精锐士兵来代替原来的雇佣兵及动员兵。所有的士兵都必须接受严格的军事考核，一旦通过考核，作为专业士兵，可以享受免除全家徭役的待遇，甚至出色者立刻就能被提拔为中下级军官。其考核标准如下：士兵全副甲胄，执十二石之弩(十二石指弩的拉力，一石约今三十公斤)，背负矢五十个，荷戈带剑，携三日口粮，半日内能行军百里。这是选拔标准之一，但这样的装备，理论上就应该是魏军的标准，从中不难看出吴起的用兵思路之领先。不仅如此，他还以士兵在考核中的表现，将之编入各种不同作用的战术分队，如惯于近战的编为一队，擅长弓箭的编为一队，善于攀爬的编为一队。临战时，将各个战术分队按需要的不同临时搭配使用。把魏国的军队改造成"居有礼，动有威，进不可档，退不可追"的无敌劲旅。

战术、战略方法上的领先，使吴起成为真正意义上的常胜无敌之将。据载，吴起在魏与各路诸侯大战七十六次，全胜六十四场，其余均解，无一败绩。“秦兵不敢东向，韩、赵宾从。”“辟土四面，拓地千里。”更值得一提的是，公元前389年的阴晋之战，吴起以五万魏军，击败了十倍于己的秦军，成为我国战争史上以少胜多的著名战役，也使魏国成为七雄之首。

再次出奔，受害他国

吴起一生执著于功名，曾先后事鲁、魏、楚三国，而期间他对功名的狂热追求，例如，对母盟誓、不赴母丧、杀妻求将等无不走其极端，即使今人看来，无不惊心动魄。他这般疯狂的功名欲或许与其少时游历败家的失落有关。吴起对功名的这种邪恶执著，让能给他功名的国君也甚为忌惮：最先录用他的鲁穆公因难忘他杀妻的残忍，最终剥夺了他的兵权；接着用他的魏文侯虽对他信任有加，也最终因吴起不善掩饰其欲望，在与田文、公叔争夺相位一事中招魏武侯猜忌，无奈逃奔了楚国。最后却因在改革政制时得罪贵戚大臣，死在了乱箭之下。

据《史记·孙子吴起列传》记载：公田文既死，公叔为相，尚魏公主，而害吴起。……武侯疑之而弗信也。吴起惧得罪，遂去，即之楚。……及悼王死，宗室大臣作乱而攻吴起，吴起走之王尸而伏之。击起之徒因射刺吴起，并中悼王。

面对任何战场上敌人，吴起可以做到临机应变，深知虚实之道。而在另一个战场上，在庙堂之高，吴起显然是不知如何自处。据《史记》载：文侯死后，武侯即位，他置田文为相国。吴起很不高兴，当面对田文说“请与子论功”，并举出了“将三军，使士卒乐死，敌国不敢谋”、“治百官，亲万民，实府库”、“西河而秦兵不敢东乡，韩赵宾从”三大功勋，并得意洋洋地问田文“子孰与起”，田文承认在这些方面确实不如吴起，但他立刻反驳“文侯刚死，年少武侯才即位，大臣没有亲附，百姓还不信赖，在这危急关头，是由你来任相合适？还是由我来任相合适？”吴起考虑了很久，很坦率地承认了自己确实不如田文。当然，吴起的这种坦率是近乎可爱的，但他的这种行为确实充满了稚儿之气，在政治斗争上，吴起的表现确实是拙劣无比的。而后，武侯巡视河西，顺流而下，一时兴起，对吴起对：“美哉乎山河之固，此魏国之宝也！”吴起立刻过去大敲警钟：“在德不在险。”接着引古人之训，说当年三苗氏左有洞庭，右有彭蠡,然德义不修,被大禹灭之。夏桀左邻河济,右蚌泰华,伊阙在其南,羊肠在其北,然修政不仁,被汤放之。殷纣之国,左居孟门,右离太行,常山在其北,大河经其南,修政不德,武王杀之。以此警告武侯,若不修德政,“舟中之人尽为敌国也”。对自己的主公如此危言教诲,虽然当时武侯口中称善。但心中必然不快,说不定还以为此人恃功自傲,眼里一点都没有这个大王。精明之极的吴起,竟不知求取功名亦应积德吗?司马迁说他“以刻暴少恩亡其躯”。实属实话。

吴起于魏国歼敌无数,当初文侯对他信任有加,自然无人敢言语,但到了武侯时,武侯和吴起日渐疏远。小人们又岂会不落井下石,续田文任魏相的武侯女婿公叔,便有诬害吴起之心。但此人用了一个十分巧妙的计策,他先建议武侯将公主下嫁吴起,以笼络人心,并暗示武侯,如果吴起拒绝婚事,就说明此人必有异心。同时,他又有意让自己的妻子当着吴起的面侮辱自己。吴起见武侯之女如此无礼,当武侯提起婚事时,自然一口回绝。(吴起好名,自然不能忍受娶个丝毫不尊重自己的妻子来惹人笑柄。事实上,也就是这个缺点造就了吴起悲剧性的一生。)如此一来,武侯即使本来毫无疑心,现在也由不得不怀疑了。吴起的西河郡守之职,很快就被免除了,吴起发觉在魏国已没有出头之日,遂在二十多年后,再次出奔,离开了苦心经营数十年的魏国,到楚国去了。

吴起的才干,悼王早已有闻,今日得吴起,实是相见恨晚。吴起刚到楚国来,即被任命为“宛守”(今河南南阳市),防御魏、韩。不到一年,就被提升为令尹,成为楚国历史上仅有的非王族出身的四位宰辅之一。

作为一个极其著名的军事家,吴起在楚国还证明了其作为政治家的才能。楚悼王将国政大权尽皆下放,吴起权柄一时,“为楚王立法,为楚国定政”。在将自己的抱负和事业推上顶峰的同时,也为这个老大帝国注入了最后的生机。

吴起以其军事家、政治上兼而有之的敏锐,很快便看出了楚国疲敝的要害,即太过庞大的贵族势力。于是他以其特有的果敢的军事作风,迅速下令废除所有的宗族领地;凡是已经受封了三代以上的封君,全部剥夺领地;并同时将国内的贵族领地进行大范围移封,将大量贵族领地转移到地广人稀的边疆之地去。吴起以这种极其激进的方式,使楚国的国政在一年时间内便焕然一新,王权势力也得到前所未有的加强。同时,由于革除了大量贵族,皇室的领地得到了大大的扩张,从而解决了财政问题。吴起再次贯彻其在魏国形成的精兵战略,组建起了一个强大而有战斗力的常备军。

在吴起变法的过程中，虽然有国君的支持，但他大范围打击，几乎触动了楚国所有的既得利益者，当时“贵人甚苦之”。吴起完全抛弃人情，只遵循自己设定的正义，他的这一系列改革执行的极为坚决，凭借着楚王给予的绝对权威及信任，以铁腕手段残酷地镇压了那些敢于反抗的势力。

虽然此次变法，在历史上仅是昙花一现，但就那一点而言，这位才华横溢的将军，确实创造了无限的辉煌。太史公如是记载：“于是南平百越；北并陈蔡，却三晋；西伐秦，诸侯患楚之强。”“兵威天卜，镇服诸侯”。短短几年时间，楚国国力顿时强大，一时国势称盛，诸侯刮目，不敢来犯。

正当吴起改革以摧枯拉朽之势，节节取胜的时候，命运之神再次玩弄了他，楚悼王突然病逝。悼王一死，在改革中失去了权势的贵族们愤然而起，甚至率兵包围了王宫，不顾一切地追杀吴起，吴起见无处可逃，就趴到先王的遗体上痛哭，那些射杀吴起的箭也射到了楚悼王身上。吴起虽然不免一死，但那些射箭的人因为亵渎先王尸体，都被判了死刑，吴起也算是间接为自己报了仇。这是最后悲壮而别出心裁的谋略。毫无疑问，吴起是个智者，在毁灭在即之际，竟然能想到利用国君的遗体来使仇人与自己同归于尽的办法，实在是前无古人后无来者！

同时，他治军严明，能与士卒同甘共苦，又深得部众之心。但其为博取功名而杀妻求将的做法，一直被后人所不齿。

金无足赤，人无完人。吴起有才却无德，然而，历代统治者并不需要德才兼备的理想人才辅助，他们只要“因任而授官，循名而责实”，充分发挥出他们的优点，同时对其缺陷有清醒的认识，用制度乃至权术控制与制约他们的行为，将其消极的因素及其影响控制削减到最低点。魏文侯、楚悼王用吴起不就是很好的例证。

有评论吴起，说其一生从道德上说恶劣得一塌糊涂，从功业上说虽然也极显赫，却几沉几浮，最后仍未善终，可以说失败得很，但他和苏秦恰恰相反，一生光明正大，从来不耍阴谋诡计。从他生平唯一一次反间计看，他倒不是智商低下，或是性格单纯，耍不来权术手腕，而实在是不屑搞这一套。他一直深信单凭自己的旷世才智就足以立世，这也正是他真正可悲之处。

吴起为了事业牺牲了自己的妻子，千百年来，他承受了无数的唾骂。郭沫若在《述吴起》中提出，“杀妻求将的故事出于本传，然传文所据却只是一片蓄意中伤的谣言”、“除本传之外，别的书上还没有看见过这同样的记载”。其杀妻的真实性是非常可疑的，即使真有这件事，也不能结论性的认为其无德。他为士兵吸脓血，这样的吴起也算无德乎？即便这些记载都有些夸张、神话的成分，也不能说吴起是一个十足的冷血残酷之人。更何况起乃儒家学子，他在兵法上的主张、政治上的施设，无一而不是儒。他"足食足兵"、"世而后仁"、"教民即戒"，反对世卿。把如此的他形容成逐名求利，无德不仁的败类似乎也太过荒谬了。

只知道一味追求是吴起最致命的短处，他不知道韬光养晦。权力这个巨大"磁场"异化了吴起，使他变得心肠冷酷，毫无感情，甚至藐视生命。但是这种异化又使得他永远都不被看做官僚体系的内部人。吴起把自己的命运全部压在君王一人身上，也就注定他要随着君王的逝去而逝去。

吴起临死，还伏在楚悼王遗体上放声痛哭(因射吴起而将箭矢射中悼王遗体的人全家诛灭)，是对权力的怀念、留恋，还是对结局的不满？反正从他这招险恶无比的报复举措来看，他对自己追逐一生的权力，真是不想松手啊。

吴起的求仕之路是非常坎坷的，从一个国家到另一个国家，从一位君主到另一位君主，历经了数不清的沉浮。他成就了一个个国家，却一次次被抛弃，最终也断送了性命！

事实上，以吴起的才华，绝对能胜过孙子。因为他不仅是位伟大的军事家，更是一位极富才干的政治家。他智慧过人、胸怀远大，既能治兵又能治国，在历史上留下许多佳话。但他也因为母丧不临、杀妻求将等劣迹而在品德上沾染了巨大污点。吴用这种为求目的而不择手段的性格，虽然使他一时成功名扬天下，但也注定了他人生的悲剧。

虽然后世的史学家都认同吴起的能力，却鄙夷其人品，不愿宣扬他的事迹，这也正是使吴起的名声远远不如孙子的原因。

司马迁评价说："吴起说服魏武侯用形式不如恩德，但在楚国施行他的主张时，却因苛刻残暴、缺少恩德，把自己的性命断送了进去。可悲啊！"其实司马迁也没弄明白，吴起游说魏武侯，说"形势不如德"，那是出自公德。最后导致他万箭攒身，虽公私参半，却多半是由于私德。私德不佳，人不我信；朝秦暮楚，卒亡其身。这，才是吴起真正的悲剧所在。

这个世界上，吴起是早已没有了，可仍有很多类似吴起这样痴迷于追逐权力的人，也还有很多被官场异化为动物的人，因此类似的悲剧还是不断发生着。

八将首领

◎赵　奢

赵奢主要生活在赵武灵王(公元前324—前299年)到赵孝成王(公元前265—前245年)时期,享年约六十余岁,是战国后期赵国名将,战国八将中的第一将领。初任赵国部吏,旋主治国赋。后任将军,精于用兵。赵惠文王二十九年(公元前270年),秦军进攻阏与(今山西和顺),他奉命救援,先侦察敌情,继以急行军赶往,居高临下,大破秦军,因功封马君。

刚正不阿，执法无私

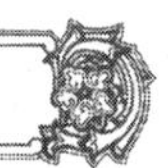

《史记·廉颇蔺相如列传》记载：赵奢者，赵之田部吏也。收租税而平原君家不肯出租，奢以法治之，杀平原君用事者九人。平原君怒，将杀奢。奢因说曰："君于赵为贵公子，今纵君家而不奉公则法削，法削则国弱，国弱则诸侯加兵，诸侯加兵是无赵也，君安得有此富乎？以君之贵，奉公如法则上下平，上下平则国强，国强则赵固，而君为贵戚，岂轻于天下邪？"平原君以为贤，言之于王。王用之治国赋，国赋大平，民富而府库实。

赵奢原来只是一名不见经传的普通的管理税收官员，历史上对他的评价只有八个字："奉公守法，认真负责。"若用今天的话来说就是：有较强的事业心，思想好，业务精，作风硬，在税收工作中能较好地发挥自身的主观能动性，为赵国的经济发展筹集了大量的资金。

有一次，他的部下到平原君家去征收田税，平原君家里人依仗权势，拒交田税。赵奢知道很生气，亲自登门征收。平原君的管家见赵奢前来收税，根本不把他放在眼里。管家态度非常骄横。他招来一伙家丁，把赵奢和几个手下人围了起来，不仅拒交田税，而且还无理取闹。赵奢见状非常气愤，他大喝道："谁敢聚众闹事，拒交国家税收，我就按国法从事，不论他是谁！"管家仗着自己是平原君家的要人，对赵奢的话不以为然。结果，赵奢真的依照当时的国家法律，严肃地处理了这件事，杀了平原君家包括管家在内的九个参与闹事的人。平原君是谁呢？平原君名叫赵胜，是赵国的相王，又是赵王的弟弟，与齐孟尝君、魏信陵君、楚春申君合称为"战国四公子"。食客三千指的就是他们这些公子所养的门客。一个能够养几千人的贵族，可见其当时的权势之大。赵奢杀了他的人，就等于是得罪了大贵族平原君。虽然赵奢也出身贵族，可比起赵胜来那就差太多了。

平原君听说这件事后，十分气愤，扬言一定要将赵奢革职查办，并且还要问成死罪。一些好心人劝赵奢“三十六计，走为上计”，还是逃命去吧。但赵奢毅然拒绝，他认为秉公执法，何罪之有！为何要逃跑呢！不仅不应逃跑，还要论个是非。

于是，他就自个儿去平原君的府上，说：“我这样做，完全是为了维护赵国的利益，其中包括维护你平原君的前途。”

平原君说：“你一连杀了我九个管事，还是为了我好吗？”

赵奢解释说：“您是赵国的王公贵族，不应该放纵家人违反国家法令。如果大家都不遵守国家法律，都拒不交纳国家田税，那国家的力量就会遭到削弱。国家一削弱，就会遭到别国的侵犯，甚至还会把我们赵国灭掉。如果到了那一天，您平原君还能保住现在这样的富贵吗？像您这样身处高位的人，如果能带头遵守国家各项法令制度，带头交纳田税，那么上上下下的事情就可以得到公平合理的解决，天下人也会心悦诚服地交租纳税，那么，国家也就会强盛起来，赵国就会巩固。你平原君的势位富贵，就不会受到一丝一毫的损失。两者比较，怎样做对你有利，你应该比谁都清楚！”

平原君

平原君自知理亏，但还是辩解道：“你处分闹事之人，为什么不事先向我请示。”

赵奢回答说：“处理这事本来是我的职权，难道执行法律还需请示吗？”

平原君被赵奢的一番话说得心服口服，也对赵奢以国家利益为重、秉公办事的态度十分赞赏。他认定赵奢是位很贤能的人，决定向赵王举荐。公元前 271 年，赵奢得到平原君的荐擢，被任命为治理全国赋税的总管。

从此以后，赵国的税赋公正合理，适时按量收缴，谁也不徇私情，国库得到充实，老百姓也富裕起来，赵国进入“小康”状态。

在面对生命威胁的情况下，赵奢仍能镇定地对之，这不是一般人能做到的。面对岌岌可危的处境，稍有不慎就会招致以身殉职的命运。倘若赵奢当时只是以对对方心思的揣测采取行动，则很难在这样的处境里作出正确的判断，更不用说以语言震慑对方了。赵奢之所以能使平原君折服，是因为他对当时的社会政治环境有着深刻的认识，有了这种认识思想才不会左右摇摆，行动就会显得勇敢无畏。赵奢心怀天下的宽阔胸怀和勇敢无畏的人格魅力在此已可见端倪。

送走间谍，突作进攻

赵奢不仅具有人格魅力，作为将帅，他还是一个善用计谋之人。

《史记·廉颇蔺相如列传》记载：秦伐韩，军于阏与。王召廉颇而问曰："可救不？"对曰："道远险狭，难救。"又召乐乘而问焉，乐乘对如廉颇言。又召问赵奢，奢对曰："其道远险狭，譬之犹两鼠斗于穴中，将勇者胜。"王乃令赵奢将，救之。

……秦间来入，赵奢善食而遣之。间以报秦将，秦将大喜曰："夫去国三十里而军不行，乃增垒，阏与非赵地也。"赵奢既已遣秦间，卷甲而趋之，二日一夜至，令善射者去阏与五十里而军。……秦兵后至，争山不得上，赵奢纵兵击之，大破秦军。秦军解而走，遂解阏与之围而归。

公元前280年，赵奢被任命为将军，跨进军事行列。他带兵攻取了齐因的麦丘（今山东商河县西北），赵王因得城大喜，为之加增进酒，以示权贺。至此，赵奢开始了他早期的军事生涯。

公元前270年，秦国将领胡阳率兵包围了赵国的阏与城（今山西和顺）。赵惠文王召集大臣研究对策。赵王先召见廉颇问道："可以不可以去救援呢？"廉颇回答说："到阏与去的这段路，既远而又险峻狭小，难救了。"赵王又召见乐乘来问这件事，乐乘回答的话跟廉颇一样。赵王又召见赵奢来问，赵奢说："那条路的确是既远而又险峻狭小，这就好比两只老鼠在洞中相斗一样，由骁勇的将领统帅的军队能够获胜。"赵奢此议与赵王不谋而合。于是，赵王任命赵奢为将，领兵去救阏与。

当时，秦军在围困阏与的同时，已经做好了防止赵军出兵救援的准备。他们发兵一支，向东直插武安（今河北武安县西南），以成掎角之势，牵制赵军行动。赵奢得知秦军这一部署，从邯郸出发才三十里就下令安营扎寨，命令军中加固营垒，在营区周围修筑了许多屏障，故意做出毫无进取的姿态。并在军中下达命令说："有敢对军事行动进言的处死刑。”眼见秦军在武安(今河北武安县西南)西侧昼夜操练人马，磨刀霍霍，将士们都很着急。有个军吏实在忍耐不住，来见赵奢，请求速救武安，赵奢果然马上将他处以死刑。全军当场一片哗然，从此没有人再敢上前说一句如何行军的话。之后，赵奢加固军营的壁垒，一直驻守了二十八天而没有向前推进，反而不断地修筑营垒。无人能猜透他们这位统帅在想些什么，却又不敢问，因为没有人不想保住自己的脑袋。秦国派了间谍混入军营，以探听赵奢的意图。却被赵奢发现，但他不动声色，还用好酒好肉款待他，最后还客客气气地把他送出军营。间谍把看到的情况向秦国的将军作了报告，秦将大为高兴，说：“离开都城不过三十里就屯驻大军不敢前行，只是一味地加固营垒，这一下阏与不再是赵国的地盘了。”于是，便放松了对赵奢的警惕。

在送走秦军间谍以后，赵奢突然做出决定，集合部队，卷甲而趋，向西急进。仅两日一夜即赶到阏与，赵奢还让善于射箭的军士迅速到距阏与五十里一带构筑营垒。秦将胡阳没想到赵奢会有此一举，他听了秦间谍的报告，还以为赵军驻足不前，自己指日便可夺取阏与。此时方知上当，气急败坏地率领全部人马赶到阏与。由于赵军远离后方，孤军独进，形势依然十分危险。这时，赵军中有一个叫许历的军士冒死来见赵奢，他说：“秦人没有料到赵国的军队突然来到这里，被激怒的秦军来进攻的气势必然旺盛，将军一定要集中兵力严阵以待，不然的话，会吃败仗的。”赵奢曰：“这个意见可以采纳。”许历说：“请照军令把我处以死刑好了。”赵奢说：“等回到邯郸以后再处理吧。”许历请求再发表意见，他说：“能够先控制阏与北面的山头的一方必定能获得胜利，后去的一方必定失败。”

赵奢采纳了许历的主张，立刻派一万精兵火速抢占了北山。果然，秦军后至，与赵军争夺北山不得上，拥挤于山下，陷入十分被动地位。赵军利用有利地势，居高临下，俯击秦军，把秦军打得大败。秦军溃散而去，阏与之围解除了。此次战役，使威震诸侯的强秦遭受了一次最大的挫折，多年后仍不敢轻举妄动，唯恐重蹈阏与之覆辙。班师回朝后，赵惠文王封赵奢为马服君，又封许历为国尉。

《史记》记载：“后四年，赵惠文王卒，子孝成王立。七年，秦与赵兵相距长平，时赵奢已死，而蔺相如病笃，赵使廉颇将攻秦，秦数败赵军，赵军固壁不战”。文中所说的后四年是指渑池之会后的后四年。从这段文字里我们可以发现两件事，第一是赵奢的当时的地位极高，可能有三个因素：① 他是王室同族，深受信赖；② 他在对秦的作战大胜后有马服君的威名;③ 他是赵武灵王的军事改革时期中的成员。另一件事是蔺相如在赵国也是一个能够领军作战,且深得信任之将军。上述内容也造就了赵奢、蔺相如、廉颇排名的感觉。

马服君也并非只是一个封号那么简单。在史记中有这样一段注解虞喜志林云“马,兵之首也。号曰马服者,言能服马也”。从这段并不难懂的文字中,我们可以知道,“马”的含意是各兵种之首。赵奢封为马服君,就是表示他是领导兵者之首的人,可谓是将中之首。其地位与廉颇、蔺相如相等,被后人列为东方六国的八名将之一。

事实上,在抗秦的军事行动上,赵奢的战绩确实居廉颇之上。在与秦的作战中我们可以知道,赵奢在抗秦的战争中取得了较大的战果。其中,马服君的封号就是他在阏与之战后所受封的。廉颇在对秦的作战中虽有败绩,但总体而言还是立于不败之地的。这在当时已是很难得的了。

然而,在阏与之战中,有很多没有被人理解的地方,这主要是因为赵奢说了的没做,做了的没说,致使后人解释笼笼统统,不得要领。

赵王派赵奢去解阏与之围,是由于赏识他的才干。有些还以为后边要来一场勇斗呢,谁知道赵奢一下子坚壁二十八天,其中妙处却没有一个将士能够体会出来。

这要先从地理说起。阏与在邯郸正西北方向,地图直线距离为两百里左右。这一直线距离,正好与豫晋古道相吻合。实际路途远远不止两百里,因为中间是太行山。武安和峻极关都落在这一直线上。邯郸西北十点钟方向五十里是武安,武安北面是摩天岭,摩天岭主峰玉皇岭海拔一千四百七十八米。摩天岭北下侧为峻极关,是通晋古道关隘,峻极关在阏与东南一百里处。

这样一条天险古道,自然是“道远险狭”,秦国围了阏与以后,就分兵到这古道上阻止赵国救兵。面对这种形势,老将廉颇都认为阏与没救了。其实,战场就那么小,谁都没有退路,如果路只有五米宽,你纵有千军万马,打斗双方也就是两人交手,这时兵多兵少并不是主要的,勇气是决定胜负的关键。

然而,赵奢才出邯郸二十里就扎营了,为什么呢?原来不是选的“两鼠斗于穴中”的险狭战场吗?那战场是你赵奢选的,秦军没有选这战场呀,秦军已经跑到山上去了。“秦师军武安西,鼓噪勒兵,武安屋瓦尽振”。武安西边是摩天岭,居高临下,“鼓噪勒兵,武安屋瓦尽振”表明秦军驻扎的地势高。赵奢才到太行山脚,前边秦军已经尽占地利了。赵军要救阏与，秦师军武安西正是其必经之路。

如果这时走进豫晋古道，那就等于是去送死。赵奢的唯一选择就是扎营坚壁，但与救阏与战略意图完全相悖，但战术的可行性是贯彻战略意图的保证，赵奢先在战术上站稳脚跟，为下一步打好基础。这有点像下象棋，无着可行之时，不妨车开河头，争取以后的腾挪手段。

赵奢的扎营就把秦军居高临下的优势变为了劣势。邯郸到武安五十里路，赵奢走了三十里，距离武安还有二十里，秦军在武安西，练兵的鼓声震动武安屋瓦。如果秦军要攻赵就还得走二三十里路，如此就形成了一个均势，谁进攻谁吃亏。但军需后勤是赵军占便宜，赵军离邯郸三十里平原，粮草输送方便，而秦军运粮草时就要翻过摩天岭，从峻极关算起至少也得走四十里山路。且秦军还有一难，就是饮用水，到谷底是赵奢想要的战场，在山上则每天士兵得挑水上山，赵奢坚壁二十八天，把杀平原君九个家臣的狠劲拿出来了。面对这么好的局势，有人提议攻秦救武安，那岂不是找死？

两军相持下来，赵军是养精蓄锐，等待时机，而秦军却是天天劳碌，他们要整天忙着粮草和饮用水，连砍柴火造饭都要走十里远了。这是秦军犯的错误，秦军阻援，应该在太行山西边的峻极关，那才是兵家必争之地。峻极关守好了，阏与就等不到援军了。偏偏秦军跑到太行山东边的武安，整天忙于后勤，迟早都会露出破绽，这样就给赵奢留了可乘之机。

赵奢在战术上走得稳重，但要实现战略意图，还得再走一步。于是赵奢请秦国间谍参观了一下，那间谍一看，给蒙住了，这哪是去救阏与呀，算是白跟他耗了。就这一个看不透，在秦军还没想明白的时候，赵奢便乘机轻装急行军，从秦军的眼皮底下越过了峻极关五十里以西，解了阏与之围。

所谓“兵贵神速”，为什么叫兵贵“神”速而不叫兵贵“快”速？“神”者，鬼神不测是也。让敌人无法预测就叫“神”速。赵奢两日一夜翻越摩天岭是“神”速，出门三十里而坚壁二十八天也是“神”速。赵奢军令严禁以军事进谏，把军事意图隐得天衣无缝，因此才换来两个“神”速。后来赵军抢占北山高地，那叫“快”速，因为双方都知道对方要抢占，而赵军由于许历不避杀头之罪而抢先一步占得北山。

赵奢之所以能与廉颇和蔺相如平起平坐，就得益于两个“神”速，而许历升为国尉则得益于一个“快”速。这就体现出“神”速与“快”速的区别。

审时度势，赏罚分明

赵奢有着很高的军事造诣，他作战注意审时度势，料敌后动，坚持以因敌而变，灵活用兵为原则，这从他与大将田单的交谈中可以看出。

至于赵奢和齐国大将田单的论战，十分有趣，《战国策》中有相关记载。其中，赵奢列数了古今的人口数量、城市规模、军队规模及举例。最后使齐国的名将田单叹服，这也的确不容易。如果真的有八名将的称谓，赵奢完全可以入选。当时的情况是这样的：

齐国大将田单大摆火牛阵，复兴齐国之后，第二年出任赵国丞相。某日，田单对赵奢说："我佩服将军用兵，但是不服的是，将军用兵的规模太大。以前王者出兵，不会超过三万人，则天下平定。现在将军每次出战都带领一二十万兵，这就是我所不服气的。"赵奢反对田单这一看法，他认为田单并不懂得用兵之道。他向田单详细阐述了时势变化同作战方式、战争规模相互之间的关系。他说："古时代，四海之内被分为万国。最大的城市也不过只有三百丈，民众再多也不过三千家。可是目前古代的万国都已经变成了七国，城市的规模已经有千丈了，上万家的城市都相对可以看到。既然发生了这么大的变化，那么带兵的数量也应作相对的变化。例如齐国动用了二十万的军队攻打楚国，五年后再停止。赵国以二十万的军队攻中山，五年后才回师。这时，齐韩两国实力差不多，如果要进攻，难道用三万人的军队就能行了吗？用三万人的军队，围规模千丈的城池，还不能够围城的一角，如果用来野战，根本就不能用来进行包围，你又能怎么呢？"赵奢的一席话，说得田单"喟然太息"，表示诚服。

从与田单论兵法来看，赵奢重视对战争形势和特点的研究，最后使田单折服地说："单不至也。"

赵奢作为良将，有着高尚的品格。他不徇私情，“受分之日，不问家事，”赵奢极其注重与士卒的关系，而事实上，他和士卒的感情极深，就像他夫人所言：“身所食饮而进者十数，所友者百数，大王及宗室所赏赐者尽与军吏士大夫。”因此，战士皆愿为之效命。在作战中，他执法如山，赏罚分明，再加上用兵如神，因此，带出了一支所向披靡的劲旅。军事家曹操曾说：“苦者赵奢、窦婴为将也，受财千金，一朝散之，故能济成大功，永世流声。吾读其文，未尝不慕其为人也。”连这个一世枭雄的曹操都给予赵奢如此高的评价，可见赵奢对后世影响之深。

可以说，赵奢是当时赵国的主要将领之一，在这里要提的事情是，在赵奢死后的几年，发生了一场大事。我们可以从中看出赵奢在赵国的军事中重要性。公元前 265 年，秦出兵攻打赵国，当时赵奢已经死了。赵国居然向齐求援。当时是在长平之战以前，赵国的国力应该算是不弱了。且多年前秦军还有惨痛的阏与大败。他们难道没有记性吗？并不是，而是赵国军队的栋梁之柱赵奢死了，所以秦军才敢大举入侵赵国。而曾大败秦国的赵国竟会落到如此地步，最后以长安君为质向齐求得援军，才解救了秦军之围。这只是推断赵奢在赵国军事上的地位，至于真假无人能定。

不得复用

◎廉　颇

廉颇是战国时期一位杰出的军事将领，其征战数十年，攻城无数而未尝败绩。而他勇于改过，真诚率直的性格，更使人觉得可亲可爱。他的一生，正如司马光所言：“廉颇一身用与不用，实为赵国存亡所系。此真可以为后代用人殷鉴矣。”这一结论，既概括了廉颇一生荣辱经历的史实，又揭示了人才与国家盛衰兴亡的重要关系，确实值得后人深思。

知错就改，负荆请罪

《史记·廉颇蔺相如列传》记载：廉颇闻之，肉袒负荆，因宾客至蔺相如门谢罪。曰："鄙贱之人，不知将军宽之至此也。"卒相与驩，为刎颈之交。这就是历史上著名的"负荆请罪"的故事。

负荆请罪

廉颇勇猛过人，因为攻打齐国有功，被赵王封为上卿。蔺相如原来只是赵王内侍长缪贤的家臣，出身微贱。由于一次突发的危机，才使蔺相如成为知名人物。

有一次，秦国想仗势骗取赵国的国宝"和氏璧"，派人到赵国，提出愿意用十五座城池换和氏璧。这使赵王很为难：如果答应交换，担心秦国得到璧而不给城池；如果不答应交换，又怕惹恼秦国，招来战祸。所以打算派一名有胆略的使臣去秦国。经缪贤的推荐，蔺相如出使秦国，出色地完成了使命，使完璧归赵。

因此，蔺相如深得赵王赞许，被封为上大夫，名声大振。后来，秦王和赵王在渑池相会时,秦王企图当众羞辱赵王,蔺相如针锋相对,寸步不让,不仅使秦王一点便宜也未占到,更使赵王免受屈辱。蔺相如两次出使,保全赵国不受屈辱,立了大功。赵王拜他为上卿,位居廉颇之上。廉颇很不服气,私下对人说:"我是赵国的将军,有出生入死攻城野战的大功。而蔺相如只不过靠口舌之劳立了点功,位子却在我之上。并且相如出生卑贱,我感到羞耻,在他下面我难以忍受。"廉颇的性格弱项表现的一个方面是妒忌,容不得自以为才能功绩明显比不上自己的蔺相如反而位居自己之上。廉颇承认蔺相如在完璧归赵和秦赵渑池双王会两屈秦王这两件事情做得不错,表现出了超人的智慧和勇气,关键时刻挺身而出,维护了国家的尊严和利益。然而对于蔺相如仅凭口舌之劳便位居自己之上,廉颇不服,不忍为之下扬言说:"我见到蔺相如,一定要羞辱他。"这是他性格的弱项,缺乏政治家的胸襟。

蔺相如知道这件事后,为避免与廉颇冲突,就处处躲着他,不与他会面。常常假言有病,不愿上朝与廉颇争位次高下。一天,相如外出,远远看到廉颇的马车迎面过来了,就急忙掉转车子,躲到一个小巷子里。蔺相如的家臣很生气,认为蔺相如与廉颇职位相等,廉颇口出恶言,蔺相如却处处让他,未免过于胆小,这种事连普通人都觉得羞耻,身为上卿的蔺相如决不能再容忍。他们说,自己远离亲人投奔蔺相如,是因为仰慕他的高风亮节,却不希望看到他整日受辱。家臣无能,他们愿意离开。蔺相如挽留他们说:"你们看廉将军与秦王比,哪一个更厉害?"众人答道:"当然是秦王厉害了。"相如说:"以秦王的威势,而我敢在朝廷上呵斥他,羞辱他的群臣,我蔺相如虽然无能,难道会怕廉将军吗?但我想到,强秦之所以不敢对赵国用兵,就是因为有我们两人在呀!如今两虎相斗,势必不能共存。我之所以这样忍让,就是为了要把国家的急难摆在前面,而把个人的私怨放在后面。"

蔺相如的这番话很快传到廉颇的耳朵里,廉颇感到非常惭愧。于是他脱去上衣,光着膀子,背着荆条,跑到蔺相如的家里去谢罪。蔺相如心想:嗯,是个人才,知错就改,必成大器,我如果不计前嫌和廉将军齐心协力共辅赵王,日后必有好果。希望廉将军这次真的知道错了。

蔺相如见廉颇如此有诚意,还亲自上门负荆请罪,忙热情出来相接。廉颇见蔺相如这番热情,更无地自容,忙跪下在蔺相如膝前,双手一拱,对蔺相如说:"我廉颇是个粗鲁人,见识少,气量窄,哪儿知道您竟这么容让我,我实在没脸来见您。请您责打我吧。"蔺相如见此情此景,忙双手把廉颇扶起,说:"将军您又何必如此,咱们两个人都是赵国的大臣。将军能体谅我，我已经万分感激了，怎么还来给我赔礼呢！”

从此以后，两人成了同生死，共患难的好朋友。他们将相和睦，团结一致为国效力，使秦国在很长一段时间不敢轻易出兵攻打赵国。

赵惠文王也算是一代明君了，他在位三十三年，这个时期文有名相蔺相如和平原君赵胜辅政，武有大将廉颇，后来又发现和启用田部吏赵奢，即后来与廉颇蔺相如同位的马服君等将兵，君臣团结，齐心协力，共同对外，廉颇东伐齐，南伐魏，蔺相如将而攻齐，赵奢大破秦军于阏与下，这些战役都取得了全胜，赵国达到了它兴盛的顶峰。

其实，廉颇之所以能名载史册，光照日月，至今被人赞颂，不是因为他没有犯错误或坚持错误，而是因为他勇于承认错误，改正错误。古人说得好：人非圣贤，孰能无过？过而能改，善莫大焉。所以说，人的伟大不在于他不犯错误，而在于他能知错能改，改正错误。而自封为“一贯正确”的，注定是逃脱不了失败的结局。

能征善战，立下数功

《史记·廉颇蔺相如列传》记载：自邯郸围解五年，而燕用栗腹之谋，曰“赵壮者尽于长平，其孤未壮”，举兵击赵。赵使廉颇将，击，大破燕军于鄗，杀栗腹，遂围燕。燕割五城请和，乃听之。赵以尉文封廉颇为信平君，为假相国。

赵惠文王初，齐国在东方的六国当中最为强盛，齐、秦两国分别为东西方强国。秦国想向东进攻以扩大国家的势力，然赵首当其冲。为扫除障碍，秦王曾多次派兵进攻赵国，廉颇统领赵军多次打败秦军，迫使秦改变策略，实行合纵，于公元前258年在中阳（今山西中阳县）与赵相会讲和。以联合韩、燕、魏、赵五国之师共同讨伐齐国，大败齐军。其中，廉颇于公元前283年带赵军讨伐齐国，长驱深入齐境，攻取阳晋（今山东郸城），威旗诸侯，而赵国也随之成为六国之首，成为东方诸侯阻挡秦国东进的屏障。廉颇引胜而归，回朝后被拜为上卿，秦国始终虎视赵国而却不敢贸然进攻，正是慑于廉颇的威力。从此以后，廉颇率军征战，守必固，攻必取，几乎百战百胜，威震列国。公元前278年，廉颇向东攻打齐国，破其一军。公元前276年，廉颇再次率兵伐齐，攻克九城。次年廉颇攻魏，陷防陵（今河南安阳），安阳城（今河南安阳县）。秦国以后十年间未敢攻赵。

公元前266年，赵惠文王去世，孝成王即位。就在这时，秦王采取应侯范雎“远交近攻”之计，边跟齐国、楚国等续为联盟友好交往，边攻打临近的小国。公元前260年，秦国攻打韩地上党。上党的韩国守军孤立无援，太守冯亭便将上党献给了赵国。于是，秦赵之间围绕着争夺上党地区发生了战争。当时，名将赵奢已经去世，而蔺相如也病重不能任职，执掌军事事务的只有廉颇。于是，赵孝成王命廉颇统帅二十万赵军阻秦军于长平（今山西高平）。当时，秦军已南取野王（今河南沁阳），北略上党（今山西中部地区），切断了长平南北联系，士气正盛，而赵军长途跋涉才到此，不但兵力处于劣势，态势上也处于被动不利的地位。

面对这种不利的情况，廉颇正确地采取了筑垒固守，疲惫敌军，相机攻敌的作战方针。他命令赵军凭借山险的地利优势，筑起森严壁垒，这无疑是正确的策略。尽管秦军多次挑战，廉颇总是严束部众，耐心等待最佳时间，坚壁不出。同时，他把上党地区的民众集中起来，边从事战场运输，边投入筑垒抗秦的工作。赵军森严壁垒，秦军求战不得，无计可施，锐气渐失。廉颇用兵持重，固垒坚守三年，意在挫败秦军速胜之谋。秦国看速胜不行，便使反间计，迷惑赵王，让赵王相信秦国最担心、最害怕的是用赵括替代廉颇。由于赵王求胜心切，不辨真假而中了反间计，认为廉颇年事已高，害怕秦军而不敢与之争战，于是强行罢廉颇职，用赵括为将。

虽然蔺相如极力劝说赵王，指出只知纸上谈兵的赵括不宜担此重任，但赵王此时什么也听不进去，一意孤行，决定任用赵括。赵括代替廉颇的职务后，改变战略，撤换将官，一时弄得军心惶惶、人心涣散。而秦国见赵国任赵括为将，心中大喜，暗中启用武安君白起率兵攻赵。大败赵括军于长平，赵括被乱箭射死，坑杀赵兵四十余万，损失极为严重。

退一步讲，既然已经任赵括为将，就该信任他，就应该倾全国之力支持赵括打好这场决定国家命运的战争，然而赵王却没有做到。一直以来，在评价长平之战时，史家总是把战败的原因归结到赵括身上，说他只会纸上谈兵，缺乏实战经验，最后导致四十万大军被秦将白起活埋。其实，这样的评价对赵括是十分不公平的，应该说，长平之战败在赵王，事实证明，赵括的勇力智谋和作战经验固然不能和廉颇相比，更不是秦将白起的对手，但赵括毕竟是一位勇冠三军的青年将军，他率领四十五万大军抗击强大的六十多万秦军，在四十多天外无救兵，内缺粮草的情势下，他身先士卒，战死沙场，实现了一位战将最后的血染战旗的勇气和豪迈，不管怎样都应该肯定他的忠与勇。从某种意义上讲，长平之败的责任在赵王：首先赵王不相信名相大将，不听忠言，自毁长城。其次赵王听信了敌国的谣言，临阵换将，解除了具有丰富作战经验的廉颇的兵权。第三，赵王不能全力支持赵括。试想，为打胜长平之战，秦昭王征全国十五岁以上男子赴长平前线，倾全国之力支援白起，而赵孝成王则在齐魏不肯援助的情势下表现出一副束手无策的样子。所以说，长平之战败在赵国君臣不和谐，败在王而非败在将。

长平之战负载着深重的历史，历代文人墨客莫不感慨系之。“世间怪事哪有此，四十万人同日死。白骨高于太行雪，血飞迸作汾流紫！”（明代王世贞《过长平》）“积雪如山夜唱筹，廉颇为赵破秦谋。将军老去三军散，一夜青山尽白头。”（明李雪山《咪米山》）

长平之战后，秦国乘机包围了赵都邯郸，持续一年有余，幸好有魏公子信陵君窃取兵符前来相救，才不至于灭亡，但此时赵国国力已大减。

燕国看到赵国在长平之战中严重受损，于是以丞相栗腹为将，针对赵国“壮者尽于长平，其孤未壮”的状况，于公元前 251 年举兵攻赵。赵派廉颇作为这场战争中的主将，指挥了著名的鄗代之战。廉颇将全军分为两路，一路由乐乘率领直趋代地，抗击西路燕军，一路亲自率领，迎战燕军主力于鄗城（今河北柏乡县）。廉颇指挥为保卫乡土而同仇敌忾的赵军，集中兵力对敌人进行正面攻击，由于策划得当，准备充分，打击了燕军的嚣张气焰。接着，他率领赵军大败燕军主力，斩杀其主栗腹。燕军见主帅被斩，群龙无首，于是大乱，军士惊慌溃退。廉颇抓住燕军败退之机，即命赵军乘胜追击，追击五百里，直入燕境，进围燕都蓟（今北京市）。燕国危在旦夕，燕王只好割让五座城邑求和，赵军始解围退还。战后，廉颇因功受封信平君，代理相国事务。廉颇达到了他个人事业的辉煌顶端。

此战赵军在名将廉颇的指挥下，利用燕军轻敌、疲劳，赵军则同仇敌忾，对来犯之敌予以痛击，是中国历史上以少胜多的著名战例。

廉颇任相国前后约六七年，多次击退了入侵的敌军，并伺机出击。公元前 245 年，又带兵攻取了魏地笼阳（今河南内黄县），赵国后来几次战争的胜利，使赵国的国力有所恢复。

屡遭免职，终不得用

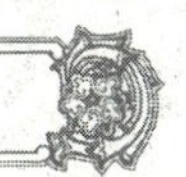

《史记·廉颇蔺相如列传》记载：赵使者既见廉颇，廉颇为之一饭斗米，肉十斤，被甲上马，以示尚可用。赵使还报王曰："廉将军虽老，尚善饭，然与臣坐，顷之三遗矢矣。"赵王以为老，遂不召。

当初，廉颇从长平被赵王免职回家，失去权势的时候，原来的门客都离开了。等到他再被重用当了相国，原来的门客又都回来投奔他。廉颇对门客们的这种行为很不齿，不高兴地对他们说："你们都回去吧！我不会收留你们的。"门客们说："唉，廉将军，您为什么如此不开窍呢？如今，天下人都是以市场上的买卖方式交朋友。您得到了权势，我们就跟随您；而您失去了权势，我们就离开。这本是买卖常理。又有什么埋怨的呢？"听到这些话，廉颇沉默不语，似乎是默认了。

可是到了晚年，廉颇却很不顺。信任他的赵孝成王去世了，继位的是成王的儿子悼襄王。这位新国君听了奸臣郭开的谗言，对廉颇失去了信任，解除了廉颇的军职，派乐乘代替廉颇去统率军队。廉颇因受排挤而发怒，竟攻打了乐乘，乐乘抵挡不住，一走了之。廉颇也不好意思留在军中，只得奔往魏国避难。廉颇在大梁住了很久，魏王虽然对他以礼接待，但却并不信任和重用他。而赵国因为多次被秦军围困，处境窘迫，赵王有意重新任用廉颇。于是，赵王派遣使者宦官唐玖带着一副名贵的盔甲和四匹快马到大梁去探访廉颇，看廉颇还是否可用。廉颇的仇人郭开此时是赵国的显贵，他唯恐廉颇回国再得势，于是就用重金贿赂了使者，让他回国后在赵王面前多说廉颇的坏话。使者收下了不少的金钱，很痛快地就答应了郭开的要求。

使者来到魏国，代表赵王看望廉颇。廉颇自然非常高兴，他觉得回国的机会终于来了，自己一定不能错过。于是就特意在使者面前表现了一番，一顿饭吃了一斗米，十斤肉，并且还穿上了铠甲，跨上了战马，威风凛凛地驰骋了一番。表现出自己虽然年纪大了，但精神还很不错，仍然可以带兵作战。看到老将军这种状况，使者也一再赞叹，表示非常佩服。

但使者回来向赵王报告说："廉将军虽然老了，但饭量还很好。可是，他与臣坐在一起，不一会儿工夫就上了三次厕所。"赵王认为廉颇真的老了，遂叹了口气，不复招用。

廉颇在魏国等得花儿都谢了，饭儿都凉了，也不见招用。就在这时，楚王听说名将廉颇在魏国闲居，打算重用他，于是偷着把他挖到了楚国，任他为将军。廉颇到了楚国担任将军后，工作开展不利，史书说他"无功"。虽然也领兵打了几次仗，但是却一直没有太大的战绩。他说："我思用赵人"流露出对祖国乡亲的眷恋之情。但赵国终究未能重新启用他，致使这位为赵国做出过重大贡献的一代名将，抑郁不乐，最终死在楚国的寿春(今安徽省寿县)。十几年后，赵国被秦国所灭。

纳贤士与杀功臣，是每一个帝王所为，屡见不鲜。帝王心理的反复无常，廉颇的命运也就可想而知了。而楚考烈王仰慕廉颇的知名度，把他接到楚都寿春(今寿县)安顿下来，直到廉颇终老寿春，也不重用。说穿了，楚王只是作秀而已，他只是想借廉颇的名气，为自己打一个广纳天下英雄的活广告罢了。

"廉颇者，赵之良将也！"大将军名彪青史，雄风不丧。自古以来，英雄惜英雄，辛稼轩借《京口北固亭怀古》悲叹，"凭谁问：廉颇老矣，尚能饭否？"这位将军词人追怀廉颇，抒发了郁积在胸中的怨愤，怨谁？英雄难遇明君，空怀报国之志，焉能不怨！时人与后人为廉颇而悲，而忧，而叹，都是一种寄托，让英雄更英雄，让小人更小人。廉颇的悲剧也就成为千百年说不尽的话题。两千多年来，英雄辈出，而小人常在，历史往往重复，从宋代风波亭下的岳飞，到当代庐山上的彭德怀，数不清有多少英雄满襟泪？

换个角度想，秦统一中国，是历史的进步，创造这一历史的，是秦不是赵。历史留给了廉颇一个机会，成全了他的英雄形象，让赵括充当了历史的罪人。廉颇还算幸运的，没有被钉牢在长平之战的耻辱柱上，没有沦为亡国败将，与那四十万亡灵一起殉葬。我们何必要为廉颇抱屈呢？应该庆幸才是。

廉颇征战数十年，攻城无数而未尝败绩。为人亦襟怀坦白，敢于知错就改。纵观其一生，正如司马光所说："廉颇一身用与不用，实为赵国存亡所系。此真可以为后代用人殷鉴矣。"这一结论，既概括了廉颇一生荣辱经历的史实，又揭示了人才与国家盛衰兴亡的重要关系，值得人们深思。

戎马人生

◎李　牧

李牧是战国末年东方六国最优秀的将领，是秦国统一的最大障碍。率赵军抗击秦国时，却被奸臣陷害。他的无辜被害，使后人无不扼腕叹恨。胡三省注《通鉴》时曾将李牧的被害与赵国的灭亡联系在一起："赵之所恃者李牧，而卒杀之，以速其亡。"司马迁在《史记·赵世家》中说："迁素无行，信谗，故诛其良将李牧，用郭开。岂不谬哉！"司马迁对李牧的冤死，表示很愤慨。

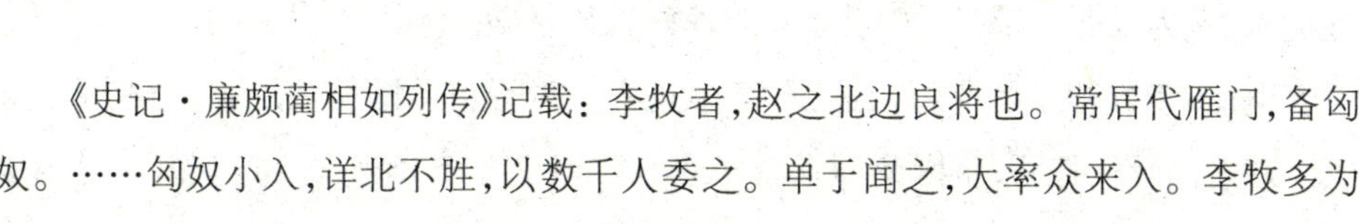

战无不胜，屡立奇功

《史记·廉颇蔺相如列传》记载：李牧者，赵之北边良将也。常居代雁门，备匈奴。……匈奴小入，详北不胜，以数千人委之。单于闻之，大率众来入。李牧多为奇陈，张左右翼击之，大破杀匈奴十余万骑。灭襜褴，破东胡，降林胡，单于奔走。其后十余岁，匈奴不敢近赵边城。

公元前 309 年赵武灵王时期，赵王下令国中“胡服骑射”，进行了一系列改革，军事力量逐渐强大。但是，到了惠文王、孝成王时期，匈奴各部落军事力量逐步恢复强大起来，并不断骚扰赵国北部边境。赵王便派李牧带兵独当北部戍边之责。

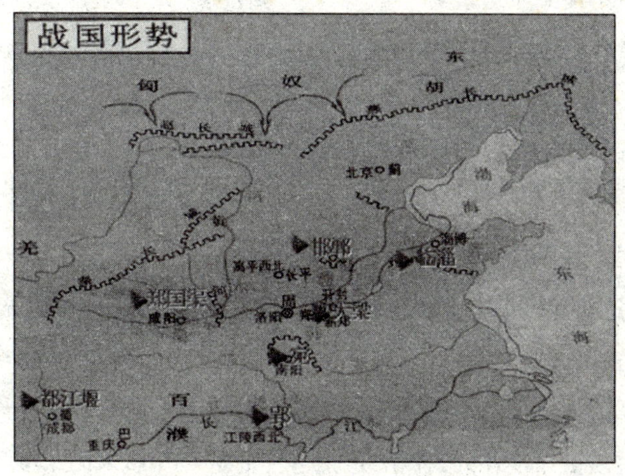

战国形势

李牧长年驻守北部代郡、雁门郡边境地区防御匈奴。他根据实际情况采取有力措施加强军队的战斗力，有效地防备了匈奴的侵扰，赢得士兵们的爱戴。他的措施是：第一，设置官吏僚属，任用自己认为能干的人为官，同时当地市租全部交入幕府,把收来的货物,税款掌握在自己的驻军公署,充当士卒的日常开销;第二,他厚待战士,每天宰杀数头牛犒劳士卒;第三,他注意提高战斗能力,每天教练士卒骑射;他有严格的防守措施,挑选派出人员侦探敌情、随时发出报警信号。在军事上,严明法规:“匈奴入边来劫掠,赶快将畜产收入堡垒,有敢于捕虏匈奴人的人斩首!”所以匈奴每次入侵,严密的警报系统发挥威力,士兵迅速退回营垒固守,不敢擅自出击。使匈奴掳掠无所得,赵国军队却因此保存了实力。这样坚持数年,军队不管是在士兵上还是在物资上都无任何伤亡损失,形成了一支装备精良而素质极高的边防军,也为以后的乘机反击奠定了丰厚的物质基础。

然而,匈奴却以为李牧胆怯,军卒中也有人觉得自己的将领胆怯,为此常有议论。赵王闻听传言后,也因此而责备了李收。但李牧不予理睬,依然如故,我行我素。最终激怒了赵王,召他回朝,另派别将替代他。

新任将领到职一年多,每当匈奴来侵犯,便带兵出战。出战往往受挫失利,不仅损失伤亡惨重,而且使边境地区人民不能按时耕种、放牧。于是赵王又请李牧复出,李牧闭门不出,坚持说自己有病,赵王一再恳请,李牧提出:“大王如果一定要为臣重新任北边守将,那就必须答应依照我从前的办法,我才敢接受命令。”赵王答应了他,于是李牧再度到了边境。

李牧到边境后一如既往,匈奴来侵犯几次仍是一无所得。但匈奴终究还是认为李牧胆怯而不敢出战。戍边的将士日日受到犒赏而不被使用,因此,都请求愿与匈奴决一死战。李牧看准了时机,准备经过挑选的兵车一千三百辆,精选的战马一万三千匹。获赏百金的勇士五万人,优秀射手十万人,全部组织起来加以训练。同时放纵边民畜牧,使民众布满原野,诱使匈奴入侵。

匈奴看到这种情景,先是派遣小股人马侵入,李牧佯败,并抛下数千民众给敌人。匈奴单于贪得民众财物,看到这种情况时,便率大军入侵赵地,李牧则出奇兵,以两翼包抄战法,出其不意包抄匈奴军,痛击敌人,一举歼灭匈奴骑兵十余万人。接连又灭掉褴,攻破东胡,降服林胡,单于落荒而逃。在后来的十多年当中,赵国北边稳固,匈奴不敢接近赵国边境的城邑。由于李牧确保了赵国边境的安全,使赵国君臣能无后顾之忧地对付强秦的兼并战争,事实上,蔺相如、廉颇、赵奢等人在政治军事斗争上的每一个胜利,都有李牧的协作支持在内。李牧也因此成为继廉颇、赵奢之后赵国最重要的将领。

李牧围歼匈奴骑兵

在这一战中，李牧针对匈奴军骑兵机动性、战斗力强及以掠夺为主要作战目的的特点，实施坚壁清野，使敌人优势无从发挥，军需无法补充；同时加强自己的力量，采取一切措施提高自身战斗力；待双方力量对比发生变化后，集中力量，充分发挥各兵种协同作战的威力，进行包围，是取得胜利的关键因素。这次战役是中国战争史上以步兵大兵团全歼骑兵大兵团的典型战例，对后世以步制骑的战术有着深远的影响。

在这一战中，李牧将孙子兵法的智慧发挥到了极点，先是连败五阵，丢弃牛羊辎重无数，将匈奴主力从其擅长的草原引诱到汉人所擅长的长城外围来进行决战，用示弱于敌的手段麻痹对手。接着火速出击，趁深夜袭匈奴大营，将那些在马上纵横的匈奴骑士在睡梦中杀死。同时重装战车包围匈奴营地出口，以密如蝗虫的箭矢射杀匈奴逃亡者。这一战打的匈奴主力几乎全军覆没，几年都难以恢复元气。更重要的是，此战是汉族军队步骑车兵协同作战的经典战例，为日后汉政权与匈奴作战提供了可借鉴的范本。

李牧到朝中任职，约在公元前 246 年以后。这一年，他曾因国事需要调回朝中，以相国身份出使秦国，订立盟约，使秦国归还了赵国之质子。两年后悼襄王即位。当时赵奢、蔺相如已经死了，廉颇和乐乘均出走到别的国家去了，李牧成了赵国一个不可缺少的重臣。

公元前 233 年，在秦灭六国的战争中，名将李牧率赵军在肥(今河北晋州西)全歼秦军的截击战。第二年，秦军在平阳大败赵军。第三年，秦又自北路进攻赵的后方，对赵都邯郸构成严重威胁。危难之际，赵王任命李牧为统帅，率兵南下反击秦军。李牧率边防军主力与邯郸派出的赵军会合后，在宜安附近与秦军对峙。他认为秦军连续获胜，士气甚高，如果仓促迎战，势必难以取胜。遂采取筑垒固守，避免决战，俟敌疲惫，伺机反攻的方针，拒不出战。秦军桓齮认为，过去廉颇以坚垒拒王龁，今天李牧亦用此计；秦军远出，不利持久。于是他率主力进攻肥下，企图诱使赵军往援，俟其脱离营垒后，将其击歼于运动之中。李牧洞悉敌情，不为所动。当赵将赵葱建议救援肥下时，李牧说“敌攻而我救，是致于人”，乃“兵家所忌”。秦军主力去肥后，营中留守兵力薄弱；又由于多日来赵军采取守势，拒不出战，秦军习以为常，疏于戒备。李牧趁机一举袭占秦军大营，俘获全部留守秦军及辎重。李牧断定桓齮必将回救，遂部署一部兵力由正面狙击敌人，将主力配置于两翼。当正面赵军与撤回秦军接触时，立刻指挥两翼赵军实施钳攻。经激烈战斗，十万余秦军全都被歼灭。桓齮仅率少量亲兵冲出重围，畏罪逃奔燕国。秦王暴怒，以金千斤，邑万家购求桓之首。可见此次大胜对秦打击之重，而赵得到喘息之机。李牧因功大被封为武安君。

功高耿直，小人猜忌

《史记·廉颇蔺相如列传》记载：允赵王迁七年，秦使王翦攻赵，赵使李牧、司马尚御之。秦多与赵王宠臣郭开金，为反间，言李牧、司马尚欲反。赵王乃使赵葱及齐将颜聚代李牧。李牧不受命，赵使人微捕得李牧，斩之。

公元前229年，秦国派大将王翦大举讨伐赵国。赵国君臣非常恐惧，只有大将军李牧不畏强秦，愿领兵抵御王翦。赵王非常高兴，授予李牧兵权，并派司马尚与他共同抵御秦军。

秦军一听李牧来抗击，吓得不敢出战，秦王为此十分发愁。就在这时，有人向秦王献策用反间计除掉李牧。秦王欣然应允，遂派人用重金收买赵王宠臣郭开，郭开是个贪财爱富的势利小人，专陷害忠良。他见秦使送来黄灿灿的金子和白花花的银子，顿时笑逐颜开，立刻答应了对方的一切要求。几天后他便在朝廷上下散布流言蜚语说："李牧和司马尚四处招兵买马，图谋不轨！"还说："李牧早存叛意，怨恨赵王不给封侯！"等等。

这些流言蜚语在大臣中间引起了不小的轰动，不久又传到赵王耳中，赵王因此对李牧产生怀疑。再加上郭开整天在赵王面前挑拨离间，搬弄是非，说三道四。结果，李牧出兵才两三个月就被调回来了。随后，赵王又派赵葱和颜聚代替李牧为将，率兵御敌，而李牧却被无端关押起来。身陷囹圄的李牧始终不知自己为何被囚。一天，一个狱卒来给他送饭时，李牧便问他自己到底犯了何罪？狱卒看左右无人，便悄悄对他说："不瞒将军你说，这是大王听信郭大夫诬蔑你的谗言，说你里通外国，犯了杀头的大罪。"说完，狱卒就捂着脸哭了。李牧方才恍然大悟，叹了一口气说："知人知面不知心！我与他同朝共事这么多年，没想到他如此狠毒！"于是功勋赫赫的李牧将军就这样不明不白地被奸臣诬陷，含冤而死。

王翦听说李牧已死的消息，异常惊喜，急率秦军主力袭击赵国，赵葱等抵挡不住气势汹汹的秦军攻击，匆匆上阵迎战，不到一个时辰便败退下来，一时间赵军全军溃散，逃的逃、亡的亡。而秦军乘胜前进，很快就攻克了赵都，俘虏了糊涂昏庸的赵王。

赵国是战国时期实力仅次于秦国的国家：出有大批军事将领，如武灵王、廉颇、赵奢、李牧、庞暖等，尤以廉颇、李牧最为著名，其才能亦不在白起、王翦之下；军队也有数十万精锐之师；赵国因连年同秦作战，百姓也十分熟悉军事。但其君主多为无能之辈，对奸佞之臣言听计从，长平之战战死四十五万，精锐尽失，即便再有千百个廉颇和李牧，最后也难逃灭亡。

李牧之死与赵国之亡紧密联系在了一起。李牧是赵国最后的希望，可是赵王亲手断送了这唯一的希望。

这是何其矛盾的事情！一方面悲哀自己没有忠臣良将可用，另一方面又大肆杀戮忠臣良将，落得个亡国的下场。

对于李牧的无辜被害，后人无不扼腕叹恨。胡三省注《通鉴》时曾将李牧的被害与赵国的灭亡联系在一起：“赵之所恃者李牧，而卒杀之，以速其亡。”司马迁对李牧的冤死，表示很愤慨，他在《赵世家》的最后说：“赵王迁素无行，信谗，故诛其良将李牧，用郭开。岂不谬哉！”李牧对后来也是个有影响的人物。秦子婴就把“赵王迁杀其良臣而用颜聚”的后果是“失其国而殃及其身”，作为历史教训，企图劝阻秦二世不要杀害蒙恬、蒙毅。汉文帝感叹得不到廉颇、李牧那样的大将，以解除他对匈奴的忧患。

也许，历史的车轮并不会因李牧一人而受阻，秦的统一之势已经无人可挡，但对于这位颇有战略眼光的良将，不能堂堂正正、轰轰烈烈的谢幕，让人内心总觉得是多么的遗憾。

重才善战

◎魏无忌

魏无忌(? —公元前 243 年),魏昭王少子,安厘王的异母弟,战国时期魏国著名的军事家。因安厘王元年(公元前 276 年)被封于信陵(今河南宁陵县),所以后世皆称其为信陵君,与春申君黄歇、孟尝君田文、平原君赵胜并称“战国四公子”。

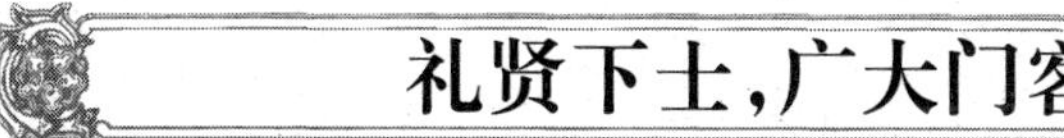

礼贤下士，广大门客

信陵君魏无忌是战国时期著名的政治家、军事家。与赵国平原君、齐国孟尝君、楚国春申君并称战国四公子，但其声誉却远远在三公之上。《史记》为四人所作的传记里，最懦弱无能的平原君只配跟别人合传，称《平原君虞卿列传》，才能普通的春申君、孟尝君分别单独作传为《春申君列传》和《孟尝君列传》，在以上传记中司马迁均直呼三人的名号；而只有信陵君被命名为《魏公子列传》，且太史公通篇不曾呼其名号而皆尊称为“公子”。太史公曾高度赞扬信陵君说：“天下诸公子亦有喜士者矣，然信陵君之接岩穴隐者，不耻下交，有以也。名冠诸侯，不虚耳。”说信陵君的声名能够盖在当时诸侯之上，确有他的道理，并非浪得虚名。然而，天妒英才的历史总是在无情地重复，纵然信陵君满腹韬略，终究也难逃脱郁郁而终的命运。下面就让我们来看看信陵君到底是怎样一个人，为什么太史公对他如此重视？

信陵君魏无忌，是魏昭王的小儿子，《史记·魏公子列传》记载，“魏公子无忌者，魏昭王子少子而魏安厘王异母弟也”。他也是魏安僖王同父异母的弟弟。公元前277年，魏无忌的父亲魏昭王去世，魏无忌的哥哥魏圉继承魏国王位，赐封无忌为信陵君。

信陵君为人仁爱宽厚，礼贤下士，士人因而争相前往归附于他。当时，无忌门下的食客有三千人之多。《史记·魏公子列传》记载：“公子为人仁而下士，士无贤不肖皆谦而礼交之，不敢以其富贵骄士。士以此方数千里争往归之，致食客三千人。”当众诸侯看到魏无忌的门客众多，于是各国诸侯连续十多年都不敢动兵侵犯魏国。

信陵君之所以会招来这么多人才之士，就因为他是“真公子”、“好士”。虽然信陵君已经是“官”，却仍能够委屈自己，这样的人就更容易得人心。在社会人心理中，当官的正常情况是趾高气扬的，只要不趾高气扬，人民群众就觉得你很了不起；再能屈尊跟下层人说话，那老百姓就受宠若惊了。如果一个平常人像他那样做，“士”们并不觉得特别，而信陵君作为一个有权有势的大官却能如此，从而使得食客们感激不尽，以死效力。也正是因为这样，才使他在尔虞我诈的官场中立于不败之地。

魏国有个七十多岁的隐士，叫侯嬴，因家贫，做着大梁（魏国都城）夷门的守门小吏。无忌听说他品行正派，又多奇计，同街的人非常尊敬他，于是驾车往拜，并馈赠了一份厚礼，但侯嬴不肯接受。于是魏无忌设筵席大会宾客，等人来齐后，魏无忌带着车马和随从，空出车子左边的上座，亲自到夷门去接侯嬴。侯嬴为考验一下魏无忌，途中提出要去宰屠牲畜的市场上看望朋友朱亥，无忌即命绕道入市，到了朱亥家门，侯嬴进去闲聊不止，无忌在外恭候，及至侯嬴登车赴会，已耽误了好半天。此时，魏国的将军、丞相、宗室以及宾客们都已坐满堂，等魏无忌回来开宴，魏无忌的随从都在暗骂侯嬴，而魏无忌仍然是面色和悦，一直等到侯嬴聊完，才载着侯嬴回去赴宴。此后，魏国的市井大众都称赞信陵君是一个礼贤下士之人。

后来，魏无忌居住在赵国期间，听说有两位著名的隐士——毛公和薛公，便打算前往拜见。当时，毛公隐居在赌馆里，薛公隐居在酒肆中，他们得知魏国公子想要来结交自己，于是就故意躲了起来。魏无忌暗访得知二人在薛家，于是假作买浆之人与二人相见。二人被无忌的恭敬、执著所打动，便接待了他，经过融洽的交谈，他们成了朋友。有人见魏无忌与赌徒同游，深以为怪，无忌却回答说：“某常闻赵有毛公、薛公，恨不得与之同游，今日为之执鞭，尚恐其不屑于我。”天下的游士听说此事，都纷纷前来归顺于魏无忌。

由于社会的风气，魏无忌以养食客为荣，有些上等宾客明白魏无忌的意思，于是就在这方面配合十分默契，侯嬴在第一次宴席上接过魏无忌的祝酒，就当着众人之面讲：“臣乃东门抱关吏也。公子枉驾下辱，久立市中，毫无怠色，又尊臣于诸贵之上，于臣似为过分，然所以为此，欲成公子下士之名耳。”

魏无忌在与人交往的时候，总是抱着一种义气感，正是由于这种重义行为使他深得人心。魏王爱妾如姬的父亲早年为人所杀，如姬言于魏王，欲报父仇，但三年未抓到仇人，魏无忌知道这个事情，就派宾客斩仇人之头，献于如姬，如姬十分感激，愿意用自己的性命报答信陵君。此外，魏无忌甚至还把这种待人的重义延伸到动物身上。有一次,有一鸠被鹞所追逐,飞于桌下,无忌藏起鸠,等鹞飞去后将鸠放掉,谁知鹞隐藏于屋脊,等鸠飞出后追上吃掉。魏无忌伤感自责说:“此鸠避患而投我,乃竟为鹞所杀,是我负此鸠也!”更让人想不到的是,魏无忌那一天竟然没有吃饭,令人四处捕鹞,共抓获百余只,他又表示说:“杀鸠者止一鹞,吾何可累及他禽!”最后想法将那只吃鸠的鹞杀掉,把其余的鹞全部放走。当人们听说此事后,感叹说:“魏公子不忍负一鸠,忍负人乎?”这些事情使他贤名远扬,众望所归。

当然,魏无忌广招门客,并不只是为了成好贤名,结合后来的事实看,他之所以养客是有深远的政治意图!据《史记·魏公子列传》记载,有一次,魏无忌跟魏王正在下棋,边境传来警报,说:“赵国发兵进犯,将进入边境。”魏王立即放下棋子,就要召集大臣们商议对策。魏无忌劝阻魏王说,这只是赵王在打猎,并不是进犯边境,又接着跟魏王下棋,好像什么事也没发生一样。可是魏王惊恐,心思根本没有放在下棋上。过了一会儿,又从北边传来消息说:“是赵王打猎罢了,不是进犯边境。”魏王非常吃惊,问无忌说:“公子为什么知道事情的真相呢?”公子回答说:“我的食客中有个人能深入底里探到赵王的秘密,赵王有什么行动,他都会立即报告我。”没想到这句话竟然改变了魏王对无忌的看法,从此竟不敢将国事交予他处理了。虽然如此,但更突出了魏无忌门客之广大。

魏无忌养的数千食客,形成了一股政治势力,这一政治势力有四个特点:一是它在相当大的程度上是一个经济上寄生的政治集团,其成员许多都不从事物质生产,而且与物质生产阶层无半点关系,只靠某一贵族的供养而生存。二是它以供养者为核心,并且还以供养者政治目的为目的,他们所做的一切都是为供养者服务;它在政治意识上倾向于某一个国家,但对这个国家保持很大的行为独立性,有时游离于数国之间,这都完全以其核心人物的政治态度而定。三是它不具有固定严密的组织,靠经济上的供养关系来维持,并靠义气来凝聚人心,供养人的经济状况和社会声誉的高低决定着它的规模。四是它的势力渗透到了各个社会阶层,上至公子王妾,下至赌徒卖浆之流,甚至鸡鸣狗盗之辈,也包括着书立说的文人学士,在社会上形成了较大的影响力。可见,如果剔除其中的经济供养关系,后世的会党组织就和它十分相似。这种政治势力是供养者影响国家政治的工具,也是他挟之自重的资本。

可以说,信陵君后来的成功,就在于他的数千食客所形成的政治力量,为他的政治事业做了稳固的铺垫。

侯嬴献计，窃符救赵

上文我们说到魏无忌广纳贤士、养客数千，但这些门客在魏无忌的政治生涯中起到什么样的作用呢？以下让我们来看看。

《史记·魏公子列传》记载：魏安厘王二十年，秦昭王已破赵长平军，又进兵围邯郸。

……

至邺，矫魏王令代晋鄙。晋鄙合符，疑之，举手视公子曰："今吾拥十万之众，屯于境上，国之重任，今单车来代之，何如哉？"欲无听。朱亥袖四十斤铁锥，椎杀晋鄙，公子遂将晋鄙军。勒兵下令军中曰："父子俱在军中，父归；兄弟俱在军中，兄归；独子无兄弟，归养。"得选兵八万人，进兵击秦军。秦军解去，遂救邯郸，存赵。

"窃符救赵"是一个大家耳熟能详的故事，从故事中我们可以看出，魏无忌知人善任、虚心谦恭的态度，同时还能体现出门客在这场战争中起到的重要作用和魏无忌的爱国精神。

窃符救赵

公元前258年，秦军攻到赵国邯郸城下，赵国危在旦夕。赵国丞相平原君的妻子是魏无忌的姐姐，平原君赵胜多次向魏安厘王和魏无忌送信，请求魏国救援，魏安厘王派晋鄙率十万兵马救赵，军至河南汤阴，秦昭襄王听到魏国和楚国发兵去救赵国，就派人去对魏安厘王说："邯郸早晚得给秦国打下来。谁要去救，我就先打谁！"魏安厘王听了十分恐惧，命令按兵不动。

魏安厘王处于两难选择之中：进兵吧，怕得罪秦国；不进兵吧，又怕得罪赵国。他只好不进不退地耗着。平原君也派人上邺城请魏国大将晋鄙进兵。晋鄙回答，不敢自作主张。平原君又给信陵君魏无忌写信，说："请公子看在你姐姐的分上，火速发兵来救邯郸十几万人的生命财产！"魏无忌立即持信恳请安厘王出兵，魏安厘王仍不同意。信陵君魏无忌对门客们说："大王不愿意进兵，我自己上赵国去，要死就跟他们死在一起。"他预备了车马，决计去跟秦军拼命。有一千多个门客也愿意跟着他一块儿去。

魏无忌带着车队路过夷门时去跟他的朋友、守门人侯嬴辞别。侯嬴冷淡地说："公子保重。我老了，不能跟您一块儿去。"魏无忌向他告别后就走了。走不多远，魏无忌越想越觉得不对劲儿，侯嬴连一句体贴的话都没有，忍不住再回去问问。

侯嬴见信陵君回来了，就说："我料定公子准得回来！"

魏无忌说："我想我一定有得罪先生的地方，特地回来请先生指教。"

侯嬴说："公子收养了几十年的门客，你这么上秦国的兵营里去，正像绵羊去跟狼拼命，不是白白去送死吗？"

侯嬴接着说："我听说魏王的宠妃如姬的卧室放有调动部队的兵符，听说公子你曾为她报杀父之仇。向她求助，她必定会冒死相助窃出兵符的。公子只要请她把兵符偷出来，拿了兵符去夺取晋鄙的军队，才能跟秦国打仗。"魏无忌听从了侯嬴的计策，前去请求如姬帮忙，如姬果然盗出兵符交给了魏无忌。魏无忌拿到了兵符后上东门跟侯嬴辞别。侯嬴说："我的朋友朱亥，是天下数一数二的大勇士。要是晋鄙不把兵权交出来，公子就叫朱亥杀了他。"

虎符

魏无忌到邺后，拿出兵符假传魏安厘王的命令代替晋鄙担任将领。晋鄙合了兵符，验证无误，但还是表示怀疑，不想交出兵权。这下激怒了魏无忌带去的屠狗力士朱亥,他吼道:“兵符已合,救兵如救火,不得消磨时间!”言罢从袖中取出四十斤重的铁锤将晋鄙打死。魏无忌拿着兵符给将士们下令:“父亲和儿子都在军队里的,父亲可以回去;哥哥和弟弟都在军队里的,哥哥可以回去;独子可以回去养活老人;有病的或者身子弱的,也可以回去。其余的人都跟我去救赵国。”

魏无忌统领晋鄙的军队后,精选士兵八万开赴前线,指挥这八万将士向秦国的兵营冲杀。秦将士没想到魏国的军队突然会来攻打,手忙脚乱地抵抗了一阵。平原君也开了城门,带着赵国的军队杀了出来。两边夹攻,一举击溃秦国,解除了邯郸之围。

这段故事被郭沫若写成五幕历史剧《虎符》,而且还加进了许多感情戏,如把信陵君与如姬描写成恋人关系等,流传比较广。虎符是古代调发军队的凭证,因为铜铸成虎形,所以叫虎符。背有铭文,剖为两半,一半留在朝廷,另一半授予统兵将帅。调兵时,只有见到朝廷手里的那一半,且与自己手里的这一半合上,将帅才能相信调兵的命令是真的。

魏无忌在救赵前,先进行了一场争夺军权的斗争,他利用虎符制的漏洞窃符将兵,紧急关头击杀了晋鄙,造成握有兵权的既成事实,等魏王知道时已经没有办法了。将兵之后,他根据兵求精而不求众的考虑,裁减了部分兵卒,他把裁减与对士兵的恩遇结合起来,并申之以军令,做到恩威相济。战斗中,他把自己的私属宾客置于士卒之先,极大地鼓舞和振奋了士气。无忌的这次军事行动是攻其不备,因而轻易地击垮了秦军。

明人李贽对东门城守侯嬴策划的这次窃符救赵一事大加称赞,曾写《咏史》一诗云:

夷门画策劫秦兵,公子夺符出魏城。

上客功成心遂死,千秋万岁有侯嬴。

在“窃符救赵”这一事件中,有人评价魏无忌此举够义气,因此赞道:“救赵挥金槌,邯郸先震惊。”阐释了轻生死、重仁义的侠士精神。但谁又能够体会魏无忌因此而客居赵国十年,有家不能回的滋味?

如果说魏无忌的所为证明其是一个不折不扣的小人,那么他为什么要救赵国呢?可以肯定那是因为他姐姐在赵国。如果没有这个因素,信陵君还会不会舍命去救?这是为公还是为私?救赵有功于赵,而于魏怎么办,自己岂不是叛臣吗?尽管事实证明魏国可以救赵成功,但一旦救不成呢?自己岂不成了千古罪人吗?难道魏无忌没有想过这些问题吗?其实并不然,以魏无忌的聪明才智不会不考虑到这些问题,甚至会“茶不思,饭不想”的思考这些问题。最后,他之所以选择了“出兵救赵”这一条路,不仅是为了自己私人的关系,也是为了国家社稷着想。他具有一种强烈爱国的精神,他深深地明白这个秦国势力强大的国家,如果这次不去救赵国,等到秦国灭掉了赵国,攻打的对象必然是魏国,那时魏国必将会陷入危机,一发不可收拾!

魏无忌这也是为了国家百姓的安稳着想!然而就是因为如此让他成了一个“违抗圣命,不逆不道”的罪臣了。

重返魏国,合纵攻秦

《史记·魏公子列传》记载:公子留赵十年不归。秦闻公子在赵,日夜出兵东伐魏。魏王患之,使使往请公子。公子恐其怒之,乃诫门下:“有敢为魏王使通者,死。”宾客皆背魏之赵,莫敢劝公子归。毛公、薛公两人往见公子曰:“公子所以重于赵,名闻诸侯者,徒以有魏也。今秦攻魏,魏急而公子不恤,使秦破大梁而夷先王之宗庙,公子当何面目立天下乎?”语未及卒,公子立变色,告车趣驾归救魏。

魏王见公子,相与泣,而以上将军印授公子,公子遂将。魏安厘王三十年,公子使使遍告诸侯。诸侯闻公子将,各遣将将兵救魏。公子率五国之兵破秦军于河外,走蒙骜。遂乘胜逐秦军至函谷关,抑秦兵,秦兵不敢出。当是时,公子威震天下,诸侯之客进兵法,公子皆名之,故世俗称魏公子兵法。

信陵君魏无忌窃符救赵、解邯郸之围后,知道自己盗取魏安厘王的兵符,假传君令击杀晋鄙,魏安厘王一定会非常恼怒,所以魏无忌让将领们带着魏军返回了魏国,而魏无忌和他的门客留居赵国。赵孝成王感激魏无忌窃符救赵的义举,把汤沐邑封赏给魏无忌,魏安厘王也原谅了魏无忌的罪过,仍然让魏无忌享有信陵,而魏无忌在赵国一待就是十年。

魏无忌在赵国广交隐士,连隐于赌徒的毛公,和隐于酒馆里的薛公等地位卑微的有才之人都会与他们交游,以求取贤士人才。所以天下的许多士人,包括平原君的门客都有很多转归于魏无忌的门下。

公元前 247 年,恢复了元气的秦国开始接二连三地派兵攻打魏国。魏安厘王为此焦虑不安,就派使者去请魏无忌回国。可是,魏无忌始终认为魏王不会宽恕自己,所以他得知魏国使者到来的消息后,他便告诫门客们说:“你们之中,如果有谁敢替魏国的使者通报,立即处死。”魏无忌的宾客绝大多数都是跟随他背弃了魏国而来到赵国的，所以，他们当中没有人劝魏无忌回国。事情就这样一天天地僵持着。后来，毛公和薛公求见无忌，说："公子之所以受到赵国的重视，声名远扬天下，只是因为有魏国。如今秦国进攻魏国，魏国危在旦夕，而您却不给予同情、帮助，假使秦军攻破大梁，毁坏了先王的宗庙，公子还有什么面目立于世间呢？"两个人的话音落，魏无忌好像变了一个人似的，立即吩咐家臣备车，连夜启程回到魏国。魏无忌和魏安厘王兄弟两人十年未见，重逢时不禁相对落泪。魏安厘王任命魏无忌为上将军，并让他做魏国最高统帅的将军。

魏无忌派使者向各诸侯国求援，各国得知魏无忌担任了上将军，都纷纷派兵救魏。于是魏无忌率领五国军队（《史记正义》谓为燕、赵、韩、楚、魏等五国军队。）在河外大败秦军，使秦国将领蒙骜战败而逃。联军乘胜攻至函谷关，秦军紧闭关门，不敢再出关。

《魏公子兵法》

在中国历史上这是一场比较经典的战役，魏无忌之所以能获得胜利，就因为秦军轻敌，不知速战速决造成的，这样就给了魏无忌表演军事才能的机会：

第一，在战役的总体布置上，他采取对两处敌人分而制之、各个击破的方针。根据敌人战线长、联络疏松的特点，先以重点兵力与华州之敌决战，华州之敌兵力稍少，其地又是郑州之敌的后方通道，先打华州，既是先打敌之薄弱，又是直捣敌之要害；这样不仅使强敌处于孤立状态，还调动了强敌，这一战略安排真是技高一筹啊！

第二，他采取以虚击实的策略，虚设帅旗，以小部分兵力引蛇出洞，稳住强敌，而以主要兵力与弱敌首先决战，在实际交战上是以众临寡，以优势对付劣势之敌，增大了初战胜利的可能性。秦将蒙骜不愧为用兵高手，他采取了以虚应敌的策略，然而在战略全局上却始终处于被动的状态，与魏无忌的策略差远了。

第三，魏无忌在与王龁之敌决战时，先劫粮草，攻其所必救，在战术上继续调动敌人，以求在敌之运动中截击围歼。这一战术方针也进一步分散了敌人兵力，扩大了敌我力量差距，这样魏无忌胜利的可能性就更大了。此外，在围歼王龁之战时，他将劫粮行动公开化，而将伏兵截击行动秘密化，将明与暗相配合，加强了战术策略的有效性。同时，在截击王龁救兵时，他稳住三万生力军，先以一定兵力与敌厮杀较量，待敌军困乏时，再将三万精兵投入战斗，给敌人猝然以重创，以夺取战术上的速胜。这些策略都是一般人不能想到的高明战术。

第四，自从在华阴界与蒙骜军队相遇后，魏无忌就开始迅速地猛攻，不给敌人任何喘气的机会。他深知自己方面准备不足，但他更知道敌军毫无准备，敌人慌张而来、战况不明、军心无定，而自己一方全局战况较清，士气旺盛，对比之下，比敌人占有更大的优势，根据这些情况，他对敌人立即发动进攻，一举击败了敌军。后来蒙骜受到魏楚两军的后方夹攻，虽然这具有一定偶然性，但主要原因还在于魏无忌总体上采取了正确策略。

这次合纵攻秦的胜利，使魏无忌的声威大震，各国的宾客纷纷向他进献兵法，魏无忌一一为之题名，世人将把这些兵法总称为《魏公子兵法》。

快到战国末期的时候，秦国的兼并统一几成破竹之势，在这种军事背景下，魏无忌两次用兵、两败秦军，扼制了秦国的兼并之势，对当时列国的政治形势产生了一定的影响。他之所以能在极险恶的军事形势下夺取战役的胜利，一是他富有勇气，不为强秦的咄咄气势所吓倒，他毫不畏惧，一再率军抗秦，战斗中身先士卒，表现了他军事上的大勇。二是他富有谋略，他指挥五国联军的败秦之战，是他军事谋略和指挥才能的生动表演。

在这场战争中魏无忌是胜利者，无论世人说魏无忌的胜利是一种偶尔性也好，是一种精心策划也好，都不能否认魏无忌是一个不平凡的军事家！

遭人诽谤，郁郁而终

魏无忌用出色的军事才能打败秦军，其才华如流星一般耀眼，然而最终却落个壮志难酬的下场。

《史记·魏公子列传》记载：秦王患之，乃行金万斤于魏，求晋鄙客，令毁公子于魏王曰："公子亡在外十年矣，今为魏将，诸侯将皆属，诸侯徒闻魏公子，不闻魏王。公子亦欲因此时定南面而王，诸侯畏公子之威，方欲共立之。"

公子自知再以毁废，乃谢病不朝，与宾客为长夜饮，饮醇酒，多近妇女。日夜为乐饮者四岁，竟病酒而卒。

在魏无忌打败秦军后，当时的情势很明显，只要有信陵君在，秦国统一中国的美梦就会落空。而此时的秦国却想出了一条"反间计"，秘密派人带着一万斤黄金来到了魏国，先寻找到了晋鄙的门客，贿赂了他们。在旧怨和金钱的双重驱使下，这些人在魏王面前毁谤无忌说："公子在国外流亡了十年，可一回来就担任了魏国的上将军，各国的将领都隶属于他。因而各国只听说魏国有公子无忌，却不知道大王您的存在。我等听说，公子想趁这个时候篡位而称王呢，由于别国都惧于他的声威，打算拥立他。因而，大王不如趁早除去无忌，以免后患。"同时，秦军找人假意祝贺魏无忌，问他是否已经做了魏王。这些谣言让魏安厘王心里不停地想：此时公子为魏国立下了大功，正所谓"戴震主之威，挟不赏之功"，公子已经是一人之下，万人之上，魏王我也没有什么可以拿出来赏赐给他的了，他贤名早已播于四海，此时又手握兵权在外，而他的那三千食客，要是里应外合，魏王的位置就要不保了，公子的杀伐决断也在前面杀晋鄙时表现了出来，既然敢杀我的大将，又何尝不敢杀我？于是派人代替魏无忌任上将军。

信陵君虽然无愧于心，但他深知魏王疑心日益剧增，于是就托病不再入宫，将印信兵符等都交还魏王，终日和宾客沉溺于酒色之中，因此，史书记载他“饮醇酒，多近妇女，日夜为乐”。如此四年，终于因饮酒过多，于公元前 243 年患病而死。秦国发现自己的克星没了，就派蒙骜率兵肆无忌惮地攻魏，没过多久便占领二十座城，十八年后俘虏魏王而灭魏。魏无忌空有盖世威名，终究难免身死国灭，令人尊敬的诸葛亮为蜀国鞠躬尽瘁，死而后已，然公子却想要“鞠躬尽瘁”亦不可得，悲哉痛哉。

数十年过去了，秦朝已灭，汉高祖刘邦即位后每过大梁都会悼念公子，后来还为公子设祠，令百姓时时祭祀。百年后，司马迁在《史记・魏世家》的末尾评论道：后人都说魏国因为不用信陵君而日益削弱以至灭亡，然而天令秦国统治四海，就算魏国得到贤臣的辅佐，又有何用呢？

其实，他之所以落得那样一个结果，主要源于他人生的两大错误决策：

第一，将自己的姐姐嫁给平原君。当初，魏无忌之所以这样做，有两层意思：第一层，大家都是好客喜士之人，英雄惜英雄，而且也只有平原君这样的豪杰才配得上魏无忌之姊，但是后来的事实表明平原君是个庸俗之人，他的好客只是停留在表面上。“公子欲见两人，两人自匿不肯见公子。公子闻所在，乃间步往从此两人游，甚欢。平原君闻之，谓其夫人曰：‘始吾闻夫人弟公子天下无双，今吾闻之，乃妄从博徒卖浆者游，公子妄人耳。’”第二层，是为了与赵国结盟，战国时期战火连天，魏无忌将自己的姐姐嫁给平原君，于是就与赵国成了亲家。这个婚姻联盟看似不错，其实也有弊端，因为他太小看魏王了。魏赵两个国家的联盟本来是两国国君的事情，你现在与平原君套近乎，把我晾在一旁，这不是小看我魏王吗？倘若当时平原君娶了魏王的同母姐妹，或者平原君将自己的姐妹嫁给魏王，那么魏王还会袖手旁观吗？可见，魏无忌这种婚姻结盟是十分不明智的，正是由于这种不明智才导致魏无忌不得不为一个庸俗的平原君出兵救赵，背井离乡。

第二，偷窃虎符，矫杀晋鄙。《史记・魏公子列传》记载，“魏王怒公子之盗其兵符，矫杀晋鄙。”可见，魏安厘王对魏无忌盗其兵符，矫杀晋鄙的事件是何等的愤怒。虽然魏无忌最终偷到了魏安厘王的虎符，但领兵将领却不相信，结果信陵君的门客就把领兵的将领给杀了。虽是门客所为，但魏无忌难逃纵凶杀人的罪名，这就注定魏无忌不会有好结局。

在这两个事件中，魏安厘王应该最恨“盗其兵符”了，你想，魏无忌得到兵符是通过魏安厘王的爱妾如姬，俗话说“一日夫妻百日恩”，魏安厘王最亲近、最爱的人就是如姬了，如今她却为了别的男人背叛自己，身为一国之王，一个男子汉的颜面尽失啊！那么他是如何处置如姬的呢？《史记》中没有记载，但可以肯定如姬日后不会有好日子过，不知漂亮脸蛋能不能救自己一命，反正魏无忌是指望不上了。最后，也难怪魏安厘王会猜忌魏无忌，不给他留后路。

对于魏无忌救赵败秦、避国十年和归魏后的处境，清人王士祯曾在《谒信陵君祠》一诗中，作了这样的描述：

趣救邯郸却暴秦，十年留赵事酸辛。

大梁归后匆匆甚，日饮亡何近妇人。

再说，魏无忌广招天下贤才、养客数千，这使魏无忌在政治上培植了一股强大的势力。不仅以自己军事才能两次击败秦，而且还挽救过两个国家，他势大震主、功高盖主，因此就对魏安厘王造成了极大的威胁。在专制社会中，皇上就是国家，为国的行为本来是直接为君主的行为，但大臣势大功高，却又容易造成国家向心力的偏转，因此就对君主形成了直接的威胁。为国的行为超过一定限度立即和为君的行为严重对立了起来，这是君主专制制度本身无法克服的一个矛盾，魏国既然不能改变专制制度本身，那就必然要在这个制度内部防范和消除威胁权力核心的不稳定因素，他对魏无忌的疑忌、限制和打击就成了必然的行为。而魏无忌生活在这种专制统治社会中，并且还具有非凡的才能，那么他的一生要面临两种选择：第一，限制自己的势力、放弃自己的政治建树，随俗合流，不要使自己的才能盖过君主；第二，敢冒君主的疑忌而在政治上大显身手。魏无忌一生的前期既然选择了后者，那他在一生的后期、势大功高时只有两条路可走：第一，轻易地将君主取而代之；第二是急流勇退，泯灭自我。魏无忌是那个时代的人物，他不可能超脱时代意识去行事，自然地选择了后者。他接近酒色，以示政治上的无欲，借此消除君主对他的猜忌，他退出政治舞台、淆乱自己的社会角色，以此换取君主的信任。他在酒色这条小路上，不仅伤害了自己健康，得疾而亡，而且彻底结束了自己的政治生涯。

唐人周昙认为魏无忌的命运，不仅仅是个人的命运，而且还代表着魏国的命运。因此，他在《公子无忌》曰：

赵解重围魏再昌，信陵贤德日馨芳。

昏蒙愚主听谗说，公子云亡国亦亡。

自古英雄多壮志未酬，成千古悲剧。信陵君是个悲剧人物，他屡为魏国立下奇功，有极高的军事才能，但并未得到发挥，最终因功高盖主而遭猜忌，郁郁而终。可悲可叹！

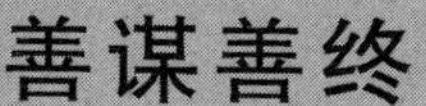

善谋善终

◎王　翦

历史上不知道多少名将浑浑噩噩栽在了君王的疑心上，都不知道自己怎么死的呢！然而也有那么几个名将，不仅帮助君主成就了万世伟业，更难得的是保全自己，为自己的人生画上了一个完美的名号。秦国大将王翦就是这样的人，王翦虽是在晚年的时候才开始活跃的，但这丝毫没影响到他的功绩。这与他的老谋深算有着密切的关系。

出身将门，屡立战功

在中国历史上，王翦这个人不仅没有李广、项羽的传奇浪漫，也没有白起、李牧的战功赫赫，更谈不上袁崇焕、文天祥的忠贞为国。但在他身上却体现着中国人的性格号脉——老俏圆熟。与其他将军相比，王翦身上缺乏一种振奋人心的人格魅力和精神气魄，但却具备了对中国政治环境的理性认识。对于云波诡谲的政治气候他总能巧妙地把握，他一生中从来不做没有把握的事，也从来不奢望为了炫耀自己而做出格的事儿，他总是小心翼翼的行事，严肃认真的审视。当他想要做一件事时，除非万无一失才会有所行动，这样的政治头脑是其他人所望尘莫及的。这也是他之所以能够在秦始皇的手下做了几十年的将军始终能够屹立不倒、圣眷颇隆的原因。

王翦这种性格是不幸的，因为会有许多人讨厌这个满脸城府，乖巧灵活的老头。但是处在当时的历史环境中，这同样是一种幸运。司马迁说："秦始皇二十六年，尽并天下，王氏、蒙氏功为多，名施于后世。"正是这种性格，使王翦在当时环境中屡立战功，名扬天下。这样一个充满神秘色彩的人物，到底是一个什么样的人呢？以下让我们从其平生所历事件中一一来看。

王翦是秦朝杰出的军事家，与其子王贲在辅助秦始皇统一六国的战争中立有大功，除韩之外，其余五国均为王翦父子所灭。王翦是战国时期频阳东乡人(今陕西铜川)，那时诸侯争雄。为了争夺土地和人民，各国钩心斗角，战乱不断，烧杀抢掠，战士白骨曝野，百姓生灵涂炭。在王翦很小的时候，他看着满目疮痍、哀鸿遍野的大地，惨遭荼毒、流离失所的百姓，心里十分难过。他决心练习好武艺，熟读兵书，将来报效国家，平定天下，因此少年时期的王翦十分喜爱兵法。在《史记·白起王翦列传》曾记载，王翦者，频阳东乡人也。少而好兵，事秦始皇。在他刚满十八岁时，就报名应征，驰骋疆场，后来一直事奉秦始皇征战。由于王翦作战勇敢，智勇双全，屡建奇功。秦始皇很快擢升他为大将，统率几十万大军。公元前 235 年，秦王嬴政任用王翦为大将领兵攻赵国，大败赵军，攻陷九座城池。始皇十八年（公元前 229 年），王翦再次领兵攻打赵国，赵国名将李牧领兵迎战，双方相持不下。王翦于是一面提议言和，又一面收买赵王的宠臣郭开，施行离间之计，散布流言说李牧要降秦，使赵王撤换了李牧。三个月后，王翦发兵猛攻赵军营垒，赵军大败，赵国都城被秦军攻占，赵王当了俘虏，赵国的疆域变为秦国的邯郸郡。第二年，燕国派荆轲到秦国谋杀秦王，秦王派王翦攻打燕国。燕王喜逃往辽东，王翦终于平定了燕国都城蓟胜利而回。秦王派王翦儿子王贲攻击楚国，楚兵战败。掉过头来再进击魏国，魏王投降，最后平定了魏国各地。王翦从此威名大震，诸侯各国莫不胆寒。

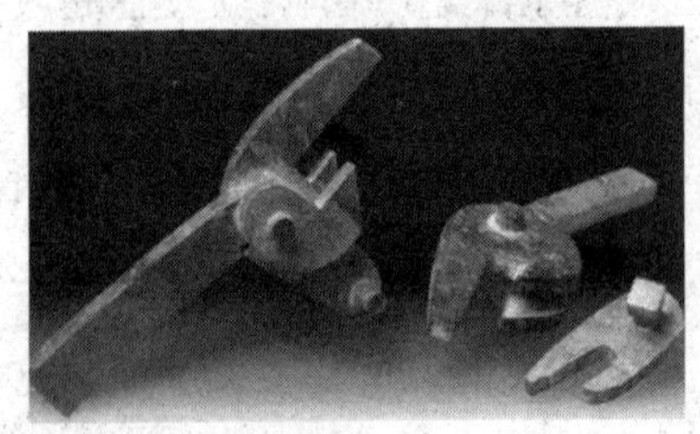

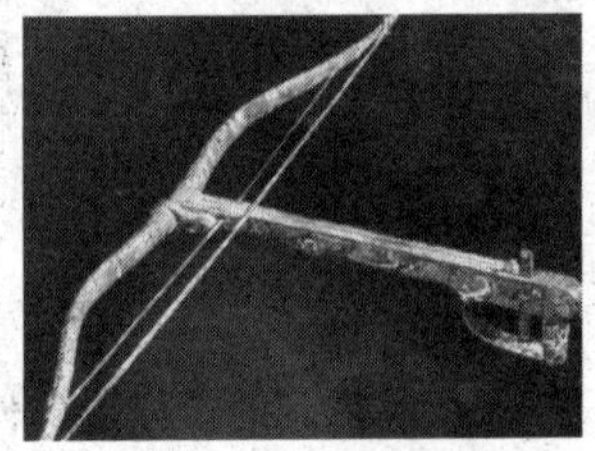

秦朝兵器

秦国横扫六国，势如破竹，灭三晋，数破楚军，燕王逃亡。秦始皇欲灭楚，倾心于年少壮勇的秦将李信，认为他贤能果敢。李信曾领兵数千，追击燕太子丹至衍水，终破燕军虏获太子丹。一天，秦始皇问李信：“我打算攻取楚国，由将军估计调用多少人才够？”李信回答说：“最多不过二十万人。”秦始皇又问王翦，王翦道：“非六十万不可。”始皇说：“王将军老矣，何怯也！李将军果势壮勇，其言是也。”（《史记·王翦白起列传》）秦王认为王翦年老胆怯，未听取他的意见，派李信和蒙恬将兵二十万向南伐楚。王翦的话不被采用，就推托有病，回到频阳家乡养老。这时的秦军在李信的率领下攻平与（今河南平与北），蒙恬攻寝丘（今河南临泉），大破楚军。李信又乘胜攻鄢、郢，均破之。于是引兵向西与蒙恬军会师城父（今河南平顶山市北）。其实，楚军正在跟踪追击他们，连着三天三夜不停息，结果大败李信部队，攻入两个军营，杀死七个都尉，秦军大败而逃。

秦始皇听到这个消息，大为震怒，明白王翦的确是一个很有远见的人，于是亲自到频阳向王翦谢罪,说:“我没有听从将军的话,李信终使秦军受辱,如今楚军逐日西进,将军虽有病在身,怎能忍心背弃寡人?”王翦辞谢说:“老臣疲弱多病,狂暴悖乱,希望大王另择良将。”秦始皇再次表示歉意说:“好啦,将军不要再说什么了!”王翦说:“大王一定不得已而用我,非六十万人不可。”秦始皇满口答应说:“就只听将军的谋划了。”于是王翦率领着六十万大军出发了。

秦始皇

楚军听说王翦集六十万大军前来,也尽发国中兵力以抗秦。王翦抵达战场,构筑坚固的营垒采取守势,不肯出兵交战,楚军屡次挑战,秦军始终不出。王翦每日要求士兵休息洗沐,安排美好饭食安抚他们,同时与士卒同饭同食,意在养精蓄锐,消耗敌军,以待最后殊死一战。过一段时间,王翦派人询问士兵中玩什么游戏?回来报告说,正在比赛玩投石头,看谁投的远。于是王翦说,士兵可以派用了。楚军数次挑战而秦军不出,楚军引兵向东,王翦趁此遣兵击,大破楚军。秦军追至蕲南(今安徽宿县东),全歼楚军,逼得楚将项燕自杀。公元前223年,王翦率兵攻入楚国都城寿春(今安徽寿县),俘楚王。接着,秦军在王翦指挥下,马不停蹄地渡过长江,占领了吴越之地。第二年,王翦便平定了楚国的属地,统一了长江流域。秦在楚地设南郡、九江郡和会稽郡。

王翦胜师回到咸阳后,秦王为他举行庆功宴会,会上王翦便向秦王要求告老还乡。此后,他便回到家乡,过着农耕生活,终老于家。

毫无疑问,这是中国战争史上的一次经典战役,它向我们阐述了战争能够取胜的真谛,那就是以逸待劳,再厉害的军队都会有身体疲惫战斗力不足时,以自己最好的状态去和对手的最差状态打,其结果是可想而知的。

此外,从以上故事中可证明王翦是一位深谋远虑之人。大家都熟知秦始皇是一位雄才大略,好大喜功的皇帝。好大喜功的人往往目光远大,野心勃勃,积极进取。不过,有时他们做出的计划往往缺乏周密、稳健性。

在灭燕的过程中,秦国年轻的将领李信大大地刺激了秦始皇的虚荣心。在征讨楚国之前秦始皇在心中虽然已决定让李信灭楚,但为了显示君主体念老臣之心,于是就装模作样地先咨询了一下老将军，王翦那时已是年过六旬，白发苍苍，他对于秦始皇喜新厌旧的心理早就有所洞察。但由于问到了自己，却又不能不说，于是据实回答说六十万军队才能消灭楚国。秦始皇又问李信，李信年少气盛，放言二十万便可以彻底击败楚国。秦始皇大为高兴夸李信有男儿胆色。这时，王翦本可以继续向秦皇进言，说二十万大军肯定会全军覆没。但是他却没有这么做，因为他深知秦始皇这时正处于一种盲目自大、顾盼自雄的非理性状态中，如果此时进言，不但不会收到预期的效果，还会因为给秦始皇的兴头上浇冷水而触怒这位不可一世的帝王，于是他选择了告老还乡。

或许有些人认为王翦这种退让是一种保全自己的圆滑，其实，这一决定更体现出了他的明智和清醒。王翦告老还乡后并不是悠游林下享清福，他一直都在思考研究打败楚国的方略，楚国是大国，广有沃野五千里，地大物博，兵多将广。要想打败楚国不能追求速战，必须有打持久战的准备。最终，也证明出王翦这种举动是明智的，以六十万大军轻而易举地灭了楚军。所以王翦的那种聪明不是一种圆滑，而是一种理性，一种综观全局的眼光。

从以上分析中，我们可以从中得出秦军战胜的原因，主要有三：

第一，战国后期，楚国虽非昔日可比，但俗话说：瘦死的骆驼比马大，楚国的实力仍非燕、韩等国所能比，要想一举将其灭掉也绝不是一件容易的事。这是王翦所以非要六十万兵马不可的原因所在。最终证明，王翦的估计是合乎实际的。

第二，虽然王翦得到了六十万人的兵力，但丝毫没有麻痹轻敌。恰恰相反，他依然老成持重，谨慎从事，决不贸然出战。因为他心里十分清楚，他所面对的是一个大国的倾国之兵。这充分表现了一个久经沙场、深谙兵机、胸有成算的老将军的谋略。

第三，秦始皇在这场战争中虽然不起眼，但是也扮演了很重要的角色，那就是用人不疑，历史上很多国家就是因为君臣之间的矛盾，而导致内乱，大量人才外流，所以不可低估秦始皇在其中扮演的角色！

大智若愚，得以善终

王翦是我国战国末年最为杰出的一位将领，因为得到秦王嬴政(即秦始皇)的重用，他驰骋疆场，带着秦的虎狼之师先后率军攻打赵国、燕国和心腹之患的楚国，立下赫赫战功，后封武城侯。在秦灭六国时，王翦功不可没。

在君主集权的时代，君臣关系是非常险恶的，稍不留意，就会大祸临头。为了解除君主的怀疑和猜忌，大臣们无不战战兢兢，如履薄冰。王翦却能善终，这是为什么呢？

《史记·白起王翦列传》记载：王翦将六十万人伐楚。王送至霸上，王翦请美田宅甚众。王曰："将军行矣，何忧贫乎！"王翦曰："为大王将，有功终不得封侯，故及大王之乡臣，臣亦及时以请园池为子孙业耳。"始皇大笑。王翦既至关，使使还请善田者五辈。或曰："将军之乞贷，亦已甚矣。"王翦曰："不然。夫秦王怚。而不信人。今空秦国甲士而专委于我，我不多请田宅为子孙业以自坚，顾令秦王坐而疑我邪？"

千古一帝秦始皇是一个猜忌心很重的人，又深信法家的学说，认为君臣之间是利害关系，是丝毫没有仁义可言的。当初，他虽然把六十万秦军交在了王翦手里，这六十万秦军几乎是秦国倾国之师，如果万一王翦有个非分之举，那将是不可收拾的！于是他为了笼络王翦，遂将宗室华阳公主许配给王翦，与之结为姻亲。当王翦从频阳前往咸阳赴任的路上，就遇到了一支花团锦簇的秦国禁军，簇拥着一顶富丽华贵的彩轿，鼓乐喧天，喜气洋溢。朝廷礼官当即向王翦宣读秦王的诏令，华阳公主与王将军在相遇处成婚，于是一场别具风韵的婚礼在路途中举行。消息纷纷传开，普天之下无不为王翦深受秦王器重、赏识而羡慕。

但机智的王翦并没有为这突如其来的恩典所陶醉，相反这更引起了他的警觉。他意识到秦王此番举动乃是对他即将统帅六十万秦军不放心而施出的笼络之计，秦王的猜忌之心暴露无遗。他想：我率倾国之师伐楚，君主对我疑忌重重，万一有人从中挑拨，不但我的性命难保，更重要的是不能成就伐楚之功，坏了国家大事。所以必须想个办法解除秦王的猜忌之心，只有这样，才不会打破伐楚成功的计划。

秦朝官印

于是，在王翦率六十万秦军出征之日，秦王送将军至灞上。君臣分别前，王翦向秦王说："臣下有一请求，不知大王能否应允？"秦王爽快地回答道："将军有话但说无妨。"王翦从袖口里抽出一张单子，递给秦王，说："臣别无所求，唯希望大王将所列赐予臣下。"秦王接过来一看，只见单子上写的是咸阳附近上等的田地以及几所精美的房舍，不觉心里暗喜，说："将军灭楚归来，寡人愿与你共分天下，同享富贵，区区田宅，何足道哉！"王翦趁此机会说："为大王部将，虽立战功却终不得封侯，所以趁大王亲近臣下之时，多求良田屋宅园地，为子孙置业。"秦始皇听了哈哈大笑起来。心想，这位老将军未免太小气了。后来，当王翦的军队行至关口后，又五度派使者回朝求良田。在攻楚的过程中，王翦又频频要求秦王多给他赏赐。有人说："将军请求赐予家业，也太过分了吧。"王翦说："这么说不对。秦王粗暴又不信任人，如今倾尽全国兵力，交付给我，我只有以多请田宅作为子孙基业的方法来稳固自家，打消秦王对我的怀疑。"

其实，王翦是秦国一位非常忠贞廉洁的将领，他之所以不担心破敌，反而担心起自己的良田屋宅园地，一而再、再而三的请求赏赐，正是为了安秦王的心。秦王以倾国之师交付给他，必然存有戒备之心，更何况秦王又是一个猜忌心很重的人。所谓木秀于林，风必摧之；盛名之下，诋毁日至。王翦带兵在外，若朝中有人在秦王面前进谗言，他不仅难立灭楚之功，就连身家性命恐怕也难以保全。因此为了解除秦王的疑虑，他采取了大智若愚的策略，始而装病避战，直待秦王亲临府上多次敦请，才答应愿意领兵出战，继而又不厌其烦地向秦王索要田宅，这就给秦王造成这样的假象：这位老将军以年迈之身领兵出战只是为了良田美宅，为子孙后代谋福利，并无任何政治野心。这样，王翦就取得了秦王的充分信任，掌握对军队的绝对领导权，解除后顾之忧，全力以赴，专心灭楚。有些人认为王翦这样做是多

秦朝钱币

此一举，其实这正是老将军过人之处，历史上不知道多少名将浑浑噩噩栽在了君主的疑心上，都不知道自己怎么死的呢。等王翦胜利凯旋，秦王早已将今日流曲、美原方圆百里良田赐给王翦。因为这儿土地平坦，地质肥沃，历称美田，美原也由此得名。姜还是老的辣，后来，王翦"既至关，使使还请善田者五辈"，多次邀功，丝毫不疏忽，滴水不漏地取得了秦王的绝对信任，最后终得善终。

在中国历史上，像王翦这样杰出的武力和优越政治头脑兼具的将令是屈指可数的。或许只有姜子牙可与其一比。其余诸如白起、李牧、韩信、卫青、霍去病等人勇则勇矣，但要比起政治头脑来，与王翦实在相差太远了。不信，从其下场就可以看得出来：王翦是功成名就之下，退隐山林、安享富贵病故而亡的，其余中华历史上的名将又有几人如他这般逍遥呢！白起被赐死、李牧被赵王所杀，韩信被吕后所斩，卫青最后郁闷不得志而死，霍去病过劳而早逝……悲乎，名将多舛，以至于此！

在中国历代名将中，被自己主君杀死的不在少数，或因功高震主，或是猜忌生狠……不过也有那么几位名将，不仅帮助君主成就了万世伟业，更难得的是保全自己，写下完美人生，王翦就是其中具有代表性的一个。他勇猛如虎，却又忠诚如狗，狡猾如狐，却又谄媚如猫。他极善于中伤自己，不断地要良田美宅，显得十分贪财或是好色，让皇帝觉得其人没有野心，可以放心使用，这才能够备受恩宠，直至老死。

王翦不仅有出色的军事才能，政治生涯上也是进退自如的治世能臣，实在是我们后人学习的楷模和典范！

文武并用

◎蒙　恬

蒙恬(？—公元前 210 年)，秦始皇时期的著名将领，祖籍齐国。秦始皇二十六年(公元前 221 年)，蒙恬被封为将军，攻齐，因破齐有功被拜为内史(秦朝京城的最高行政长官)，其弟蒙毅也位至上卿。蒙氏兄弟深得秦始皇的尊崇，蒙恬担任外事，蒙毅常为内谋，当时号称“忠信”。其他诸将都不敢与他们争宠，但也遭到了不少奸臣的妒忌，由此拉开了人生的坎坷之路……

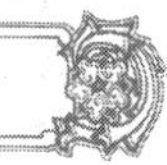

英勇善战，北定匈奴

《史记·蒙恬列传》记载：始皇二十六年，蒙恬因家世得为秦将，攻齐，大破之，拜为内史。秦已并天下，乃使蒙恬将三十万众北逐戎狄，收河南。筑长城，因地形，用制险塞，起临洮，至辽东，延袤万余里。于是渡河，据阳山，逶迤而北。暴师于外十余年，居上郡，是时蒙恬威震匈奴。

战国末年，烽烟四起，秦国以一国之力，横扫中原六国，建成了中国历史上第一个封建帝国。当时，分布在蒙古高原的匈奴，是我国北方的一个古老民族，他们主要从事游牧生产，强悍勇猛，以骑射著称。随着社会的发展，到战国后期，匈奴也出现了奴隶主国家机构，统治首领叫"单于"，匈奴贵族利用骑兵行动迅速的特点，经常侵袭中原，进行抢掠，严重威胁内地人民生命财产。战国末年，赵国与秦交战，匈奴乘机去占领了河套及河套以南地区，成为整个帝国最后的心腹之患。就在此时，秦始皇派出一名大将北击匈奴。我们一提到北击匈奴，就自然而然想到汉朝的卫青、霍去病，但是实际上在他们之前，就有一位将领痛击过匈奴，而且可以说仗打得更漂亮更轻松，他就是秦国的大将蒙恬。蒙恬不顾连年征战的辛劳，毅然接受了"北逐戎狄"，收复河套一带的一命令。

当时，秦始皇面对匈奴的挑衅，选择了蒙恬领兵出征。其中大概有两个原因：一是青年时期的蒙恬曾长年在北方边境守卫，极其熟悉匈奴的战法，这是那些长年征战中原的老将们所不能比的。二是蒙恬是秦军中最富有进攻精神和野战能力的将领，当时秦国的其他将领打的多是中原地区的攻坚战，而对于塞北草原上和匈奴的野战并无经验可谈。

公元前 215 年，秦始皇以蒙恬为帅，统领三十万秦军北击匈奴。在黄河之滨，以步兵为主的秦军与匈奴骑兵展开了一场生死之战。战争的结果让所有军事爱好者吃惊，蒙恬似乎毫不费力就把称霸北方一千多年的匈奴骑兵赶出了河套地区，并且再不敢来犯。司马迁有记载，匈奴人撤退了七百余里，士不敢弯弓而抱怨。就是说蒙恬在那里，匈奴的战士连弯弓射箭的机会都没有，对于这样的游牧战士来讲，无法弯弓打仗多么郁闷。蒙恬没有辜负众望，一战定河套，匈奴被打得魂飞魄散。贾谊曾形容说："胡人不敢南下而牧马"，这正是对河套战役功绩的称赞。以致后来中原再次大乱时，匈奴却不敢深入汉境，不得不说与此战有很大关系。

对于蒙恬收河套的战役，很多人认为蒙恬一定是采取了和汉朝反击匈奴不一样的战法。因为当时的秦朝没有像汉朝那样多的战马，骑兵的数量自然远远少于汉朝。这样就注定了秦国的攻击还是以步骑和战车相结合的战法为主。《史记》是这样记载的："秦以战车开路，箭矢如蝗，步骑大军随后掩杀，匈奴大溃。"由此可知，这是一种以重装战车为主的战法。

秦的重装战车体型高大，上载各式弩箭，发射起来密集如雨。其效果是就像今天的坦克一样，对于单一兵种的匈奴又怎能不大溃？

为了反击匈奴，汉朝和匈奴打了二十年，后来通过倾国之力的漠北会战才解除了匈奴的威胁。而秦国只经此一战，就重创了匈奴。当然，两者也不能同等而论，因为秦时的匈奴控制区域只有汉朝时三分之一大，实力比伊稚斜时代小得多。

从蒙恬个人角度来讲，他出生在将门，从小便受忠君爱国思想的熏陶。再加上其祖父、父亲都是秦国大将，自然为国效忠和带兵打仗便成了家常便饭。因此，蒙恬在思想上早已把自己的命运和国家的安危紧紧绑在一起了。他为自己的人生目标而战，这样的精神和力量便可想而知了。

除此之外，他早年在驻守边防的时候对匈奴的战法极其熟悉，并特地针对匈奴研究出对付他们的战术方法。而这一切都为蒙恬一战定乾坤，使"胡人不敢南下而牧马，士不敢弯弓而抱怨"打下了坚固的基础。

此战后，秦军当时再无敌手，蒙恬也一跃成为秦国当时最为出色的将领。然而，关于蒙恬，载入史册的他并不仅是一个将帅之才，他的很多才能都是当时别的将领难以比拟的。其实在整个秦国是首屈一指的，无人能赶得上他，甚至当时的丞相李斯也自叹：蒙恬将军在很多方面都远远超过我。

突发奇想,兔毛造笔

《史记》记载:秦始皇命太子扶苏与蒙恬筑长城以御北方匈奴,蒙恬取山中之兔毛以造笔。

公元前223年,秦国大将蒙恬带兵在中山地区与楚国交战,双方打得很激烈,战争拖了很长一段时间。为了让秦王能够及时了解战场上的情况,蒙恬要定期写战况呈送秦王。当时,人们通常是用分签蘸墨,然后再在丝做的绢布上写字,书写速度很慢。蒙恬虽是个武将,却有着满肚子的文采。用上面说的那种笔写战况报告,常使他感到影响思绪。那种笔硬硬的,墨水蘸少了,写不了几个字就得停下来再蘸,墨水蘸多了,直往下滴,就会把非常贵重的绢给弄脏了。蒙恬以前就萌生过改造笔的念头,这次要写大量的战况报告,这个念头就越来越强烈。

战争的间隙中,蒙恬喜欢到野外去打猎。一天,蒙恬在荒原上猎获了几只野兔子回营,途中偶然看见有只兔子的尾巴拖在沙地上,留下了一道痕迹,顿时来了灵感:何不试试用兔毛来改造笔呢?

回到营房之后,蒙恬就立刻从兔尾上剪下一些毛,把它们插在竹管上,试着蘸取墨汁来写字。可是兔毛油光光的,不吸墨水,在绢上写出来的字断断续续的,不像样子。蒙恬又试了几次,还是不行,好端端的一块绢也给浪费了。一气之下,他将那支“兔毛笔”扔进了门前的石坑里。

蒙恬并不甘心失败,仍然抽时间琢磨别的改进方式。几天过去了,他还是没有找到合适的办法。这一天,他走出营房,想呼吸新鲜空气。走过山石坑时,他又看到了坑里那支被自己扔掉的“兔毛笔”。蒙恬将它捡了起来,用手指捏了捏兔毛,发现兔毛湿漉漉的,毛色也变得更白更柔软了。蒙恬大受启发,马上跑回营房将它往墨汁里一蘸，兔毛这时竟变得非常“听话”，吸足了墨汁，写起字来非常流畅，字体也显得圆润起来。原来，山石坑里的水含有石灰质，经碱性水的浸泡，兔毛变得柔顺起来。由于这支笔是由竹管和兔毛组成的，蒙恬就在当时流行的笔名“聿”字上加了个“竹”字头，把它叫做“笨”（今日简写作“笔”）。传说这就是毛笔的来历。

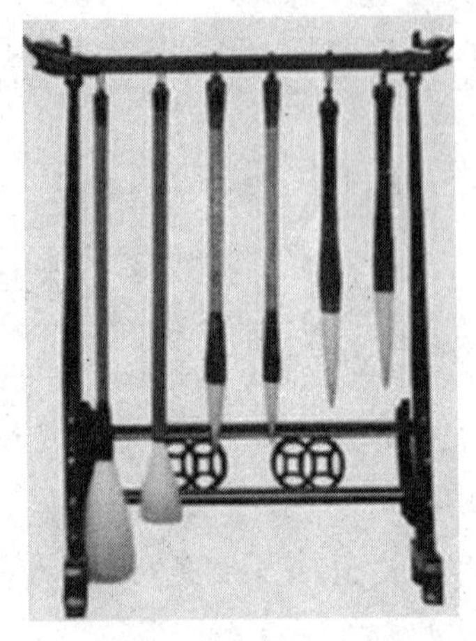

毛 笔

历史上对于蒙恬造笔的说法也有一些记载。当年，秦将蒙恬率军伐楚，南下至中山地区，因见那里兔毛甚佳，就用来制笔，从此就诞生了毛笔。《太平御览》引《博物志》曰：“蒙恬造笔。”崔豹在《古今注》中也说：“自蒙恬始造，即秦笔耳。以枯木为管，鹿毛为柱，羊毛为被。所谓苍毫，非兔毫竹管也。”

然而，随着考古者的发现，在蒙恬之前，人们就已经开始使用毛笔了。譬如，在距今六七千年的西安半坡遗址中出土的彩陶器上，有很多颜色协调的图案，如人面纹、波折纹、鱼纹等，其笔触古朴典雅、清晰可见、线条流畅，很显然是用毛笔描绘出来的；在商代出土的甲骨、玉器以及陶器上，有些未经镌刻的朱、墨字迹，笔画具有方、圆、肥、瘦的变化，明晰可见，也是毛笔所写。甲骨文中“聿”字的字形，就像一手握笔的样子，“聿”就是笔字。

除此之外，1954 年 6 月在湖南长沙古家公山发掘了一座完整的战国时期的木椁墓，陪葬品中有一支毛笔，是用优质的兔箭毛制成，用细小的丝线缠住笔头和笔杆；外面涂漆加以固定，全身套在一支小竹管中，杆长 18.5 厘米，直径 0.4 厘米，毛长 2.5 厘米。这可以说是我国存世最古的毛笔，它诞生的年代，要比传说中蒙恬发明毛笔的时间早很多。

也有人认为，蒙恬虽然没有创制毛笔，但他对毛笔的制作工艺作了改良。如采用鹿毛和羊毛两种不同硬度的毛制笔尖，使之刚柔相济，便于书写。1972 年甘肃武威磨咀子一座东汉中期墓中出土的一支毛笔，笔杆呈浅褐色，刻有隶书“白马作”三个字，笔头的芯及锋用黑紫色的硬毛，外层覆以较软的黄褐色的毛。其形制与秦笔相同，杆前端中空以纳笔头，杆外扎丝髹漆以加固。此笔可看作是经过蒙恬改良的毛笔的一个典型实例。

“恬笔伦纸”，毕竟是流传千百年的说法。蒙恬造笔的故事也是家喻户晓的。人们为什么要把毛笔的发明和蒙恬联系在一起？蒙恬在笔的发展过程中起着怎样的作用？这些问题都值得世人去研究与探索。

不得善终，遭奸暗算

蒙恬不仅打仗能显示其英勇威武的大将气概与不同寻常的战略、战术指挥才能，并且在治理边塞和巩固国防等方面也是一个能手。然而，在英雄的背后往往都隐藏着各种各样的小人，这些小人致使很多英雄经常不是战死在沙场之上，而是饮恨不能善终。蒙恬的死可以说是带着悲壮、无奈与叹惋。

《史记·蒙恬列传》记载：二世又遣使者之阳周，令蒙恬曰："君之过多矣，而卿弟毅有大罪，法及内史。"恬曰："自吾先人，及至子孙，积功信于秦三世矣。今臣将兵三十余万，身虽囚系，其势足以倍畔，然自知必死而守义者，不敢辱先人之教，以不忘先主也。……"使者曰："臣受诏行法于将军，不敢以将军言闻于上也。"蒙恬喟然太息曰："我何罪于天，无过而死乎？"良久，徐曰："恬罪固当死矣。起临洮属之辽东，城壍万余里，此其中不能无绝地脉哉？此乃恬之罪也。"乃吞药自杀。

蒙恬的弟弟蒙毅，深受秦始皇宠信，位至上卿。蒙毅法治严明，从不偏护权贵，满朝文武，无人敢与争锋。一次，佞宦赵高犯罪当诛，蒙毅依法将他判处死刑，可是后来秦始皇念及赵高平时办事尽心尽力，又赦免了他。从此，赵高与蒙氏兄弟结下了仇怨。

公元前210年冬天，秦始皇嬴政外出巡游稽途，依傍着大海，向北直奔琅琊。中途患了重病，派蒙毅去祭祀山川祈福。没等蒙毅返回，秦始皇走到沙丘就病死了。始皇逝世的消息被封锁了，众文武百官都不知。中车府令赵高想立公子胡亥，于是就同丞相李斯、公子胡亥暗中谋划政变，立胡亥为太子。因早先赵高犯法，蒙毅受命公正执法而没有袒护他，于是便产生了杀害之心。

秦始皇死后，赵高担心扶苏继位，蒙恬得到重用，对己不利，就扣住遗诏不发，和胡亥密谋篡夺帝位。他还威逼利诱，迫使李斯与其合谋假造遗诏。在"遗诏"中

指责扶苏在外不能立功,反而怨恨父皇,便遣使者以捏造的罪名赐公子扶苏和蒙恬死罪。扶苏自杀后,蒙恬内心产生怀疑,便请求申诉。使者把蒙恬交给了主管官吏处理,另外派人接替他的职务,并把蒙恬囚禁于阳周。使者回来报告时,胡亥已经听说扶苏的死讯,当下就打算释放蒙恬。但赵高深恐蒙氏再次贵宠用事,对自已不利,执意要消灭蒙氏。于是就造谣说:秦始皇原来想立胡亥为太子,但蒙恬的弟弟蒙毅极力阻止,才打消立他为太子的念头。胡亥信以为真,于是下令囚禁并杀死了蒙毅,之后又派人前往阳周杀蒙恬。

使者对蒙恬说:"您的罪过太多了,而您的弟弟蒙毅犯有重罪,依法要牵连到您。"蒙恬说:"自我先人直到子孙,为秦国累积大功,建立威信,已经三代了。如今我带着三十多万大军,即使是我被囚禁,但是,我的势力足够叛乱。然而,我知道必死无疑却坚守节义,是不敢辱没祖宗的教诲,不敢忘掉先主的恩宠。"使者说:"我只是受诏来处死你,不敢把将军的话传报皇上。"蒙恬沉重地叹息说:"我对上天犯了什么罪,竟然没有过错就处死呢?"良久,才又缓缓地说:"我的罪过本来该当死罪啊。起自临洮接连到辽东,筑长城、挖壕沟一万余里,这中间能没有截断大地脉络的地方吗?这就是我的罪过了。"说完后,就服毒自杀了。

蒙恬,这个山东人,也许是有史以来死得最冤枉的人之一,就这样稀里糊涂地就被赐死了。

在这里还要讲述一件事,也正是这段插曲使得赵高更坚定了要杀害蒙恬将军的决心。秦国统一全国后,秦始皇为了巩固其政治统治,施行严酷的暴政。于是一场天下读书人的灾难席卷中华大地。秦始皇大举焚书坑儒,其长子扶苏激烈反对,秦始皇不但不听,反把扶苏贬到边关,叫他监督蒙恬防守边疆。

从此以后,扶苏和蒙恬便结下了不解之缘。初到边关,扶苏甚为苦闷,蒙恬劝告他说:"既来之则安之,守边也非常重要。"当时扶苏感到蒙恬待他诚恳热心,于是便安下心来协助蒙恬训练军队。二人极为投机成了无话不说的朋友,这为蒙恬后来的含冤而死埋下了伏笔。

三军将士得知将军死后,都感其贤达明良,怀愤含泪。他们用战袍撩土将其葬于绥德城西大理河川,遂形成现在的小山丘,与扶苏墓遥遥相望。朝霜墓尘,默默传神,犹似当年将帅精诚团结,共同御敌,宁死不屈之状。有诗赞云:"春草离离墓道浸,千年塞下此冤沉。生前造就笔干枝,难写孤臣一片心。"

蒙恬之死，直接导致了一个结局，就是三十万秦军彻底溃败，三十万秦军溃败了之后，事实上就注定了秦帝国的灭亡。所以这也是蒙恬作为一个将领，其不可或缺地位的体现，他死了之后，帝国就少了一个很大很大的依靠，少了一根很大很大的支柱。

当年，赵高劝丞相李斯共谋宫廷政变时说："君侯自料能孰与蒙恬？功高孰与蒙恬？谋远不失孰与蒙恬？无怨于天下孰与蒙恬？长子旧而信之孰与蒙恬？"这几问把李斯问得十分尴尬，且还有点受不了地说："我不如蒙恬，也不能这样地贬损人呀。"我们暂且不说他们之间的恩怨勾当，从中我们可以看出蒙恬的形象、地位：

大将蒙恬，"大"前缀先是来自于他的大谋大略。那时的蒙恬，可以令狂放不羁的匈奴闻风丧胆，乃至于只要有蒙恬在，"胡人不敢南下牧马，士不敢弯弓抱怨"。可见，蒙恬是多么的神气和威风。

其次，大将蒙恬，"大"字是来自于他的大武大勇。《史记·蒙恬列传》中说："蒙恬在临终前曾说：'吾先人及子孙积功信于秦三世矣，今臣将兵三十余万，虽囚击其势足以背叛，自知必死而守义者，不敢辱先人之教以忘先主也。'"在这段不难懂的古文中，我们可以知道，蒙恬甘愿一死，既不是因为他无能怯懦，也不是因为他浑浑噩噩、不分忠奸善恶，而是来自于他的侠肝义胆、坦荡胸襟，这多么让人肃然起敬。

大将蒙恬的"大"字还来自于他的非凡的品质。大将蒙恬，"大"字是一种大气、豪气、勇气，是中华民族的一种可贵品质。

然而，就这样一个神勇、侠肝义胆之人，司马迁则评价说："蒙恬当时位高权重，而秦朝初立，人民才刚脱离战乱之苦，须要休养生息，他不但不劝阻秦始皇滥用民力，反而积极的修筑长城，这么做其实是有罪的。如此说来，他们兄弟遭杀身之祸，不也顺理成章吗？"被鲁迅称之为"史家之绝唱，无韵之离骚"的作者司马迁在他的巨著中的大多数评语应该还是得当的。也的确如此，居上位者的一举一动，对百姓都有着重大的影响，岂能不慎？

起义之路

◎陈　胜

陈胜自幼家境贫寒，“少时尝与人佣耕”。但是，他胸怀大志，不忍受地主阶级的剥削与压迫，逐渐产生了改变现实、摆脱贫困的思想。然而，虽有一定的才气和英雄的胆略，可是他毕竟缺乏作为一名领袖人物所必须具备的文化、政治、军事素质。这样他在如火如荼瞬息万变的情势之下，就缺乏那种驾驭高度复杂局面的能力和运筹帷幄的智慧，难免以悲剧收场。

家境贫寒，胸怀大志

在中国历史，陈胜应该是最早一个起义的先祖，第一个靠白手起家建号称王的人物了，虽然他是农民出身，但是并不比别人低贱。起初，他只是那时一个地主的一名雇农，也是没有土地的，最后他却当上了楚王，到底是什么触发了他的远大理想，从而改变了他的命运，成为第一个反诸侯的人呢？

据《史记·陈涉世家》记载：陈胜者，阳城人也，字涉。吴广者，阳夏人也，字叔。陈涉少时，尝与人佣耕，辍耕之垄上，怅恨久之，曰："苟富贵，无相忘。"庸者笑而应曰："若为庸耕，何富贵也？"陈涉太息曰："嗟乎，燕雀安知鸿鹄之志哉！"

战国末年，经过多年的兼并战争，诸侯割据的分裂局面被统一的秦王朝所取代。然而，秦始皇兼并六国之后，在社稷尚且十分脆弱的境况下，依然大兴土木修筑万里长城、建造宏大的阿房宫和豪华的骊山陵墓等；对民严刑酷法，动辄触犯刑律，罪人、刑徒多至数十万、上百万，比原东方六国的人民所遭受的苦难更为沉重。陈胜小的时候，正赶上秦王朝末年的这种暴政统治。他亲眼看到了赋税徭役把他的家人和邻居们压得喘不过气来。他们被迫把收获粮食的三分之二交给政府作赋税，还负担着沉重的兵役和徭役。村里的成年男人被征发服役去了，政府便役使妇女运输粮饷，很多人家妻离子散、家破人亡。秦朝的法律又很严酷，往往一人犯罪，株连九族，叫做"旅诛"；一家犯罪，株连邻里，叫做"连坐"。动不动就被罚做苦役，处以酷刑，有的斩脚，有的割鼻，有的处死，押送到官府去的罪犯随处可见。黑暗的现实在陈胜幼小的心灵埋下了反抗秦王朝暴虐统治的种子。

诗人流沙河说过："理想是石，敲出星星之火；理想是火，点燃熄灭的灯；理想是灯，照亮夜行的路；理想是路，引你到黎明。"于是陈胜小小年纪就开始给地主家做长工了。可他人小志不小，人穷志不穷。每每做苦役闲下来的时候，就一人坐在那里冥思苦想：为什么我们这些人就该祖祖辈辈受苦受累？为什么财主游手好闲却享不尽荣华富贵？难道穷人的孩子一生下来就注定该受苦？富人的孩子一出世就注定该享福？这一切是由谁主宰的呢？

随着年龄的增长，他渐渐明白了财东欺压穷人，为所欲为，是因为他背后有个秦王给撑腰，不推翻秦王朝的统治，人民就永远不会有出头之日。于是他萌生了推翻秦王朝，建立农民自己政权的念头。作为一个普通农民，陈胜在年轻的时候就显示了与寻常人不同的志向与思维方式。在陈胜看来，如果整日只知道在土地间谋生活，那么日复一日，年复一年，终其一生，只不过能做一个受人剥削的农夫。而那些地主、统治者并不比农夫勤劳和聪明，但他们却能够坐享其成。种种残酷的现实让这个不安于现状的年轻人认为命运由自己把握与创造，而非出于天命。

有一次，他和长工们一块给地主耕地。炎炎烈日炙烤着脊背，拉犁的绳子在一个个瘦骨嶙峋的肩头印出道道伤痕。陈胜实在苦不堪言，心中不免升腾起一股不平之气，他甩掉肩头的犁绳，走到田埂上，不干了。世道不公，秦王朝的种种暴行，乡民们的百般苦痛，一起袭向他的心头，推翻封建暴政，建立农民政权的愿望更加强烈。想着想着，他满怀着憧憬把一句不着边际的话甩给同伴："如果有一天我们之中有谁富贵了，千万不要忘记大家！"

然而，他这种反常的行为让他的同伴不禁哑然失笑，在他们看来这种想法不过痴人说梦。于是他们就讽刺说："你穷到为人佣耕的地步，哪里来的富贵啊？真是异想天开。"陈胜看着哈哈大笑的伙伴，长叹一声，说道："燕雀安知鸿鹄之志！"后来，陈胜真的和吴广在大泽乡顺应时势发起来了一场改变中国历史的农民大起义。

陈胜有了理想，有了大志向，有了目标，且有了坚定的信念才成就了后来的大作。一句"王侯将相，宁有种乎?"，开始了中国历史上的首次农民起义，这个消息如暴风骤雨般传遍了全国，各地纷纷响应陈胜吴广的起义，虽然他所组织的起义最终被镇压了，但是却不能磨灭他的功劳，不能否认他的这次起义在历史上起到了举足轻重的作用。

激起民怨，泽乡起义

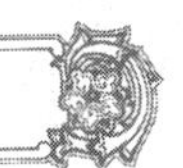

秦末汉初是历史上英雄聚集的时期，短短八年的时间，产生了许多叱咤风云的英雄好汉，而点燃这反秦第一把火的人是陈胜，虽然勇不及项羽，智不过刘邦，但是论其胆识、志向楚汉群雄中恐怕无人能及其人，尽管起兵的时间最短，但仍不失为一代枭雄！

据《史记·陈涉世家》记载：二世元年七月，发闾左適戍渔阳，九百人屯大泽乡。陈胜、吴广皆次当行，为屯长。会天大雨，道不通，度已失期。失期，法皆斩。陈胜、吴广乃谋曰："今亡亦死，举大计亦死，等死，死国可乎？"陈胜曰："天下苦秦久矣。吾闻二世少子也，不当立，当立者乃公子扶苏。扶苏以数谏故，上使外将兵。今或闻无罪，二世杀之。百姓多闻其贤，未知其死也。项燕为楚将，数有功，爱士卒，楚人怜之。或以为死，或以为亡。今诚以吾众诈自称公子扶苏、项燕，为天下唱，宜多应者。"吴广以为然。乃行卜。卜者知其指意，曰："足下事皆成，有功。然足下卜之鬼乎！"陈胜、吴广喜，念鬼，曰："此教我先威众耳。"乃丹书帛曰"陈胜王"，置人所罾鱼腹中。卒买鱼烹食，得鱼腹中书，固以怪之矣。又间令吴广之次所旁丛祠中，夜篝火，狐鸣呼曰"大楚兴，陈胜王"。卒皆夜惊恐。旦日，卒中往往语，皆指目陈胜。

吴广素爱人，士卒多为用者。将尉醉，广故数言欲亡，忿恚尉，令辱之，以激怒其众。尉果笞广。尉剑挺，广起，夺而杀尉。陈胜佐之，并杀两尉。召令徒属曰："公等遇雨，皆已失期，失期当斩。藉弟令毋斩，而戍死者固十六七。且壮士不死即已，死即举大名耳，王侯将相宁有种乎！"徒属皆曰："敬受命。"乃诈称公子扶苏、项燕，从民欲也。袒右，称大楚。为坛而盟，祭以尉首。陈胜自立为将军，吴广为都尉。攻大泽乡，收而攻蕲。蕲下，乃令符离人葛婴将兵徇蕲以东。攻铚、酂、苦、柘、谯皆下之。行收兵。比至陈，车六七百乘，骑千余，卒数万人。攻陈，陈守令皆不

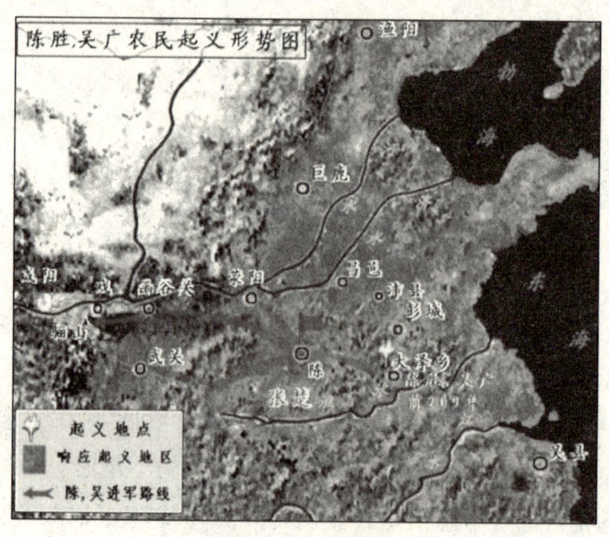

陈胜吴广农民起义形势图

在,独守丞与战谯门中。弗胜,守丞死,乃入据陈。数日,号令召三老、豪杰与皆来会计事。三老、豪杰皆曰:“将军身被坚执锐,伐无道,诛暴秦,复立楚国之社稷,功宜为王。”陈涉乃立为王,号为张楚。

公元前209年7月,秦王朝大规模征兵防守边疆,在河南各县征了九百个壮丁,陈、吴也在被征之列,并被指定为队长。准备奔赴长城边的渔阳去守卫边防。这时正是夏天,常常下雨。队伍来到蕲县大泽乡(今安徽省宿县西南),因为此地靠近淮河的支流浍河,地势低洼,暴雨连续下了几天,把大道都淹没了。队伍只好扎下营来,等天晴了再走。这天夜里,他们在帐篷里嘀嘀咕咕地商量着怎样死里逃生。原来,按照秦朝的法律,误了日期,就要杀头。而现在再怎么赶路,也不能按期到达渔阳了。那场无止期的暴雨,秦朝残酷的律法,渔阳士卒换防,一切的偶然汇聚在一起,终于织成了大泽乡起义这张大网,试图捕捉大秦帝国这条大鱼,虽然他失败了,但是他却为另一张网争取了时间,当大秦帝国冲破这张网后,再也没有余力逃脱另一张更大、更坚固的网,于是最后只能走向灭亡!

在一个角落里,有两个人,一个是陈胜而另一个吴广。只听见陈胜说:“既然误了期,到那儿是死,现在逃走被捉住了也是死,还不如干脆拼死造反呢!”或许这是上天对他的眷顾,但是如果他并没有掌握住这次机会,那么他只能是死在秦律法之下的又一个亡魂。

吴广说:“朝廷那么强大,我们怎么造反呢?”

陈胜说:“天下人受秦皇暴政的苦已经很久了。听说二世皇帝是秦始皇的小儿子,按理不该由他来继承皇位。应当做皇帝的是他的大哥公子扶苏。

因为扶苏常常劝他父亲不要多杀人,就被秦始皇派去守长城了。如今听说二世为了篡位,害死了公子扶苏。老百姓只听说扶苏很英明,但还不知道他的死讯。楚国的大将项燕,曾经立下赫赫战功,对部下又十分爱护,很得人心。

有人说他死了,有人说他在楚国灭亡时逃走了,咱们楚国人很怀念他。要是我们现在假借公子扶苏和楚将项燕的名义,号召天下百姓反对秦二世,响应起义的人一定会很多的。”

吴广觉得已经走投无路了,唯有一拼才可能有活路,就同意和陈胜一起干。于是两人就决定利用这一点,先取得九百个壮丁的信任,给他们吃一颗定心丸,让他们一起起义,否则只会失败。

于是,两人便悄悄把用朱砂写着“陈胜王”三个大字的绸子暗暗塞进一条鱼肚里。被一个壮丁买到,当他们看到是里面竟然写着“陈胜王”字样的帛书,戍卒们暗中议论纷纷,究竟这是怎么回事。

陈胜和吴广一看收到了预期中的效果,马上开始准备第二项计划。晚上,陈胜又叫吴广到营地附近的一座破庙里去,在一个竹笼里点上烛火,然后把它放在草木丛中,远远望去,就像忽明忽暗的“鬼火”一般在闪耀着。吴广还躲在那里模仿着狐狸的声音,叫着:“大楚兴,陈胜王。”士兵们一整夜既惊且怕。第二天,大家到处谈论这件事,都指指点点的,互相示意地看着陈胜。

吴广平时很关心周围的人,士兵们大多愿意为他出力。有一次,他趁两个将尉喝醉了酒的时候,故意几次在他们面前说自己要逃跑,激怒将尉。将尉果然大怒,鞭打吴广,还拔出剑,威胁要杀掉他。吴广平时慷慨仗义,对人很好,戍卒们都很信服他。他们见到将尉责罚吴广,立即群情激愤。吴广见时机已到,就奋起夺过了将尉的剑,在陈胜的帮助下,杀死了两个将尉。接着,陈胜把众戍卒召集起来,宣布号令,说:“各位(在这里)遇到大雨,都超过了规定到达渔阳的期限。过期就要杀头。就算侥幸不杀头,而戍守边塞的人十个中也得死去六七个。再说,大丈夫不死则已,死就要干出一番大事业啊。王侯将相难道是天生的贵种吗?”众戍卒齐声应道:“一定听从您的号令。”于是冒充是公子扶苏和项燕的队伍,为的是顺从百姓的愿望。大家全部露右臂作为义军标志，用竹竿扎上布片做旗帜，定着“大楚”二字，提出了“伐无道，诛暴秦”的口号，大泽乡起义就这样开始了。

大泽乡的农民一听到陈胜、吴广出来反抗秦朝，都拿出粮食来慰劳他们。青年子弟纷纷拿着锄头、铁耙、扁担等，到陈胜、吴广的营里来投军。人多了，一下子要这么多的刀枪哪儿来呢？他们就砍了许多木棍做刀枪，砍了许多竹子，梢儿上留着枝子，当作旗子。陈胜、吴广带领着这么一支农民起义军揭竿而起，浩浩荡荡出发去打县城，一路竟连克蕲、铚、苦、拓、谯、陈等县，实力大增，兵力已达步卒数万，骑卒千余，战车六七百乘，声势大振。数日后，陈胜下令地方三老及各方领袖人物皆来会商议事，与会人士皆一致推崇说：“将军被坚执锐，讨伐无道，反抗暴秦，再造楚国社稷，何必要假扶苏之名，应自立为王。”陈胜一听这项建议不错，乃自立为王，国号张楚，张者，发扬光大也，陈胜以为自己并非楚人，所以不好直接称楚王，于是称张楚，表示要光大楚国。就在这个时候，各地诸郡县痛恨秦吏的民众，纷纷起义响应，杀官吏拥兵数千，自称将军及都尉者不可胜数。

在那民不聊生的时代，陈胜能够正确、清晰地分析当时的形势，看到“天下苦秦久矣”的时机，并抓住时机，终于在那个雷电轰鸣的夜晚，揭竿而起。此外，出身农民的他不仅在思想上有远见，而且也有严密的组织才能和领导才能。在那个自然科学懵懵懂懂的年代，这两个人竟就抛开鬼神论对他们自身的束缚，又巧妙在起义前用“书置鱼腹”和“篝火夜鸣”的方法，极力地渲染起义的气氛，得到人们的信任，调动了人们起义的积极性；为了给自己的起义增添一些力量，陈胜和吴广故意激怒将尉，上演了一场苦肉计，接着便适时地击杀了将尉。之后，陈吴两人利用出众的演讲天赋和一贯的好人缘，成功地将动乱煽成了反秦的誓师大会，并水到渠成地担当了造反派的领袖；起义过程中，他更是措施得力，步步为营，很快建立了“陈”的政权，由此可以看出，陈胜是一个有谋略的人。

自立为王，兵败被害

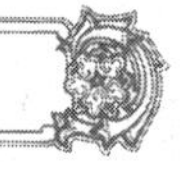

张楚政权是我国历史上第一个农民政权，他的建立大大鼓舞了苦于秦朝压迫的人民，反秦起义如星火燎原，很快遍及了秦国各地。以陈胜为首的张楚政权成为各地义军共同拥戴的核心，陈胜率领义军大举进攻秦朝。在义军的打击下，秦王朝的统治已经摇摇欲坠了。

可是，就在起义军节节胜利的时候，战争形势却发生了很大的变化。带兵起义的陈胜却意外兵败被庄贾所杀，据《史记·陈涉世家》记载，“章邯已破伍徐，击陈，柱国房君死。章邯又进兵击陈西张贺军。陈王出监战，军破，张贺死。腊月，陈王之汝阴，还至下城父，其御庄贾杀以降秦。陈胜葬砀，谥曰隐王”。陈胜本来已经当上王了，却为什么又会发生这样的事情？难道说这是命中注定吗？还是另有其他的原因？

陈胜这次的失败，不是一种偶然性的，而是由许多原因造成的，比如，首先他起义军乃一群乌合之众，没有太大的战斗力。初起之所以势大是因为秦朝廷没有太大的重视，又逢山东各国旧贵族势起，割据一方；再则，没有占领太多的根据地，其起义军直扑秦朝廷中心，关中之地乃秦之根本，得不到人民的响应；其三，起义军将领无指挥才能，一味强干，直打秦都咸阳，结果被善战的秦将用民工武装起来的军队打败；其四，秦军将领的战略远远高于义军；其五，陈胜用人不善，而且使“硃房为中正，胡武为司过，主司群臣。诸将徇地，至，令之不是者，系而罪之，以苛察为忠。其所不善者，弗下吏，辄自治之”。如此用人，有功者不得赏，反而有丢掉性命的危险，试问谁肯为这样的统帅不避矢石呢？

此外，陈胜失去民心，众叛亲离是导致其失败的主要原因。俗话说：“人心即核心，造物先造人。”齐桓公之所以能够成就霸业最重要的原因是他重用了管仲，我们且看一段管仲使怎样使国家强盛富裕起来的。齐桓公问管仲，“我想使国家富强、社稷安定,要从什么地方做起呢?"管仲回答说:"必须先得民心。""怎样才能得民心呢?"齐桓公接着问。管仲回答说:"要得民心,应当先从爱惜百姓做起;国君能够爱惜百姓,百姓就自然愿意为国家出力。"一个国家的安定和混乱就决定于君主是否爱惜百姓,是否得民心,通常讲安定的国家常富,混乱的国家常贫,可见,国家的贫富就掌握在百姓的手中。

以下让我们来看看陈胜到底是一个什么样的人?称王后的所作所为:

第一,陈胜较自私。有这样几个例子。当他还是个做苦力的壮丁时,曾对和自己一起工作的朋友说过一句很有名的话:"苟富贵,勿相忘"。但当他真正的富贵起来,却忘记了和朋友一起时说过的话。他的故交去找富贵了的陈胜时,陈胜因不能忍受他们在一起时的种种事情,觉得这些穷乡亲丢尽了他的面子,便下令斩其首级。并且因为这件事把他的老丈人和小舅子都给吓跑了。

第二,陈胜心胸狭窄。对于和他一起起义的吴广,陈胜在称王之后可以说是抱着除之而后快的心理。当秦兵前来救援,吴广的部下害怕吴广骄傲的性格会耽误战局,将吴广杀死。陈胜知道这件事后,不但没有发怒,还把杀死吴广的人升了职。由此可以看出,陈胜在称王后,最大的心腹大患就是吴广,早就有害吴广之心了。

陈胜在起义之前即便是一个英雄,亦是"时世所造之英雄",而非"造时世之英雄"。倘若戍边队伍没有遇到大雨天气,而按时到达目的地,他不会拿着自己的性命做赌注的。他所走的反秦道路,并非是抱着以百姓为主,而是为了贪图荣华富贵和金银财宝,可见,他所做的一切都是为起义增添力量的幌子。当他陈胜称王后,住进宫殿大堂,穿上绫罗绸缎,品尝山珍海味,可谓富贵至极,因此他的笑容也开始多了起来。不过要知道,他的起义是靠人心才成功的,如今他却被眼前的富贵迷失了心志,忘记了民心的影响,那么他的结果就可想而知了。

曾经,在一次群英会中,范增向项梁进言道:"陈胜失败是必然的结果。秦帝国所征服的六国之中,以楚国人恨秦最深,所以他们并没有被彻底地征服。秦王曾卑鄙地诱骗怀王,又将他软禁起来,不让他回楚国。因为这件事,使得楚国人对秦的恨意始终未曾消失。楚国人坚信'楚虽三户,亡秦必楚'。陈胜在谋反成功后,并没有立楚王的子孙,却自己称王。"

俗话说"顺民者昌,逆民者亡",陈胜违反了这一规律,其会有那样结果也是自己造成的!

西楚霸王

◎项　羽

综观项羽一生，可以发现他是一个有勇无谋的人，他的一生中几乎没有用过心机，总是直来直往，快言快语，速战速决，但这样的项羽一碰上善于掩饰自己情绪的刘邦，注定是要倒大霉的。俗话说："大丈夫喜怒不形于色。"项羽直率的个性不断地支配着他的行为，所以项羽给人的感觉是一眼就能看透，很容易陷自己于危险的境地中。因此，楚汉相争的结局，就在我们的意料之中，一个将自己弱点完全暴露在敌人眼前的人注定是失败的。

出身名门，胸怀大志

在中国历史上，有一个以其伟大的失败而被称之为英雄的异类，从他去世之后，他的名字就定位了人类生存的某种状态，或许可以说，因为有了他才弥补了人性卑鄙自私的先天缺陷。

后人出了许多书来谈论他，有纪实的、有杜撰的、有褒义的、有贬义的，但无论何种版本，都不约而同地在表现一种精神——大气蓬勃。

他就是项羽，据《史记·项羽本纪》记载，“项籍者，下相人也，字羽。初起时，年二十四。其季父项梁，梁父即楚将项燕，为秦将王翦所戮者也。项氏世世为楚将，封於项，故姓项氏”。

项羽(公元前232年—公元前202年)，名籍，字羽，下相(今江苏宿迁)人。他身高六尺，力大如牛，能轻易地举起几百斤重的铜鼎。由于项家世世为楚将，被封于项地(今河南沈丘)，所以姓项。项羽的祖父是楚将项燕，在秦灭楚之战中，被秦将王翦所杀。他是由叔叔项梁养大的，他小小年纪便立志为国家报仇雪耻。于是，他的叔叔项梁教他书法，他不用功；让他去学习剑术，他也不肯努力。项梁很生气就骂他没有出息。项羽说：“书足以记名姓而已。剑一人敌，不足学，学万人敌。”(《史记·项羽本纪》)意思是说，学写字只够记个姓名罢了，学剑术也只能对付一个人，不值得学，我要学能对抗上万人的本事！于是项梁就教他学习兵法。项羽大喜，但略略知道一点大意后，又不肯学完。项梁因为杀了人，和项羽一起到吴中(即今江苏吴县)躲避仇人。吴中的贤士大夫才能都在项梁之下，每当吴中地方有大的徭役和丧事，项梁常替他们主办，暗地用兵法部署训练参加的宾客及青壮年，借此了解他们的才能，培养骨干。充满活力的项羽，不肯静下心来学习的个性，使得项梁渐感不安。项梁心想这种个性如何能承担复国的重任，完成灭秦的宿愿呢？

虽然如此,项羽却胸怀大志。在吴城看到始皇帝,是项羽一生的重大转机。

他平常以自己的腕力自豪,常常和附近的年轻人较量;所以,一看到始皇帝的英姿,潜伏于体内的意识,立刻极大地震动了他。脱口出说:“彼可取而代也。”(《史记·项羽本纪》)项梁连忙掩住他的嘴,说:“毋妄言,族矣!”(《史记·项羽本纪》)

这是项羽脱口而出的叫声,也正是所有楚国人的心声。

项羽突然变得严肃的眼神,就像下定决心要闯出一番事业一般,使得项梁既恐慌又期待。然而,面对如此豪华的场面刘邦却说:“嗟乎!大丈夫当如此也!”更多的反映出是羡慕之心和钦慕之心。但是,项羽的话,更多反映出他的豪情壮志和对秦王朝的野心,这为他日后推翻秦朝,成为“西楚霸王”做了铺垫;另一方面也反映了项羽率直和不屈的性格。同时,这句话也充分地表现出他那势不可挡的决心。果然,项羽在秦末大革命中,顺应形势,很快成为一名杰出的领袖。项羽的成功一半靠的是他的出身,因为他显赫的家世给了他强烈的号召力,这种号召力很快就转化为了实实在在的战斗力。各方的推崇和尊重,让项羽这星星之火很快成了燎原之势。

破釜沉舟，大展雄风

从以上文中，我们了解到了项羽的出身和其的胸怀大志，那么他在后来又是怎样展示自己“力拔山兮”的才能呢？以下让我们来读这节故事——破釜沉舟，大展雄风！

这是一个救援赵国，在巨鹿消灭秦军主力的故事。据《史记·项羽本纪》记载：“项羽已杀卿子冠军，威震楚国，名闻诸侯。乃遣当阳君、蒲将军将卒二万渡河，救钜鹿。战少利，陈馀复请兵。项羽乃悉引兵渡河，皆沈船，破釜甑，烧庐舍，持三日粮，以示士卒必死，无一还心。”

秦朝末年，天下大乱，诸侯割据，军阀混战。公元前208年9月，当项梁引兵进至定陶西北时，遭到章邯优势兵力的袭击。项梁战死，起义军失利。

定陶战后，章邯认为楚军无足轻重，乘胜渡过黄河进攻赵地。赵王歇和相国张耳、将军陈余，自知不是章邯的敌手，退守巨鹿(今河北省平乡西南)，被秦将王离、涉间用重兵围困起来，情况危急。赵王歇向楚怀王求救。这时楚怀王已迁都彭城，怀王任命宋义为上将军，项羽为次将，领兵北上救赵。

宋义率领大军由彭城出发时，将士们已经休整了几个月，听说要去和秦军主力拼杀，个个摩拳擦掌，斗志旺盛。但是宋义却是个极端自私卑劣的人。他一面用甜言蜜语，获得了楚怀王的信任，骗取了兵权，一面和齐国勾搭，寻求自己的外援。如今他兵权在手，却根本不想到巨鹿城下和秦军拼命。当他带领的大军到了安阳(今河南安阳东南)，听说秦军声势浩大，就命令楚军停了下来，想等秦军和赵军打上一阵，让秦军消耗掉一部分兵力，再进攻过去。宋义按兵不动，在安阳一停就是四十六天，每天只是在大帐中饮酒作乐，从不提出兵援赵之事。项羽耐不住性子，去跟宋义说：“吾闻秦军围赵王鉅鹿，疾引兵渡河，楚击其外，赵应其内，破秦军必矣。”

(《史记·项羽本纪》)意思就是说秦军包围了巨鹿,形势这样紧急,咱们赶快渡河过去,跟赵军里外夹击,一定能够打败秦军。

宋义斜着眼瞥了项羽一下,轻蔑地说:"你哪里懂得兵法的妙用。让我告诉你吧,如今秦兵攻赵,要是胜了,就会疲惫不堪,那时我就出兵乘其疲惫而攻之,如若秦兵败了,我们正好一鼓作气,西入关中。所以我的主意是先让秦赵拼个你死我活,我们可以坐收渔翁之利。"他又对项羽说:"上阵跟敌人交锋,我比不上你;要说坐在帐篷里出个计策,你就比不上我了。"

项羽走后,宋义冲着他的背影冷笑,他还下了一道命令:"将士中如有不服从指挥的,就得按军法砍头!"这道命令,显然是针对项羽的,这一点,军中的人谁心里都明白,项羽更是气得要命。

宋义把楚怀玉的命令束之高阁,却加紧了和齐国的勾搭。齐王田荣见他手握重兵,正想拉拢他,就请他的儿子宋襄到齐国去做相国。宋义得了这个信儿,高兴万分,亲自把儿子送到无盐(今山东东平东),并在那里举行了盛大的告别宴会。

这时正是三九严寒,冷风刺骨。战士们饥寒交迫,怨声连天。可宋义照旧拥炉饮酒,谈笑风生。项羽对救赵的事心急如焚,气愤地对将士们说道:"当此之时,我们本应齐心协力,攻秦救赵,可是宋将军却不引兵渡河,整日饮酒。还说什么让秦赵相拼,然后坐收渔翁之利。一个新建的小小赵国,怎能抵挡得住虎狼之秦呢?秦赵之战,胜败昭然,有什么渔利可收?宋将军手握重兵,身负重命,却心怀不轨,我看他不是效忠国家的臣子!"战士们也十分气愤。

第二天,项羽趁朝会的时候,拔出剑来把宋义杀了。他提了宋义的头,对将士说:"宋义背叛大王(指楚怀王),我奉大王的命令,已经把他处死了。"

将士们大多是项梁的老部下,宋义在将士中本来没有什么威望。大伙见项羽把他杀了,都表示愿意听项羽指挥。项羽把宋义被处死的事,派人报告了楚怀王。楚怀王虽然很不满,也只好封项羽为上将军。

项羽面对这么多的敌人毫无惧色,他首先派遣手下大将英布等率领两万多人渡过漳水去救援巨鹿。英布等人早就憋了一肚子气,见到有机会打仗都嗷嗷叫的扑向敌军,顿时将秦军布防在对岸的警戒部队击溃。因此,当项羽杀了宋义以后,先派部将英布、蒲将军率领两万人做先锋,渡过漳水,切断秦军运粮之道,把章邯和王离的军队分割开来。然后,项羽率领主力渡河。之后,项羽下令立刻埋锅做饭,准备渡河船只，吃完饭马上渡河。忽然赵国使者又来告急道："齐、燕等国援兵虽然已到了巨鹿，因为见秦军人多势众，凶悍异常，只是远远扎营观望，不敢出战。赵国的安危存亡，全系在将军身上了！"

原来章邯命大将王离、涉间、苏角围攻巨鹿，自己驻兵巨鹿南边的棘原，专门截拦诸路救赵援兵，同时筑道至巨鹿城下，运送粮秣，布阵严密，无懈可击。项羽探知了秦军的部署，知道要解围救赵并非容易，但他却把手一挥，对赵国的使者说："你回报赵王，项羽一定不负贵国厚望！"

接着，项羽为了得到更多的情报，让秦军露出破绽，先派英布、蒲将军带上自己的两万人马渡河进攻秦军甬道。英布、蒲将军不负所望，击败看守甬道的秦军。从这场小胜利，项羽看到秦军的问题所在——甬道虚弱，而章邯军疲惫不堪，决定抓住时机全军进攻秦军，这个时候陈余又派人向项羽请战，项羽同意了。正好让陈余做出救赵的姿态吸引王离军的注意。

随后，项羽命令将士，每人带三天的干粮，把军队里做饭的锅子全砸了，把渡河的船只全凿沉了(文言叫做"破釜沉舟"，釜就是锅子)，对将士说："咱们这次打仗，有进无退，三天之内，一定要把秦兵打退。"项羽破釜沉舟的决心和勇气，极大地鼓舞了将士们的士气。楚军个个士气振奋，以一当十，奋勇死战，九战九捷，大败秦军。同时也充分体现了项羽的战略眼光和权谋手段以及大无畏的决断力，首先项羽带着一支杂牌军，军队派系多，战斗力参差不齐，而项羽又是第一次指挥他们，很难指挥的得心应手。这样的情况下项羽充分运用了"陷之死地而后生，置之亡地而后存"，把一只向心力不足的军队拧成一根绳，只有一起向前冲打败秦军才有活路。在项羽的手段下，楚兵的求战欲望高涨！其实，这场战争打的也是一场潜力战。每个人的潜能是无限的，只要全部发挥出来就会有无限大的力量。而潜能的发挥一般都是在非常紧急关头。或许项羽那个时候并不懂得什么是潜能，更不懂得怎样激发潜能，但是他的决定和信念使他记得了这场战役。

渡过漳河，项羽率领大军直插章邯和王离这两军之间的空隙。一面阻拦章邯的援军，一面切断甬道，断绝粮运，这就使得巨鹿城下的王离大军失去了后援和粮草供应。秦将王离见楚军如此勇猛，急忙指挥兵马拦截。项羽的军队拼死作战，锐不可当，杀得秦军死伤无数。王离三进三退，才算逃回了本营。

在东阿之战中，章邯就领教过项羽的勇猛，这次前锋败北，王离失利，他更不敢

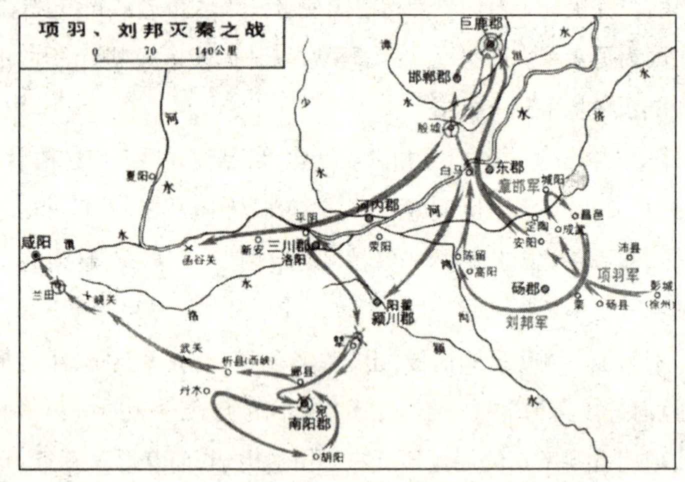

项羽、刘邦灭秦之战

大意了，立即重新排兵布阵，想诱项军深入，聚而歼之。章邯引楚兵深入阵中，以为楚兵中计，却不料楚军由于断了后路，三五成群，各自为战，以一当十，两天之内，秦军就吃了九次败仗。项羽见秦军已经溃不成军，就派英布、蒲将军夺取秦军甬道，杀秦将苏角，活捉王离，涉间葬身火海。章邯见大势已去，被迫率领二十万秦军投降项羽，这就是著名的巨鹿之战。这次战役基本上消灭了秦军主力，对于推翻残暴的秦王朝统治起了关键性的作用。在这次战役中，项羽也赢得了威名，为他以后当上“西楚霸王”打下了基础。“破釜沉舟”也被传为千古佳话。这是一次具有决定性意义的大战，它不仅一下击垮了秦军的主力，扭转了整个战争的格局，奠定了秦朝灭亡的基础；而且，此战过后，项羽被一致推举为“诸侯上将军”，一举成为反秦阵营中叱咤风云的英雄和领袖。

一场巨鹿之战，可以说是项羽与章邯等人的一次赌性战争，项羽的赌注是自己与五万壮士们的性命，如果赌输了，项羽将永无出头之日，甚至是死。反之，如果赌赢了，那么他将见到明天胜利太阳的光芒，从此他将是天上一颗耀眼的星星。如果人们没有看到结果，只看到了前景，那么大多数人都觉得项羽会输，原因：

其一：双方悬殊太大

项羽只有五万兵马，而章邯却有二十万兵马，足足是项羽的四倍，即使项羽的军队再强大也不可能会打赢的。俗话说：“三个臭皮匠，抵过一个诸葛亮。”这样项

羽一个兵需要敌章邯四个兵，更何况项羽的兵马也并不是很强大。项羽的军队组成要上溯到项梁时代，项梁和项羽早年在江东培养了一支精锐项家军。项羽曾带着这支八千人的子弟军渡淮攻秦。后来项梁收义军陈婴几万起义军，又合并秦嘉军，收编各路杂牌义军，组成楚军。这当中各个势力都有自己的军队。而项羽则带少量子弟兵和刘邦军一起合为一偏师，在别处进攻秦军。然而，后来经过一些事情，军队中只剩下项羽一些乌合之众。

相反的，秦军所带领的军队却是久经沙场的强兵强将。还是由秦之名将蒙恬打造的边防军，他曾击败北方匈奴，立下赫赫战功，带领他们的是当年蒙恬的副手后来统领边防军的大将王离，曾被封为武城侯，多次跟秦始皇东巡，功名赫赫。这只大军负责围巨鹿，兵力大约二十多万。

因此，从战斗力上讲项羽不可能战胜秦军。

其二：盟友的畏战，保存实力

上面已经说过项羽的兵马无论是数量，还是战斗力都比不过秦军，这决定了项羽处于弱势。再者，虽然各路诸侯答应援兵，但是他们的兵力也是一些没有战斗力军队，再加上每个人都畏惧秦军的数量，要想让他们在自己没有任何战果的情况下帮忙简直是天方夜谭。因此，再一次证明项羽这场战争是注定赢的几率很小。

然而，项羽却把不可能变成了可能，创造了不可能的奇迹。其实，如果说这是项羽制造的奇迹不如说项羽的谋略比较高。

项羽清楚地知道想要取得巨鹿之战的胜利，唯一的办法就是速战速决，否则就只有死路一条。而原本就很少的楚军要想速战速决是十分困难的，除非把军队的所有力量全部指向敌军最脆弱的部分一举攻破。而如今王离派兵围攻巨鹿，防诸侯，这种阵势有利于自己。但是秦军也不傻，章邯军就等着你攻王离时再来个两面夹击，让你死无葬身之地。但也并不是章邯的援军没有一点缝隙可钻，派兵保护甬道就有兵力的分散。如果能够充分的利用两军之犄角的空隙，大胆在枪口上舞上一曲，在秦军眼皮底下火中取栗，就要快，快到让秦军主帅完全没有感觉，快到不留任何时间给秦军部署，快到秦军来不及配合，快到秦军有感觉时他们已经败了，如雷声、闪电一样在瞬间即过，又在瞬间即逝。但是，要做到雷声、闪电一般快，谈何容易，然而项羽却做到了，他抱着破釜沉舟的心态创造了一个奇迹！

巧设鸿门,错失良机

从以上文中,我们看到的是项羽豪气冲天的霸气,但为什么项羽最终没有能够打败刘邦,自立为帝呢? 以下我们从鸿门宴中向您讲解项羽的为人,包括他失败的原因。

据《史记·项羽本纪》记载:沛公旦日从百余骑来见项王,至鸿门,谢曰:“臣与将军戮力而攻秦,将军战河北,臣战河南,然不自意能先入关破秦,得复见将军于此。今者有小人之言,令将军与臣有郤。”项王曰:“此沛公左司马曹无伤言之;不然,籍何以至此。”项王即日因留沛公与饮。项王、项伯东乡坐。亚父南乡坐。亚父者,范增也。沛公北乡坐,张良西乡侍。范增数目项王,举所佩玉玦以示之者三,项王默然不应。

……

沛公已出,项王使都尉陈平召沛公。沛公曰:“今者出,未辞也,为之奈何?”樊哙曰:“大行不顾细谨,大礼不辞小让。如今人方为刀俎,我为鱼肉,何辞为。”于是遂去。乃令张良留谢。良问曰:“大王来何操?”曰:“我持白璧一双,欲献项王,玉斗一双,欲与亚父,会其怒,不敢献。公为我献之。”张良曰:“谨诺。”当是时,项王军在鸿门下,沛公军在霸上,相去四十里。沛公则置车骑,脱身独骑,与樊哙、夏侯婴、靳彊、纪信等四人持剑盾步走,从郦山下,道芷阳间行。沛公谓张良曰:“从此道至吾军,不过二十里耳。度我至军中,公乃入。”沛公已去,间至军中,张良入谢,曰:“沛公不胜桮杓,不能辞。谨使臣良奉白璧一双,再拜献大王足下;玉斗一双,再拜奉大将军足下。”项王曰:“沛公安在?”良曰:“闻大王有意督过之,脱身独去,已至军矣。”项王则受璧,置之坐上。亚父受玉斗,置之地,拔剑撞而破之,曰:“唉! 竖子不足与谋。夺项王天下者,必沛公也,吾属今为之虏矣。”

项羽的大军到了函谷关,瞧见关上有兵守着,不让进去。守关的将士说:“我们是奉沛公的命令,不论哪一路军队,都不准进关。”

项羽这一气非同小可,命令将士猛攻函谷关。刘邦兵力少,不消多大工夫,项羽就打进了关。大军接着往前走,一直到了新丰、鸿门(今陕西临潼东北),驻扎下来。

刘邦手下有个将官曹无伤,想投靠项羽,偷偷地派人到项羽那儿去密告,说:“这次沛公进入咸阳,是想在关中做王。”

项羽听了,气得瞪着眼直骂刘邦。没过多久,又听曹无伤报告说:“沛公欲王关中,使子婴为相,珍宝尽有之”(《史记·项羽本纪》),更大为震怒,于是命令英布攻破函谷关,准备讨伐刘邦。此时项羽拥兵四十万,号称百万,驻扎新丰鸿门(今陕西临潼东的项王营)。刘邦有兵十万,号称二十万,安营霸上。谋士范增劝说项羽立即攻击刘邦。

项羽的叔父项伯是张良的老朋友,张良曾经救过他的命。项伯怕仗一打起来,张良会陪着刘邦遭难,就连夜骑着快马到灞上去找张良,劝张良逃走。

张良心向刘邦,认为现在事有急难,自己就这样偷偷逃走是不义气的,于是便把项伯的话细细地告诉了刘邦。刘邦请张良陪同,会见项伯,再三辩白自己没有反对项羽的意思,请项伯帮忙在项羽面前说句好话。

项伯答应了,并且叮嘱刘邦亲自到项羽那边去赔礼。

第二天一清早,刘邦带着张良、樊哙和一百多个随从,到了鸿门拜见项羽。刘邦说:“我和将军合力攻秦,将军在黄河北作战,我在黄河南作战,却没有料到自己能先入关破秦,能在这里再次见到您。现在由于小人的谗言,使您我之间产生了隔阂……”

项羽见刘邦低声下气向他说话,满肚子气都消了。于是就歉意地说:“这是您的左司马曹无伤说的,否则,我怎么会这样呢?”当天,项羽就留刘邦在军营喝酒,还请范增、项伯、张良作陪。

酒席上,范增一再向项羽使眼色,并且举起他身上佩带的玉玦(音 jué,古代一种佩带用的玉器),要项羽下决心,趁机把刘邦杀掉。可是项羽只当没看见。

范增看项羽不忍心下手,就借个因由走出营门,范增站起来,到外面找到项羽的堂兄弟项庄说:“君王为人心慈手软,你进去,上前给他们祝酒,祝过酒,请求舞剑,借机将沛公击倒在座位上,杀掉他。不这么做,你们这些人将来都会成为他的俘虏!"

项庄于是进去祝酒,祝过酒,说:"君王跟沛公一块喝酒,军中没有什么娱乐的,让我来舞剑吧。"项王说:"好。"

项庄拔出剑舞了起来,舞着舞着,慢慢舞到刘邦面前来了。项伯见此情况,也拔剑起舞,并且时时用自己身子掩护沛公,项庄不能得手。

张良一看形势十分紧张,也向项羽告个别儿,离开酒席,走到营门外找樊哙。樊哙连忙上前问:"怎么样了?"

张良说:"情况十分危急,现在项庄正在舞剑,看来他们要对沛公下手了。"

樊哙跳了起来说:"要死死在一起。"他右手提着剑,左手抱着盾牌,直往军门冲去。卫士们想拦住他。樊哙拿盾牌一顶,就把卫士撞倒在地上。他拉开帐幕,闯了进去,气呼呼地望着项羽,头发像要往上直竖起来,眼睛瞪得大大的,连眼角都要裂开了。

项羽十分吃惊,按着剑问:"这是什么人,到这儿干什么?"

张良已经跟了进来,替他回答说:"这是替沛公驾车的樊哙。"

项羽说:"好一个壮士!赐给他一杯酒。"樊哙下拜称谢后,起身,站着一饮而尽。项王说:"赐给他猪腿。"樊哙把盾牌扣在地上,放在它上面,拔出剑来切着吃。项王说:"壮士!能再喝酒吗?"樊哙说:"我连死都不畏避,一杯酒哪里用得着推辞,秦王有虎狼一般的心肠,杀人唯恐不能杀光,对人用刑唯恐不能用尽酷刑,普天下的人都起来反抗他。楚怀王曾跟各路将军约定:'首先攻破秦国进入咸阳的就封他做关中王。'如今沛公最先攻破秦国进入咸阳,一丝一毫都不敢去碰一碰,把皇宫封闭起来,将部队带回霸上,等待大王到来。所以派遣将官把守关门,为的是防备其他盗贼进出和意外事故。沛公这么辛苦,功劳这么大,您没有给他封侯奖赏,反而听信小人的谗言,要杀掉有功的人,这是在走秦王的老路呀,我倒替将军担心哩。"

项羽听了,没话可以回答,只说:"坐吧。"樊哙就挨着张良身边坐下了。

鸿门宴

过了一会，刘邦起来上厕所，张良和樊哙也跟了出来。刘邦留下一些礼物，交给张良，要张良向项羽告别，自己带着樊哙从小道跑回灞上去了。

刘邦走了好一会，张良才进去向项羽说："沛公酒量小，刚才喝醉了酒先回去了。叫我奉上白璧一双，献给将军；玉斗一对，送给亚父（'亚父'原是项羽对范增的尊称）。"

项羽接过白璧，放在坐席上。范增却非常生气，把玉斗摔在地上，拔出剑来，砸得粉碎，说："唉！真是没用的小子，没法替他出主意。将来夺取天下的，一定是刘邦，我们等着做俘虏就是了。"

一场剑拔弩张的宴会，总算暂时缓和了下来。

"鸿门宴"是历史上一个有名的宴会，项羽如果能听范增所言杀了刘邦，那么以后天下就无人是他敌手了。

可惜，却错过了杀刘邦的良好时机！从这个故事中，我们可以看出项羽的性格中存在着极大的缺陷，他空有高志却目光短浅；爱慕虚荣，不乏自满自得的小农意识；凡事勇在先，智在后，残忍有余，仁善不足；缺乏从谏如流、宽宏大量的国君气质。这就决定了他的一生，只适合做一名叱咤风云的将军，却不具备一种雄才大略的帝王素质。他真正的失误不在于没杀刘邦，而是误在自身不能克服的性格弱点上，就算他于鸿门宴上杀了刘邦，以后也一样会败于张邦、王邦、李邦。以下就让我们看看，项羽在鸿门宴中犯有哪些错误：

1. 暴躁易怒，有勇无谋，爱慕虚荣

当他听说刘邦已经入居关中时，想的不是如何对付刘邦，让刘邦从中让出，而是大怒，立即下令犒劳士卒，要去破刘邦的军队。这充分表现其暴躁易怒的性格。而当他听说刘邦所占据的关中有许多金银财宝时，更是愤怒之极，充分说明了他是一个爱慕虚荣、贪图享乐之人。

2. 目光短浅、自满自得，缺乏从谏如流、足勇少智

面对项伯的泄密他却无动于衷，丝毫不怀疑。甚至听信项伯的片面之词，就高傲地等待刘邦的道歉，反而不听范增的忠告，一再地违逆劝告，已经注定他悲剧英雄的下场了，充分表明了他那目光短浅、自满自得，缺乏从谏如流、足勇少智的领导性格，反而衬托出刘邦圆滑柔韧，张良的沉着冷静，樊哙的忠诚勇敢。

就因为项羽的这些性格的合成，造成了错杀刘邦的机会，从主动变为被动。而

刘邦却由于多谋奸诈，虚心下问，一步步由被动变为主动。“鸿门宴”拉开了长达五年的“楚汉争霸”的序幕。鸿门宴在表面上看来只是一个普通宴会，实际上却是一场“醉翁之意不在酒”的斗智、斗勇、斗谋的一场宴会。刘邦以“先君子后小人”的手段取得了胜利，突出表现了项羽的憨直、妇人之仁和粗疏寡谋。

悲情英雄，乌江自刎

项羽，一个情感丰富、爱恨分明、直率憨厚的柔情豪迈的汉子。他是一代英雄，不是枭雄。项羽有着英雄的气概和豪情，很遗憾的他却没有身为枭雄的收敛、心机和心计。而也正是这样的性格注定他的人生从开始就和他的乌骓一样纵横驰骋沙场之后，唯有终结自己的灿烂。因为干大事的人要具备有勇有谋、韬光养晦、能屈能伸的个性，然而这些却都不是项羽所具备的，所以任凭他有再辉煌的战绩，都不能成为入主天下的帝王，这是他悲剧色彩不可避免的宿命。

据《史记·项羽本纪》记载：项王军壁垓下，兵少食尽，汉军及诸侯兵围之数重。夜闻汉军四面皆楚歌，项王乃大惊曰："汉皆已得楚乎？是何楚人之多也！"项王则夜起，饮帐中。有美人名虞，常幸从；骏马名骓，常骑之。于是项王乃悲歌慷慨，自为诗曰："力拔山兮气盖世，时不利兮骓不逝。骓不逝兮可奈何，虞兮虞兮柰若何！"歌数阕，美人和之。项王泣数行下，左右皆泣，莫能仰视。于是项王乃上马骑，麾下壮士骑从者八百余人，直夜溃围南出，驰走。

……

于是项王乃欲东渡乌江。乌江亭长义船待，谓项王曰："江东虽小，地方千里，众数十万人，亦足王也。原大王急渡。今独臣有船，汉军至，无以渡。"项王笑曰："天之亡我，我何渡为！且籍与江东子弟八千人渡江而西，今无一人还，纵江东父兄怜而王我，我何面目见之？纵彼不言，籍独不愧于心乎？"乃谓亭长曰："吾知公长者。吾骑此马五岁，所当无敌，尝一日行千里，不忍杀之，以赐公。"乃令骑皆下马步行，持短兵接战。独籍所杀汉军数百人。项王身亦被十余创。顾见汉骑司马吕马童，曰："若非吾故人乎？"马童面之，指王翳曰："此项王也。"项王乃曰："吾闻汉购我头千金，邑万户，吾为若德。"乃自刎而死。

公元前202年,韩信布置十面埋伏,把项羽围困在垓下(今安徽灵璧县东南)。项羽的人马少,粮食也快完了。他想带领一支人马冲杀出去。但是汉军和诸侯的人马把楚军包围得重重叠叠。项羽打退一批,又来一批;杀出一层,还有一层;这儿还没杀出去,那儿的汉兵又围了上来。

项羽没法突围,只好仍回到垓下大营,吩咐将士小心防守。但是,士兵越来越少,粮食也吃没了,刘邦的汉军和韩信、彭越的军队又层层包围上来。

到了夜晚的时候,只听得一阵阵西风吹得呼呼直响,风声里还夹着唱歌的声音。项羽仔细一听,歌声是由汉营里传出来的,唱的净是楚人的歌子,唱的人还真不少。项羽大惊失色地说:“汉军把楚地都占领了吗?不然,为什么汉军中楚人这么多呢?”项羽连夜起来,到军帐中喝酒。回想过去,有美丽的虞姬,常陪在身边,有宝马骓,常骑在胯下。而今……于是项羽就慷慨悲歌,自己作诗道:“力能拔山啊豪气压倒一世,天时不利啊骓马不驰。骓马不驰啊怎么办,虞姬啊虞姬你怎么办!”唱了一遍又一遍,虞姬也同他一起唱。项羽泪流数行,身边侍卫也都哭了,谁也不能抬头看项羽了。

当夜,项羽跨上乌骓马,带了八百个子弟兵冲过汉营,马不停蹄地往前跑去。到了天刚亮,汉军才发现项羽已经突围,连忙派了五千骑兵紧紧追赶。项羽一路奔跑,赶到他渡过淮河,跟着他的只剩下一百多人了。又跑了一程,到阴陵时,迷路了,向一农夫问路,老农骗他说:“往左拐。”

项羽和一百多个人往左跑下去,越跑越不对头,跑到后来,只见前面是一片沼泽地带,连道儿都没有了。项羽这才知道是受了骗,赶快拉转马头,再绕出这个沼泽地,汉兵已经追上了。

项羽又率兵向东走,到了东城的时候,只剩下二十八个骑兵了,而追击的汉军骑兵有几千人。项羽自己估计这回不能逃脱了,对手下骑兵说:“我起兵到现在已经八年,经历过七十多次战斗,从来没打过一次败仗,才当上了天下霸王。今天在这里被围,这是天叫我灭亡,并不是我打不过他们啊!我今天当然是要决一死战,愿为大家痛快地打一仗,定要打胜三次,为各位突出重围,斩杀汉将,砍倒帅旗,让各位知道这是上天要亡我,不是我用兵打仗的错误。”于是就把他的随从分为四队,朝着四个方向。汉军层层包围他们,项羽对他的骑兵说:“我再为你们斩他一将。”命令四队骑兵一起向下冲击,约定在山的东面分三处集合。于是项羽大声呼喝向下直冲，汉军都溃败逃散，果然斩杀了汉军一员大将。

项羽到了东山下，那四队人马也到齐了。项羽又把他们分成三队，分三处把守。汉军也分兵三路，把楚军围住。项羽来往冲杀，又杀了汉军一名都尉和几百名兵士。最后，他又把三处人马会合在一起，点了一下人数，二十八名骑兵只损失了两名。

项羽对部下说："你们看怎么样？"

部下都说："大王说的一点不错。"

项羽杀出汉兵的包围，带着二十六个人一直往南跑去，到了乌江(在今安徽和县东北)。恰巧乌江的亭长有一条小船停在岸边。

亭长劝项羽马上渡江，说："江东虽然小，可还有一千多里土地，几十万人口。大王过了江，还可以在那边称王。"

项羽苦笑了一下说："上天要亡我，我还渡江干什么？我在会稽郡起兵后，带了八千子弟渡江。到今天他们没有一个能回去，只有我一个人回到江东。即使江东父老同情我，立我为王，我还有什么脸再见他们呢。"

接着对亭长说："我知道您是忠厚的长者，我骑这匹马五年了，所向无敌，常常日行千里，我不忍心杀掉它，把它赏给你吧！"于是命令骑马的都下马步行，手拿短小轻便的刀剑交战。仅项羽一人就杀死汉军几百人。项羽自己也负伤十多处。忽然回头看见了汉军骑兵司马吕马童，说："你不是我的老朋友吗？"吕马童面向项羽，指项羽给王翳看，说道："这个人就是项羽。"项羽便说道："我听说汉王悬赏千两黄金要买我的脑袋，并封为万户侯，我就送你这点好处吧！"说完就自杀了。

垓下一战，项羽的人生之路走到了尽头，而他的命运的悲剧性的显露也就达到了顶点。

项羽是一位超群的军事统帅。他能征善战，战场上豪气盖世，叱咤风云。巨鹿之战，项羽破釜沉舟，以寡击众，全歼秦军主力，客观上为汉高祖进入咸阳，推翻秦朝创造了条件。楚汉战争中，破田荣，救彭成，救荥阳，夺成皋，一生大战数十次，多获胜利。所以，古人称他"有百战百胜之才"。

然而，这位有着"百战百胜之才"之称的项羽终以在乌江自杀了。虽然刘邦胜利地登上了帝位，但失败的项羽仍然可以当之无愧称为英雄。在整部《史记》中，司马迁写得最为动情的，大概就是这一段。从四面楚歌，到乌江渡口，中间经过了霸王别姬的柔肠百转，误入大泽的挣挫不前，斩将夺旗的叱咤生风，而终归于无面目见江东父老的羞容惭颜。司马迁之所以用“本纪”为其立传，因为他败得有尊严，有志气，不失男儿本色和英雄之名，这点从在乌江边上他与亭长对话中就可看得出。

当项羽在忠心部将的保护下逃到乌江口时，许多人都认为，只要越过乌江，对岸就是自已的地盘，俗话说“留得青山在，不怕没柴烧”，认为项羽只要忍一时就能够成霸业。试想，如果项羽听从了亭长的安排坐船渡江，回江东继续称王，谁知道哪天能卷土重来，夺回帝位呢？即使他能够重新站起来，但也早已经失去对他英雄的评价。

当虞姬在垓下自刎的那一刻，项羽的心就跟着一块死了。试想，一个人的心都死了，怎么还可能重新振作，卷土重来？青山已经失去了生命力，留给人们的只是一片焦土，又怎么会有柴来烧呢？以项羽心中的那股霸气和自尊，是不容许自已像过街老鼠那样的丑态被对他寄予厚望的江东父老所看到的，再加上，今生唯一的红颜知己虞姬已经为他死了，这个世界上再也没有什么值得他留恋的了，于是他选择了最有尊严的死去，以保自己宁死不屈的形象。

臧克家说过：“有的人死了重若泰山，而有的人死了却轻若鸿毛。”毋庸置疑地是，项羽的死是重若泰山的。他的死，不但没有使他蒙羞，反而将使他的事迹流传千古，永垂不朽！他的博大胸襟、妇人之仁、豪迈霸气……使得他在自杀的那一刻还能顾虑到让他从前的部将得到他的首级的话就能加官晋爵，这份气度怎么能不令人叹息啊！李清照曾称赞气节说：“生当作人杰，死亦为鬼雄，而今思项羽，不肯过江东！”

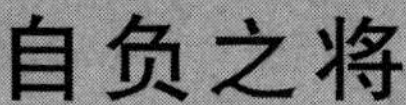

自负之将

◎韩　信

韩信的一生是辉煌的，但是，客观来讲，韩信是个悲剧人物，他的一生或郁郁不得志，或功高盖主而惨遭杀害。韩信不同于张良，他不懂什么是政治家，帅和将之间始终都有一道明显的鸿沟，“鸟尽弓藏，兔死狗烹”的道理他也不懂，他更不想懂，韩信一步步从社会底层走上来，一直因为刘邦对他的知遇之恩而忠心耿耿，不肯背弃，他的理想是做千古功臣，但他却忘了一点，他是将，天生的将，而刘邦是帅。这样，注定了他的悲剧结局。

少年坎坷，受辱胯下

受人滴水之恩，当以涌泉相报。这是壮士报恩时常说的一句话，一个人在最困难、最挣扎的时候，一句话、一只手就能救他于水火之中，并且会让他记一辈子的，韩信就是这样一个知恩图报的人。

韩信(？—公元前196年)，淮阴(今江苏省淮阴西南)人，西汉开国功臣。中国历史上伟大的军事家、战略家、统帅和军事理论家。据《史记·淮阴侯列传》记载："淮阴侯韩信者，淮阴人也。始为布衣时，贫无行，不得推择为吏，又不能治生商贾，常从人寄食饮，人多厌之者。"

韩信出身平民，性格放纵而不拘礼节。未被推选为官吏，又无经商谋生之道，常常依靠别人糊口度日，许多人都讨厌他。韩信的母亲死后，穷得无钱来办丧事，然而他却寻找又高又宽敞的坟地，要让那坟地四周可安顿得下一万家。

韩信故里

母亲死后，韩信更是游手好闲，四处游荡。有个亭长与他有过往来，他便常常到这个亭长家里去吃饭。一天、两天不打紧，可是一月、两月，时间一长，亭长家就觉得受不了了。你想想，亭长家也有一大家人啊，拖老带小的，过日子也不那么轻松啊，而且，就亭长那么一个破芝麻大的官，薪俸也少得可怜，哪有能力养活韩信这么一个大活人啊。

所以，这亭长的老婆就不乐意了，就对亭长吹枕头风，说这样下去还了得，非把我们家吃空吃穷不可，不行，我们得把韩信赶走。亭长说，我们这样干不厚道，韩信还是少年，亭长老婆说，你是要养韩信，还是要养我们那几个孩子？养肥了韩信，我们自己的孩子就要瘦了，你这个做父亲的于心何忍啊。于是亭长就听了妻子的建议了。

有一次，她故意一清早就烧好了饭，在床上就把饭吃了。等到吃饭时间韩信去了，就不为他准备饭食。韩信看出他们的用意，一怒之下同亭长绝交而去。

于是，他又回到了没饭吃的生活，为了能填饱肚子，他常常到淮阴城下的河边去钓鱼。可惜，韩信钓鱼的本领也非常低下，往往一整天也难得钓上一条，所以他依然没有摆脱忍饥挨饿的悲惨命运。有一回，他连续几天都没有钓到一条鱼，结果就在河岸上饿晕了。

等他醒来时，一个慈祥的老奶奶正站在他旁边，把一块馍和一碗水递到了他眼前，说："孩子，你饿了吧，吃了它。"原来这个老奶奶就是经常在河上游洗衣服的那一位。那可贵的善良的同情心促使自己也很贫穷不堪、饭食亦不得饱足的她，关心起这个陌生少年的饥饿来。韩信感动万分，觉得这几个馍就是他有生以来吃到的最好食物了。这样的日子竟然维持了好几十天。而韩信真正开始为自己的将来打拼也是因为这位老奶奶的几句话。

有一次，韩信忍不住对漂母说："您老就是我韩信的再生母亲，这辈子我韩信要是发达了，一定重重地报答您老人家。"哪知老人家听了之后，很愤怒地教训起韩信来，说："大丈夫不能自食，吾哀王孙而进食，岂望报乎！"（《史记·淮阴侯列传》）意思就是说你一个大小伙子，一个本应该顶天立地的男子汉，竟然不能够养活自己，这是一件多么羞人和可悲的事情呀，我这是可怜你才给你饭吃，哪里奢望你的报答呀。尽管如此，韩信依然很感动，后来，韩信替汉王立了不少功劳，被封为楚王，他想起从前曾受过洗衣婆的恩惠，便命人把她从淮阴请来，当面向她致谢，并赠给她

黄金一千两以答谢她。

这位漂母的出现，似乎带有一些神奇的色彩。漂母怒斥韩信可能是一种爱怜、哀怜兼轻视。也就是说，漂母从心底里都看不起韩信，你想啊，这么大一个小伙子，竟然无法养活自己，当然是一件很可耻的事。既然她把韩信的能力看得很低下，所以，也就很难相信韩信能够发达起来，对韩信发达后来报答自己的想法是持不以为然或近似天方夜谭的态度的。可见，漂母是隔着门缝看韩信，把韩信看得太扁了。

漂母这种轻视韩信的态度，恰恰证明出了她的真诚无伪和施恩不图报的伟大情操。这就好比一个人明明认为某支股是垃圾股，但还是要购买，那么这就证明他对这只股票充满了无条件的爱。但漂母最后也得到了丰厚的回报，因为韩信封王后赏赐了千金给她，但这种回报本身并不在漂母的预期范围之内，对她来说，这是一个纯粹的意外，就好比一个人充满爱心地购买了一个她自以为的垃圾股，哪知这个垃圾股意外地反盘了，成了蓝筹股。

虽然漂母低估了韩信未来的发展前途，但她却正确地激发了韩信发愤图强的斗志，有利于鼓励身处逆境中的韩信走出低迷，阔步迈向成功大道。

后来，韩信就离开了那个地方，到了县城，在那里韩信身上别着一把宝剑，在城里走来走去的。一天，在街上遇到了一群游手好闲，欺善怕恶，整天以欺负老百姓，压榨老百姓过活的无赖，那些无赖看韩信单独一个人身上挂着一把宝剑，凭着自己人多势众，嘲笑韩信是一个头脑简单、四肢发达的笨蛋，腰上虽装模作样地佩上了一把宝剑，但外强中干，性格懦弱，毫无英雄的胆色。韩信看他们人多势众，没有做出多大的反应，他们就更加得寸进尺，说你要是不怕死的好汉，就拿起你的剑来和我们打上一架；你要是怕死的孬种，你就放下你的宝剑，乖乖地从我们的胯下钻过去。韩信看到这些个流氓人多势众，硬碰肯定是要吃亏的，他权衡再三，不想中他们的激将之法，于是，痛苦万分地顺从了他们，真地从这帮无赖的胯底下钻过去了。在场的人哄然大笑，那无赖也显得神气十足。而这更加激起了韩信的斗志，让他更加觉得这是一个欺善怕恶、弱肉强食的世界，要想不受别人的欺负就要比别人强。少年时这一特殊的经历锻炼了韩信百折不挠、虚怀若谷的性格，而这一性格成了他日后成为杰出将领的潜在条件。

几经磨难，终成大将

常言道，是金子总要发光的，天之骄子、日后的战神韩信在面对这种不平的遭遇时并没有气馁，最后他的命运又是怎样的呢？

据《史记·淮阴侯列传》记载：及项梁渡淮，信杖剑从之，居戏下，无所知名。项梁败，又属项羽，羽以为郎中。数以策干项羽，羽不用。汉王之入蜀，信亡楚归汉，未得知名，为连敖。坐法当斩，其辈十三人皆已斩，次至信，信乃仰视，適见滕公，曰："上不欲就天下乎？何为斩壮士！"滕公奇其言，壮其貌，释而不斩。与语，大说之。言于上，上拜以为治粟都尉，上未之奇也。

亡者信数与萧何语，何奇之。至南郑，诸将行道亡者数十人，信度何等已数言上，上不我用，即亡。何闻信亡，不及以闻，自追之。人有言上曰："丞相何亡。"上大怒，如失左右手。居一二日，何来谒上，上且怒且喜，骂何曰："若亡，何也？"何曰："臣不敢亡也，臣追亡者。"上曰："若所追者谁何？"曰："韩信也。"上复骂曰："诸将亡者以十数，公无所追；追信，诈也。"何曰："诸将易得耳。至如信者，国士无双。王必欲长王汉中，无所事信；必欲争天下，非信无所与计事者。顾王策安所决耳。"王曰："吾亦欲东耳，安能郁郁久居此乎？"何曰："王计必欲东，能用信，信即留；不能用，信终亡耳。"王曰："吾为公以为将。"何曰："虽为将，信必不留。"王曰："以为大将。"何曰："幸甚。"于是王欲召信拜之。何曰："王素慢无礼，今拜大将如呼小儿耳，此乃信所以去也。王必欲拜之，择良日，斋戒，设坛场，具礼，乃可耳。"王许之。诸将皆喜，人人各自以为得大将。至拜大将，乃韩信也，一军皆惊。

陈胜、吴广起义后，项梁也渡过淮河北上，韩信此时带着宝剑投奔了项梁，留在部队，默默无闻。项梁败死后，又归属项羽，项羽让他做郎中。韩信多次给项羽献计，项羽不予采纳。后来，他又投靠刘邦，刘邦只封他个管理仓库的小官。有一次，韩信犯了案，被判了死刑，和他同案的十三个人都挨次被杀了，轮到杀他的时候，他抬起头来，正好看到滕公，就说："汉王不打算得天下吗？为什么杀掉壮士？"滕公听他的口气不凡，见他的状貌威武，就放了他。同他谈话，更加佩服得了不得，便把他推荐给汉王。汉王派他做管理粮饷的治粟都尉，还是不认为他是个奇才。韩信依然得不到重用，就离开了。

萧何月下追韩信

而萧何曾经和韩信有过多次的接触，知道他是一个不可多得的人才，劝刘邦重用他，刘邦每次都是敷衍了事。而萧何看韩信被刘邦的不重视气走之后，连对刘邦说也没说一声，骑上马便朝着韩信离开的方向追去。侍卫不知道发生了什么事情，只知道萧丞相跑了。于是，就去报告刘邦说："丞相逃走了。"

汉王急坏了，真像突然被人斩掉了左右手一样难过。

到了第三天早晨，萧何才回来。汉王见了他，又气又高兴，责问萧何说："你怎么也逃走？"

萧何说："我怎么会逃走呢？我是去追逃走的人啦。"

汉王又问他："你追谁呢？"

萧何说："韩信。"

汉王严厉道："军官跑掉的几十个你都没有追，如今跑了个韩信却去追了，这是为什么啊？"

萧何说："那些军官是容易得到的，至于像韩信这样的人才，是普天下也找不出第二个来的。大王假如只想老做汉中王，当然用不上他；假如要想争夺天下，除了韩信就再也没有可以商量大计的人。只看大王如何打算罢了。"

汉王说："我也打算回东方去呀，哪里能够老闷在这个鬼地方呢？"

萧何说："大王如果决计打回东方去，能够重用韩信，他就会留下来；假如不能重用他，那么，韩信终究还是要跑掉的。"

汉王说："好吧，我就依着你的意思，让他做个将军。"

萧何说："叫他做将军，还是留不住他。"

汉王说："那就拜他为大将吧！"

萧何很高兴地说："这是大王的英明。"

汉王叫萧何把韩信找来，想马上拜他为大将。萧何直爽地说："大王平日不大注意礼貌。拜大将可是件大事，不能像跟小孩闹着玩似的叫他来就来。大王决心拜他为大将，要择个好日子，还得隆重地举行拜将的仪式才好。"

汉王说："好，就按照你说办吧。"

汉营里传出消息，汉王要择日子拜大将啦。几个跟随汉王多年的将军个个兴奋得睡不着觉，认为这次自己一定能当上大将。

赶到拜大将的日子，大家知道拜的大将竟是平日被他们瞧不起的韩信，一下子都愣了。汉王举行拜将仪式以后，再接见韩信，说："丞相多次推荐将军，将军一定有好计策，请将军指教。"

韩信谢过汉王，向汉王详详细细分析了楚(项羽)汉双方的条件，认为汉王发兵东征，一定能战胜项羽。刘邦听后大喜，自以为得信晚。对韩信言听计从，部署诸将准备出击。韩信的这番议论，实际上为刘邦制定了东征以夺天下的方略。从此以后，韩信就指挥将士，操练兵马，东征项羽的条件渐渐成熟了。

《史记》对这件事的记载颇有传奇色彩。不过在这个故事里有许多让人值得怀疑的地方；首先，萧何并没有与韩信深交，怎么能够了解韩信的军事才能？更何况，在此之前韩信并没有统率大军的经验，难道仅凭几次与他交谈就可断定韩信是个人才吗？其次，刘邦本人也未见韩信用兵的才能，仅凭萧何的推荐，刘邦就拜韩信为大将，统帅全军，岂不昏聩糊涂？刘邦怎么会把自己的政治前途以至身家性命交到一个未曾谋面，也没有任何统军经验的人手里？第三，萧何本只是刘邦的谋臣，只有建议的分儿，真正的事还要刘邦自己决定。萧何的饭碗和脑袋都在刘邦手里攥着，有些逆耳之言萧何对刘邦说之前还要思量思量，他又怎么可能用要挟的口吻向刘邦推荐韩信呢？整个过程戏剧得像在拍电视剧，这或许是司马迁有意突出韩信的军事才能。

无论韩信投刘邦的具体详情是什么，总之韩信也成了刘邦不可缺少的左右臂，为刘邦争得了天下。韩信是个奇才，在背水一战、易帜传餐、半渡而击等著名战例中，表现出其惊人的军事指挥才能，韩信没有研读过兵书，也没有高人指点，却在战争中屡屡获胜，其运用之妙，完全存乎于心。正是韩信的战无不胜、攻城略地，又多次解刘邦之围，让他从一个怀才不遇、默默无闻的悲情人物到一个大展才华、万人之上的英雄。

天下已定，起兵谋反

汉初元年，楚汉两军在中原大地拉开了五年的战争，史称“楚汉相争”。由于刘邦的知人善任，韩信的才华横溢，君臣携手打败了项羽，创立了大汉王朝。韩信也因为功高盖世，先被刘邦封为齐王，后被封为楚王。由齐王变成了楚王，韩信也算是衣锦还乡，但就在韩信春风得意之时，刘邦却不断地挤兑、打压韩信，这到底是为了什么？面对刘邦的软硬兼施，韩信是步步败退，最终落了个“功臣末路断头颅”的悲剧，在这又是为什么？

据《史记·淮阴侯列传》记载：汉六年，人有上书告楚王信反。高帝以陈平计，天子巡狩会诸侯，南方有云梦，发使告诸侯会陈：“吾将游云梦。”实欲袭信，信弗知。

……

汉十年，陈豨果反。上自将而往，信病不从。阴使人至豨所，曰：“弟举兵，吾从此助公。”信乃谋与家臣夜诈诏赦诸官徒奴，欲发以袭吕后、太子。部署已定，待豨报。其舍人得罪于信，信囚，欲杀之。舍人弟上变，告信欲反状于吕后。吕后欲召，恐其党不就，乃与萧相国谋，诈令人从上所来，言豨已得死，列侯群臣皆贺。相国给信曰：“虽疾，疆入贺。”信入，吕后使武士缚信，斩之长乐锺室。信方斩，曰：“吾悔不用蒯通之计，乃为兒女子所诈，岂非天哉！”遂夷信三族。

汉高祖刘邦在几年后，听信有人上书说韩信居功自傲，要谋反。刘邦对韩信早就有顾忌之心，为防止韩信造反，因而设置圈套，将韩信抓了起来。不久，刘邦又赦免了韩信，但是撤掉了他的王位，只给他一个“淮阴侯”的封号。

韩信知道刘邦嫉才忌能，心中闷闷不乐，于是经常托病不去朝见皇帝。

有一次，刘邦亲自去找韩信谈话，韩信没办法拒绝。在谈话中，忽然问韩信：“你看我能带多少兵？”韩信斜了刘邦一眼说：“你顶多能带十万兵吧！”汉高祖心中有三分不悦，心想：你竟敢小看我！“那你呢？”韩信傲气十足地说：“我呀，当然是多多益善啰！”刘邦笑了，说：“你带兵既然是多多益善，怎么又会被我抓住了呢？”韩信说：“陛下虽然不能带更多的兵，但是您却善于统率和指挥将领们，所以我就被您抓住了。”刘邦心中虽然还有不满，但是也少了些，接着又问：“将军如此大才，我很佩服。现在，我有一个小小的问题向将军请教，凭将军的大才，答起来一定不费吹灰之力的。”韩信满不在乎地说：“可以可以。”刘邦狡黠地一笑，传令叫来一小队士兵隔墙站队，刘邦发令：“每三人站成一排。”队站好后，小队长进来报告：“最后一排只有二人。”刘邦又传令：“每五人站成一排。”小队长报告：“最后一排只有三人。”刘邦再传令：“每七人站成一排。”小队长报告：“最后一排只有二人。”刘邦转脸问韩信：“敢问将军，这队士兵有多少人？”韩信脱口而出：“二十三人。”刘邦大惊，心中的不快已增至十分，心想：“此人本事太大，我得想法找个岔子把他杀掉，免生后患。”

韩信部将陈豨被封为巨鹿郡郡守，前来向韩信辞行。韩信辞去左右，拉着陈豨的手仰天长叹道：“你可以同我说知心话吗？我有话想同你讲。”陈豨表示一切听从将军的命令。韩信说：“你所管辖的地方，是屯聚天下精兵的地方，而你又是陛下亲信宠爱的臣子，若有人说你谋反，陛下一定不相信；如果再有人告你谋反，陛下就会产生怀疑；如果第三次有人告你谋反，陛下定会大怒而亲率军队征讨。我为你在京城做内应，就可图谋天下了。”陈豨平素就了解韩信的才能，相信他的计谋，表示一切听从韩信的指示。

汉十年(公元前197年)，陈豨果然谋反。刘邦亲自率兵前去征讨，韩信称病不随高祖出征，暗地里派人到陈豨处联络，要陈豨只管起兵，自己定从京城策应。韩信与家臣谋划：可以在夜里假传诏旨，释放那些在官府中的囚徒和官奴，然后率领他们去袭击吕后和太子。部署已定，只等陈豨方面的消息。这时韩信的一位门客得罪了韩信，韩信囚禁了他并准备杀他。那位门客的弟弟就向吕后密告韩信要谋反的情况。吕后打算把韩信召来，又恐怕韩信的党羽不肯就范，于是与相国萧何商议，假装有人从皇上那里来，说陈豨已被杀死，诸侯群臣都前来进宫朝贺。萧相国欺骗韩信道：“虽然您有病，还是要勉强朝贺一下。”韩信入朝进贺，吕后派武士把韩信捆缚起来，在长乐宫中的钟室里斩杀了他，并诛灭三族。

千百年来，人们对韩信谋反一事一直争论不休，韩信在功成名就后为什么还要谋反？是不是刘邦故意设的阴谋，至今仍有许多疑问。

从表面看上，韩信确实有谋反的实力和机会，但他为什么要在被贬为淮阴侯，甚至被软禁后谋反呢？其实，在他杀死龙沮灭了齐国而刘邦被困荥阳时，那才是他最佳谋反的时机，那时韩信一路破三秦，破魏、代、赵、降燕，平齐，受封齐王，在汉军中威望极高，在那时对韩信独自建功立业是最有利的，正如说客武涉和辩士蒯通说的"为汉则汉胜，与楚则楚胜"。但韩信却认为刘邦待自己非常好，"载我以其车，衣我以其衣，食我以其食"，于是从良心来讲，就做不出背主负义和不忠不孝的事情，因此拒绝武、蒯二人的主张。

韩信在有利谋反时对汉王忠贞不贰、坚决不反，却在被软禁时出此下策，实在让无数人难以相信韩信真的有谋反之心。仔细品味《淮阴侯列传》中韩信谋反这一段，韩信和陈豨谋反，当时并无第三者在场，就是说陈豨辞别韩信的时候，到底两人说了什么话，是不是密谋造反，没有人能够知道。《史记》没有给陈豨作传，《淮阴侯列传》和《高祖本纪》都没有写陈豨关于韩信的话，也就是说没有任何证据显示那天两人谈话内容已被泄露，则两人密谋造反之事也无从考证。

再说，韩信那时没有兵权，难道仅仅凭几个家丁家将就能擒得了吕后和太子？难道就能抵抗得住御林军？韩信就算再善于用兵，也不会蠢到用鸡蛋去碰石头吧！

如果韩信真的有谋反之心，当他听到萧何传达的"陈豨已死"的消息后，已经没有必要要与他一起去长乐宫了。试想一下，一个人正在策划谋反，突然听到合伙人计划失败，心一定会虚。难道他就不怕陈豨在临死前供出自己吗？难道他就不怕这又是刘邦的另一个诱捕行动吗？但韩信却高高兴兴地去了！

还有，最后韩信在临死之前抱怨的是什么？——对！他抱怨并不是自己的计划不周，而是恨自己当初没有听蒯通的话！

似乎可以这样说，司马迁写韩信谋反时，一面同情韩信，但又不直接去写，一面苦于没有证据而只好以讹传讹地编撰。著名历史学家白寿彝教授在他的《史记新论》对于韩信被斩一段，指出："这一段写得很有破绽。这大概是文章故意留下的破绽。"由此可见，司马迁对韩信谋反一事不以为然，所以在其作传时故意露出破绽，表面承认韩信造反，背地却告诉后人韩信没有造反。

以下再让我们看看司马迁是怎么评论的，司马迁说："吾如淮阴，淮阴人为余言，韩信虽为布衣时，其志与众异。其母死，贫无以葬，然乃行营高敞地，令其旁可置万家。余视其母冢，良然。假令韩信学道谦让，不伐己功，不矜其能，则庶几哉，于汉家勋可以比周、召、太公之徒，后世血食矣。不务出此，而天下已集，乃谋畔逆，夷灭宗族，不亦宜乎！”

从司马迁的语气中，我们似乎看到司马迁从探访韩信家乡的人得知韩信的为人，对其有实力反时不反、而天下已定时才谋叛并导致宗族夷灭的悲剧结局十分不解，所以就用“宜”字写出作者对韩信谋叛之说的怀疑态度。

在中国历史上，“兔死狗烹”乃是一种不可改变的定律，可见韩信“谋反”一案，也是刘邦、吕后为了巩固刚刚建立起来的统一的西汉政权采取的政治方针，说韩信“谋反”，实质只是一种借口而已。

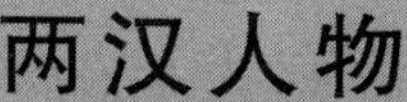

◎英　布

英布(卒于公元前 195 年),中国秦朝时六县(今安徽六安县)人。年轻时受过黥刑(刺面),所以又称黥布。起初为骊山役徒,修筑秦始皇陵墓。秦末率骊山刑徒起义,响应陈胜、吴广造反。后来投奔项梁,被封为九江王,楚汉战争中投奔刘邦,与韩信、彭越会师,消灭项羽,被刘邦封淮南王。公元前 196 年,因韩信、彭越被杀,举兵反汉,战败之后逃亡到江西一带,被长沙王吴臣诱捕杀害。

反秦投楚，常胜先锋

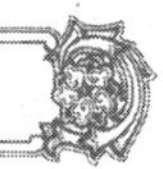

《史记·黥布列传》记载：

黥布者，六人也，姓英氏。秦时为布衣。少年，有客相之曰："当刑而王。"及壮，坐法黥。布欣然笑曰；"人相我当刑而王，几是乎？"人有闻者，共俳笑之。布已论输骊山，骊山之徒数十万人，布皆与其徒长豪桀交通，乃率其曹偶，亡之江中为群盗。

陈胜之起也，布乃见番君，与其众叛秦，聚兵数千人。番君以其女妻之。章邯之灭陈胜，破吕臣军，布乃引兵北击秦左右校，破之清波，引兵而东。闻项梁定江东会稽，涉江而西。陈婴以项氏世为楚将，乃以兵属项梁，渡淮南，英布、蒲将军亦以兵属项梁。

早在两千多年前，英布在惊心动魄的推翻秦王朝和"楚汉之争"的斗争中，叱咤风云，从救赵击秦、战巨麓、攻新安，到入咸阳、屯成皋、会垓下，是反秦灭项兴刘的大功臣。

英布本是一名普通的百姓，少年时请人为他看相，算命的人说："当刑为王"。长大后果然沦为刑徒，在额上刺字涂墨为黥，故也称"黥布"，英布定罪后不久被押送到骊山服劳役，给秦始皇修建陵墓。他还笑着对人讲："人相我当刑为王，几是乎？"在骊山有刑徒数十万人，英布在骊山服役时如鱼得水，他在刑徒中积极开展联络活动，专和罪犯的头目、英雄豪杰来往，在他的周围聚集了一大批拥护者。不久之后，他就带领这么一帮人越狱，逃回家乡，在江湖上"为盗"。

公元前 211 年，英布带领着刑徒来到瓦士山后，筑城居住，因刑徒皆刺字涂墨为黥，城有东、西两座，因此称之为东黥城、西黥城。这里回旋余地大，又扼守长江中游地区，十分有利于酝酿开展活动。

当时，番(音鄱)阳县令吴芮亦已洞察时事动荡，他广交社会朋友，深得江湖间民心,人们称其为“番君”。英布去会见吴芮,参加了他的军队,一起反叛了秦朝,还聚集起了数千人的队伍。吴芮十分欣赏英布,他看出英布的不凡之处,亲自主婚,将自己的爱女嫁给英布,并对布讲:“苦练本领、广结朋友,将来一定大有作为。”令英布在督军湖(今鄱阳湖东)训练军队,吴芮的话和各方面的帮助,对英布开展活动起了很大的作用。英布在番阳住了半年,把妻子接回,在东黥城内修别殿居住。

公元前 209 年 7 月,陈胜、吴广领导的中国历史上第一次农民大起义在大泽乡爆发,天下人士纷纷响应,并很快建立了“张楚”政权。时英布率数千刑徒揭竿响应,北上攻克陈县,有力地配合吕臣率领的起义军。秦二世二年(公元前 208 年),秦将章邯消灭了陈胜、吕臣的军队,义军的形势十分险恶。但是,英布没有害怕,反而大胆率兵北进,攻打秦军的左右校尉,在清波将其击败,接着英布又从东、西黥城北上,破秦军左右校于清波,有力地打击了秦军的嚣张气焰。当时因刑徒脸上都刺有字,英布取黄梅产的土青布裹头,人们称这支英勇善战的军队为“苍头军”。

陈胜起义后两个月,小农出身、曾做过亭长的芒砀山起义军首领刘邦,在小吏萧何、曹参等支持下,自称“沛公”,在丰沛(江苏丰县、沛县之间)扩大势力。与此同时,在会稽的楚国贵族出身的项梁、项羽叔侄杀死郡守,以楚王(陈胜)上柱国的名义,率领八千人渡河北上。刘、项两支起义军渐渐成为反秦斗争的主力。

英布率领的“苍头军”在战斗中骁勇善战,冲锋陷阵,以少胜多,勇冠全军。项梁到达薛地后,得知陈王确实已经被谋害,便拥立了楚怀王,自号“武信君”,拜英布为“当阳君”。起义军势力不断高涨,英布军和项梁军一道破秦军于东阿(今山东阳谷),转攻定陶(今山东定陶),并和刘邦共破秦军于雍丘(今河南杞县),斩秦主将李由,因军事胜利,项梁日渐骄傲轻敌,秦大将章邯乘机夜袭定陶,项梁战死。项梁死后,楚怀王迁都到了彭城,英布与其他的将领也都追随着,聚集到了彭城坚守。

章邯破项梁后,以楚兵不足为忧,北上围攻赵国,夺取邯郸,以重兵包围巨麓。赵王派使者求救于楚,楚怀王在彭城召开会议,决定兵分两路:一路以宋义为上将,范增为末将,项羽为次将,英布、蒲将军皆为将率主力北上救赵;另一路由刘邦率领向西略地,攻秦王朝腹地关中地区。救赵大军行至安阳(今山东曹县),宋义临到阵前,看到秦军强大的阵势,害怕了,不敢再前进一步,为了保存实力,逗留四十多天不发兵。而项羽为叔父项梁报仇心切,主张急速北上,想一口气冲过去与秦军决战,宋义不但不采纳,整日喝酒作乐,好像忘了自己是来干什么的了,听到项羽的想

法，斥责道："你个小孩子懂什么，现在重要的是养精蓄锐。"项羽一怒之下杀了宋义，接管了军队，取得部队拥护。楚怀王任命项羽为上将军，诸侯皆归项羽统领。项羽立即派遣英布的"苍头军"两万人渡河击秦军，英布打败秦军，杀出一条通道后，项羽率领大军渡河。时燕、齐救赵各路大军云集巨鹿，但均惧秦军，莫敢出战。唯英布甘任先锋，长驱直入，九战皆捷，大破秦军，英布、蒲将军斩秦大将苏角、俘王离、逼秦将涉间自杀，秦军统帅章邯投降，遂解巨鹿之围。巨鹿之战意义重大，经此一战，消灭了秦军主力，楚军屡战屡胜成为反秦力量的中流砥柱，所到之处秦军都闻风而逃，所以在各支诸侯军队中功劳最大。而楚军中英布率领的军队屡次以少胜多，骁勇善战，是精英中的精英，使得各路诸侯的军队逐渐归附楚国。英布的军队为推翻秦王朝铺平道路。

消灭秦军主力后，项羽乘胜西进，想要取汉中。行至新安，二十万秦兵降卒发生骚乱，项羽令英布在新安城南一夜坑杀降卒二十万人，然后继续西上，到达函谷关，不能进入，大军被挡在外面，项羽又派英布等人，先从隐蔽的小道，打败了守关的军队，才得以进关，一直到达咸阳。另一路刘邦自砀山西进，袭秦军陈留粮仓，收买秦地方官，不战而取宛城(今河南安阳)，又收买秦将而夺取武关，迅速攻入汉中，并在兰田大败秦军。公元前207年，军抵坝上，秦王子婴投降，秦朝灭亡。刘邦进入咸阳后，约法三章，废除秦一切苛法，旧官吏基本留用，赢得地主阶级和秦人好感。同时，令人守好函谷关。

项羽自河北率军入关，令英布从间道破刘邦下关军，企图消灭刘邦在关中势力。当时项羽拥兵四十万，刘邦只有十万，刘邦自知力弱，亲自到项羽驻地"鸿门"(今陕西临潼)，上卑辞言好，表示恭顺，以安其心。楚军常胜，功冠诸侯，诸侯兵皆服属楚有。

项羽进入咸阳后，杀秦降王子婴，火烧秦宫殿，所过之处无不破残，引起人民和地主阶级不满。项羽骄横一时，假尊楚怀王为义帝，自立为"西楚霸王"，并按亲疏依次封十八路诸侯。英布因常常担任军队的前锋，作战勇猛，功劳大，被封为"九江王"，建都六县(六安县东北)。为抑制刘邦，封他为"汉王"，封地在偏僻的巴蜀。

目光短浅，反楚投汉

《史记·黥布列传》中记载：汉元年四月，诸侯皆罢戏下，各就国。项氏立怀王为义帝，徙都长沙，乃阴令九江王布等行击之。其八月，布使将击义帝，追杀之郴县。

汉二年，齐王田荣畔楚，项王往击齐，征兵九江，九江王布称病不往，遣将将数千人行。汉之败楚彭城，布又称病不佐楚。项王由此怨布，数使使者诮让召布，布愈恐，不敢往。项王方北忧齐、赵，西患汉，所与者独九江王，又多布材，欲亲用之，以故未击。

汉三年，汉王击楚，大战彭城，不利，出梁地，至虞，谓左右曰："如彼等者，无足与计天下事。"谒者随何进曰："不审陛下所谓。"汉王曰："孰能为我使淮南，令之发兵倍楚，留项王于齐数月，我之取天下可以百全。"……淮南王至，上方踞床洗，召布入见，布大怒，悔来，欲自杀。出就舍，帐御饮食从官如汉王居，布又大喜过望。于是乃使人入九江。楚已使项伯收九江兵，尽杀布妻子。布使者颇得故人幸臣，将众数千人归汉。汉益分布兵而与俱北，收兵至成皋。四年七月，立布为淮南王，与击项籍。

汉五年，布使人入九江，得数县。六年，布与刘贾入九江，诱大司马周殷，周殷反楚，遂举九江兵与汉击楚，破之垓下。

英布做事最大的特点就是不按常理出牌，是一个无可无不可的人，当上了九江王之后更是这样。汉二年，齐王田荣背叛楚国，项王前往攻打齐国，在楚汉相争的关键时刻，向九江征调军队，做了项羽封赠的九江王的他，托辞病重不能前往，只派将领带着几千人应征，出人意料地坐山观虎斗，无心对项羽施以援手。这也就引起了项羽对英布的怨恨。

刘邦利用项羽攻齐之机，率领诸侯兵五十六万攻楚的都城彭城，英布又托辞病重不去辅佐楚国。项王因此更加怨恨英布，屡次派使者前去责备英布，并召他前往，英布越发地恐慌，不敢前往。当时，项王正为北方的齐国、赵国担心，西边又忧患汉王起兵，知交的只有九江王，又推重英布的才能，爱才心切，可以任用，所以没有发兵攻打他。

英布的反常举动终于为刘邦所利用，刘邦攻下彭城后，对左右从者说："像你们这班人，实在不值得共商天下事。"随从随何说："不知陛卜想干什么事?"刘邦说："有谁能够为我出使九江国，不管采用什么办法，只要让英布出兵叛楚，把项羽拖在齐地几个月。那么，我夺取天下就有百分之百的把握了。事成后，我一定重赏他。"随何愿出使淮南，刘邦便派了二十人与其一同前往。

随何见到英布后就说："我不知大王您和楚霸王到底是什么关系?"英布说："我对楚霸王称臣而侍奉他。"随何抓住英布的话，以质问口气说："大王您与项羽都身为诸侯王，大家的地位都是一样的，您却情愿当他的臣子，您定认为楚国强盛，可以依靠。那么项羽率军攻打齐国，他可以亲负墙板筑杵，为士卒先锋，大王应该像过去一样，倾尽国中的军队，作为楚军的先锋才是。而现今您却只发兵四千去帮助楚王，一个向北臣事别人的人，难道应当这样做吗？汉王攻打彭城，项王被齐国拖住，分身乏术。大王您本应该悉发九江之兵渡淮援助楚王，与汉王日夜作战，与汉军血战于彭城下。您拥兵无数，却袖手旁观，不肯派一兵一卒。这是一个依赖他人立国者应当做的吗？您名义上归附楚国，而实际上是想要独立自主。我私下里认为您这种蛇鼠两端的做法不可取。"同时又针对英布对项王的顾虑说："您之所以不肯背叛楚国，无非是因为汉弱楚强，楚军虽然强大，但是天下人都认为它不是正义之师，因为项羽违背盟约，又杀害了义帝。天下人都以不义之名责备他，他还自恃百战百胜，兵强国盛呢。现在，汉王收编诸侯的军队，回师驻守在成皋、荥阳，后方粮草源源不断地运来，汉军深挖战壕、营建壁垒，分兵把守各个要塞。楚人调回部队，中间隔着梁国，深入敌国八九百里，这时欲战不能，攻城乏力，老弱残兵要从千里之外转运粮食，如果楚军到达荥阳、成皋的时候，汉军只要坚守不战，楚军就会进不能攻，退不能脱身。胜败可以说是已经定了，所以说，楚军是靠不住的。如果楚国战胜了汉国，诸侯们必定会人人自危、互相救援，也未必天下太平了。因此，楚军强大，就会肆意妄为，必定招惹全天下的对抗。所以楚不如汉，这个形势显而易见。如今，大王不归附万无一失的汉国,却托身于岌岌可危的楚国,我对大王的做法感到不解。我并不认为大王手下的兵力足够灭亡楚国,但是,如果您能够发兵叛楚,那么,项羽必定会被滞留在齐国,这样,汉王就有足够的时间来平定天下了。"最后以坚定的口气说:"我建议大王归附汉王,汉王一定会裂地而赐封您,到时候,您所拥有的就不仅仅是淮南的土地了。汉王专程派我前来劝说大王,希望您仔细地考虑。"英布答应叛楚归汉,但又不敢马上泄漏,正巧楚使者催英布发兵,随何怕英布反悔,便对使者说:"九江王已经归附了汉王,楚国凭什么叫他发兵?"使者大惊,随何对英布说:"事情已经到了这个地步,你必须杀了楚使,无使其归。"英布见大势已定,已无退路,只好杀楚使,起兵攻打楚国。

项羽听说英布反楚,马上派项声、龙且带兵迎击英布,而自己则留下来进攻下邑。几个月以后打败英布,英布打算率军投奔汉王,但是害怕楚军的截击,便带着一些亲兵,与随何一道从小路跑到了汉军营中。

英布到达汉军营中的时候,刘邦无任何欢迎表示,边洗脚边召见英布。英布进帐,见到眼前的情景,非常生气,后悔归汉,想要自杀,但是,他出来以后,到了他住宿的地方,帐御、饮食、从官、侍女和刘邦一样,英布又大喜过望,认为汉王是尊重自己的。于是英布遣使者至九江收兵,此时,项羽已经派遣项伯收编了九江的散兵,并且杀死了英布全家。英布派来的使者找到了不少英布的老友和亲近的臣属,他们率领着这几千人投奔汉王。当时,刘邦和项羽在灵璧大战,刘邦大败,走保荥阳,屯兵成皋,恰英布归汉兵到,刘邦得益于布兵,才又重新振作。

公元前203年7月,刘邦立英布为淮南王,与其一道攻打项羽。次年,英布派人到九江,占领了好几座县城。汉六年,英布与刘贾一同进入九江,诱降了楚国的大司马周殷。于是,几个人合力,配合汉军攻打项羽,终于在垓下打败了项羽。

项羽死后,天下安定。后来,刘邦正式分封异姓王,英布被剖符定封为淮南王,建都六县,九江、庐江、衡山、豫章等郡都归属英布。

起兵反汉，诱捕被害

《史记·黥布列传》记载：

十一年，高后诛淮阴侯，布因心恐。夏，汉诛梁王彭越，醢之，盛其醢遍赐诸侯。至淮南，淮南王方猎，见醢，因大恐，阴令人部聚兵，候伺旁郡警急。……布之初反，谓其将曰："上老矣，厌兵，必不能来。使诸将，诸将独患淮阴、彭越，今皆已死，馀不足畏也。"故遂反。果如薛公筹之，东击荆，荆王刘贾走死富陵。尽劫其兵，渡淮击楚。楚发兵与战徐、僮间，为三军，欲以相救为奇。或说楚将曰："布善用兵，民素畏之。且兵法，诸侯战其地为散地。今别为三，彼败吾一军，余皆走，安能相救！"不听。布果破其一军，其二军散走。

遂西，与上兵遇蕲西，会甀。布兵精甚，上乃壁庸城，望布军置陈如项籍军，上恶之。与布相望见，遥谓布曰："何苦而反？"布曰："欲为帝耳。"上怒骂之，遂大战。布军败走，渡淮，数止战，不利，与百余人走江南。布故与番君婚，以故长沙哀王使人绐布，伪与亡，诱走越，故信而随之番阳。番阳人杀布兹乡民田舍，遂灭黥布。

汉十一年(公元前196年)春，汉高祖刘邦先杀韩信，复诛彭越，灭项兴刘的三位大将已杀两人，并将彭越尸体剁成肉酱，遍赐诸侯。英布接到彭越尸体做的肉酱后，预感大祸临头，心里更加地恐慌，暗令聚兵边郡，蔡山附近九江城聚兵三万，并且侦查临近地区的战备情况，以防不测。

不久，英布的一个爱妾生了病，到宫外去就医。这位医生家与淮南国的中大夫贲赫的家对门。贲赫得知大王的爱妾来此就医，便有意地巴结、奉承她，送给这个女人很多的礼物，并且与她在医生家中饮酒作乐。后来，这位爱妾病治好了。一次，她侍奉英布，在闲聊中，她称赞贲赫是位忠厚、老成的人。不料，淮南王生气地说："你怎么知道的呢？"爱妾就把相交往的情况全都告诉他。于是，英布疑心她和贲赫有淫乱关系。惊惧之下的贲赫，只有称病躲避和英布见面。英布更加恼怒，就要逮捕贲赫。事情越描越黑，英布决定重拳出击，杀掉贲赫。贲赫就是有百口也难辩明。

贲赫知道英布调动兵力的事情，为了自保，他乘坐驿站的马车，前往京城长安，上书告发英布，说他图谋造反。英布派人追赶贲赫，但是没有追到。不久，贲赫的上书传到了刘邦手里，在上书中，贲赫建议朝廷在英布还没有起兵之前将其处死。为此，刘邦与相国萧何商议。萧何说："英布应该不会造反，这恐怕是仇家的诬告。建议您先将贲赫拘捕，再派人暗中侦察英布。"刘邦依照萧何的建议去做。英布得知贲赫畏罪逃亡，又上书告变，本来已经怀疑他会说出自己暗中部署的情况，这时汉王的使臣又来了，有了相当的验证，知道大事不妙，只好先行起兵，首先就杀死贲赫的全家，起兵造反。当造反的消息传到长安，皇上就赏了贲赫，并且封他做了将军。

黥布起兵，其实正暗合刘邦心意，他早就准备对黥布下手，这使他有了杀他理由，于是决定亲征。英布反汉后，刘邦召诸将问对策，诸将皆说："发兵击之，坑竖子耳！"但并未提出妙策。

当时，汝阴侯滕公召故楚令尹薛公，请教计策，薛公却说："是故当反……往年杀彭越，前年诛韩信，此三人同功一体之人也，自疑祸及身，故反尔。"于是，刘邦问策，薛公说："英布反不足怪，他有三条道路可以选择，其策略可能分为上中下三计：东取吴西取楚，并齐取鲁，传檄燕赵，固守其所，山东非汉所有；东取吴西取楚，并韩取魏，据敖仑之粟，塞成皋之口，如此胜败难卜；东取吴西取下蔡，归重于越，复归长沙，则汉可安枕而卧。但他最终会选择消极防守的下策。"

果然，英布错误地估计形势，英布对手下的将领们说："皇上老了，又整日花天酒地，必定不会亲自率军前来。如果派来其他的将领，我只担心韩信与彭越。但是，这两个人都已经死了，其余的将领都是鼠辈，不值得我畏惧。"于是，英布开始进兵。果然不出薛公所料，英布首先向东进攻荆国，荆王刘贾战败逃亡，后死于富陵。英布将刘贾的部队全部收编，然后，率军渡过淮河，进击楚国。楚军分兵三处，想以互相倚仗而出奇制胜。有人游说楚将说："英布擅长用兵，百姓素来害怕他。况且兵法有言，认为诸侯在自己的土地上作战，士兵容易当逃兵。现在，您把军队分成三支，英布击败其中的一支，其余的两支就都会逃跑。他们哪里能够互相地倚仗呢？"楚将没有听从这个建议。不久，英布果然先击败一支楚军，其余的两支楚军望风而逃。

英布的军队士气旺盛，继续西进。很快，叛军与刘邦的部队在蕲县(今安徽宿州东南)西面的会甀乡相遇。英布的军队精锐，十分骁勇善战，刘邦不敢轻举妄动，于是坚壁清野、固守庸城。刘邦在城上望见英布的军队像当年项羽的军队一样排兵布阵，心里非常的讨厌。刘邦与英布彼此望见，他远远地对英布说："为什么你要造反呢？弄个身败名裂的下场！"英布因为连续的胜利，野心也膨胀了，不再是当初简单的自保了，就说道："我也想当皇帝啊！"刘邦听后，破口大骂。于是，两军开战。结果，英布兵败逃跑，渡过了淮河。此后，英布又多次停下来与汉军交战，但是均以失败告终，无奈之下，他只好带着百余名亲兵逃往江南。英布与原来的番县县令吴芮的女儿结婚，而现在，吴芮是长沙王。吴芮得知英布将要逃亡至此，他感到英布的气数已尽，便遣儿子吴臣欺骗英布，称欲与英布共存亡，叫他回到番阳，伺机再起。英布听从他的话，带人亡走番阳，被引入越人居住的地方，最后被全部围杀。随后，他命人携带英布的头颅，到刘邦那里去报告、请功。至此，英布的叛乱基本上被平息。

英布一生，骁勇善战，叱咤风云，在击秦灭项兴刘的过程中起到了不可替代、扭转战局的作用，从一介刑徒到为将为王，从最初的东西黥城为起点，乘势而上，纵横南北，经历了大大小小无数次酷烈的战斗而成就了一时的威名，可以说非常人能及。但他有勇无谋，目光短浅，反复无常。在中国历史上，英布可以算得上是一个典型的"反将"，从反秦开始，到归项又反楚，后投汉又反汉，真正是一反到底。英布败就败在他无可无不可的性格上，而他的无可无不可则源于他骨子里的缺乏信仰，因为缺乏真正的大志，所以，他可以坑杀降卒，可以追杀义帝，可以随时背叛项羽，也可以随时背叛刘邦。当"受刑而王"的预言得以实现，英布就开始很专注地维护自己的地位，正是他的这个性格决定了他终究只是一颗任人主宰的棋子，最后落得自我灭亡的下场。

太史公司马迁对英布的评价是："祸因爱起，妒娼生患，有勇无谋，目光短浅"，这并不是没有根源的。回顾英布一生的起落，我们不免发现他与同时代的韩信竟有着类似的遭遇，韩信是"成也萧何，败也萧何"，也是叛楚归汉，后又被汉所诛。英布最初是得到番君的赏识和支持，后却被番君诱杀，可谓是"成也番君，亡也番君"。如果说韩信的悲剧有因功高震主的政治斗争原因，那么英布的结局则完全是其性格命运的咎由自取。

汉初名将

◎彭　越

彭越与韩信并列为汉初三大名将，位在英布之上，曾率偏师在楚汉相争于荥阳之时抄敌粮道，迫使楚兵主力回师，复败复起，拖住楚军主力，使得汉军主力及淮阴侯部能够并力前行，终于将楚军压至彭城一带，方有以后垓下事，功劳甚著，封赵王(淮阴侯为楚王，英布为淮南王)，后刘邦疑惧之，发配往蜀地，路中碰到吕后，以为碰到知音，向吕后诉苦，吕后仍带他到刘邦处，劝刘邦杀之，以绝后患。

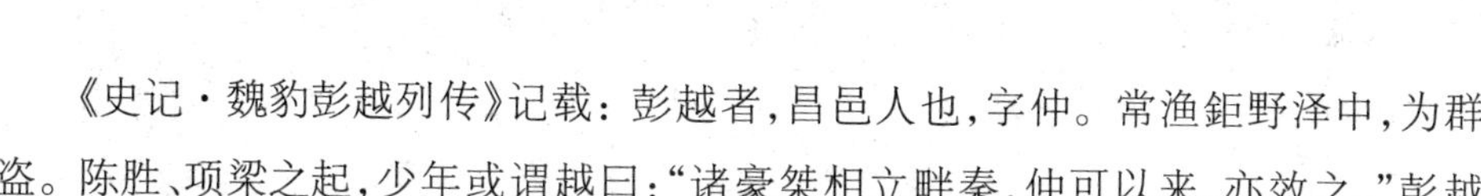

胸怀大志，屡战奇功

《史记·魏豹彭越列传》记载：彭越者，昌邑人也，字仲。常渔鉅野泽中，为群盗。陈胜、项梁之起，少年或谓越曰："诸豪桀相立畔秦，仲可以来，亦效之。"彭越曰："两龙方斗，且待之。"

居岁余，泽间少年相聚百余人，往从彭越，曰："请仲为长。"越谢曰："臣不原与诸君。"少年强请，乃许。与期旦日日出会，后期者斩。旦日日出，十余人后，后者至日中。于是越谢曰："臣老，诸君强以为长。今期而多后，不可尽诛，诛最后者一人。"令校长斩之。皆笑曰："何至是？请后不敢。"于是越乃引一人斩之，设坛祭，乃令徒属。徒属皆大惊，畏越，莫敢仰视。乃行略地，收诸侯散卒，得千余人。

沛公之从砀北击昌邑，彭越助之。昌邑未下，沛公引兵西。彭越亦将其众居鉅野中，收魏散卒。项籍入关，王诸侯，还归，彭越众万余人毋所属。汉元年秋，齐王田荣畔项王，乃使人赐彭越将军印，使下济阴以击楚。……于是汉王乃发使使彭越，如留侯策。使者至，彭越乃悉引兵会垓下，遂破楚。项籍已死。春，立彭越为梁王，都定陶。

汉初有七个异姓诸侯王，彭越是其中之一。彭越出道很早，在灭亡秦朝的战争中立下了不少战功，但是他最主要的功劳是：在楚汉战场上和韩信、英布一起帮助刘邦战胜了项羽。

彭越刚开始是个著名的强盗头子，盘踞在高山大泽之中，常常出去劫掠，日子过得倒也逍遥快活。陈胜、项梁揭竿而起时，一班年轻人就对彭越说："很多豪杰都争相树起旗号，背叛秦朝，这就是潮流。你也可以站出来，咱们也效仿他们那样干。"彭越说："现在两条龙刚刚搏斗，谁胜谁负还没有揭晓，还是等一等吧。"彭越的意思是，现在还看不出究竟谁能够打败谁，如果站错了队，那就坏了，这可是影响一辈子的事啊！作为强盗，目标虽说不怎么大，顶多也是面对地方官员的追剿；可是一旦作为造反的队伍，恐怕面对的就会是朝廷的大批正规军，这不是随便说着玩的。

过了一年多，泽中年轻人聚集了一百多，前去追随彭越，说："请你做我们的首领吧。"彭越拒绝说："我不想和你们一块儿干。"年轻人们执意请求，他才答应了。跟他们约好明天太阳出来集合，如果迟到了就杀头。第二天太阳出来的时候，迟到的有十多人，最后一个人直到中午才来。当时，彭越抱歉地对这些人说："我老了，你们执意要我当首领。现在，约定好的时间还有这么多人迟到，不能都杀头，只杀最后来的那个人。"于是彭越就拉过最后到的那个人杀了。设置土坛，用人头祭奠，号令所属众人。众人都大为震惊，害怕彭越，没有谁敢抬头看他。其实彭越的想法非常简单，既然要出来干，那么就要干他个轰轰烈烈，不成功则成仁。作为强盗出身，单兵的战斗力都是很强的，现在他们缺乏的不是武力，而是团结一致的纪律，这也是强盗部队通常敌不过正规军的原因。彭越的这支强盗军团，是一群个人武力非常强盛的乌合之众，作为起兵的先决条件就是纪律问题，他这一手就是杀鸡给猴看，只有把纪律整顿好才能出山。他很快就以软硬两手制服了手下的亡命徒，于是就带领大家出发夺取土地，此时局势已稍微明朗，而彭越手下已经聚集了一千多人。

刘邦从砀郡北上攻击昌邑时，彭越出兵援助他。昌邑没有攻下来，刘邦带领军队向西进发。彭越领着他的人马驻扎在鉅野泽中，收编魏国逃散的士兵，慢慢地发展起来。项羽进入关中，分封诸侯后，就回去了，没有彭越的分，当时彭越的部队已发展到一万多人，却由于彭越的山贼出身，各国的诸侯都没有把他放在眼里，最后就导致这万把人成为了黑户，没有归属。汉元年秋天，齐王田荣背叛项羽，派人赐给彭越将军印信，让他进军济阴攻打楚军，拖楚军的后腿。楚军命令萧公角率兵迎击彭越，却被彭越打得大败。汉王二年春天，汉王和魏王豹以及各路诸侯向东攻打楚国，彭越率领他的部队三万多人在外黄归附汉王。汉王说："彭将军收复魏地十几座城池，急于拥立魏王的后代。如今，魏王豹是魏王咎的堂弟，是真正魏王的后代，将军放心去做吧。"于是刘邦任命彭越做了魏国国相，可以不受魏豹的节制，独揽兵权，平定梁地。

但是好景不长，汉王在彭城被项羽打得很惨，向西溃退。彭越辛辛苦苦打下来的城池，也全部被项羽夺了回去。彭越独自带领他的军队向北驻守在黄河沿岸，充当起了“游击队”、“骚扰队”的角色，多次骚扰项羽的后方，在梁地断绝他们的后援粮草。汉四年冬，项王和汉王在荥阳相持，彭越攻下睢阳、外黄等十七座城邑。项羽听到这个消息，非常生气，就命令大将曹咎守住成皋，亲自向东收复了彭越攻克的城邑，又都归复楚国所有。彭越带着他的队伍北上谷城。汉五年秋，项王的军队向南撤退到夏阳，彭越又攻克昌邑旁二十多个城邑，缴获谷物十多万斛，用作汉王的军粮。

汉王刘邦打了败仗，派使者召彭越军前来援助，合力击楚。彭越讪笑道：“魏地刚刚平定，人心未定，而且我们被楚军打败了好几次，现在有了心理阴影，恐怕军心不稳，实在是不敢前往。”彭越拒绝了刘邦，在没有办法的情况下，刘邦只好率领自己的军队追击楚军，反在固陵被楚军所败。

刘邦为彭越、英布、韩信在关键时刻不肯参战发愁，问留侯张良。张良说：“齐王韩信私自称王，非您本意，韩信自己也不放心，害怕您失言反悔。彭越本来平定了梁地，战功累累，当初只是因为魏豹的缘故，才拜彭越为魏相国。而如今，魏豹死了，又没有留下后代，彭越也想为王，而您却没有提早想到这一点。他们这样阳奉阴违，就是想逼您做出反应。您可跟这两国约定：假如战胜楚国，睢阳以北至穀城，都分封给彭越，还要封他为王；从陈以东的沿海地区，分封给齐王韩信。齐王信的家乡在楚国，他有意再得到楚地。您如果能拿出这些土地，答应分给二人，相信二人的军队马上就可以来到；如果不能来，事情的发展就不可预料了。”于是刘邦当即派使者到彭越那里，按照留侯张良的计划行事。使者一到，彭越就率领着全部人马在垓下和汉王的军队会师，最终大破楚军，项羽身死。当年春天，彭越被封为梁王，建都定陶。

彭越是中国战争史上游击战的始祖，在楚汉战争中，他率部在楚军的后方开展游击战，用敌进我退，敌退我追的战术，有这种人的存在实在是项羽的克星。

功高人妒，惨遭冤死

彭越出身卑微却佐以不错的军事素质，以游击战争牵制了项羽，为刘邦在楚汉相争中获得胜利，立下了汗马功劳，自己也当上了诸侯王。对于一个庶民来讲，这是一个了不起的成就。只是很可惜，他的经验面对刘邦及其吕后的阴险狡诈来说，显得是那样的软弱无力，最后惨死在刘邦的手中。彭越自打跟随刘邦开始，始终是忠心耿耿，最后却落得了这么一个下场，这不能不说是对楚汉风云人物的一种讽刺。

《史记·魏豹彭越列传》记载：十年秋，陈豨反代地，高帝自往击，至邯郸，征兵梁王。梁王称病，使将将兵诣邯郸。高帝怒，使人让梁王。梁王恐，欲自往谢。其将扈辄曰："王始不往，见让而往，往则为禽矣。不如遂发兵反。"梁王不听，称病。梁王怒其太仆，欲斩之。太仆亡走汉，告梁王与扈辄谋反。……上乃可，遂夷越宗族，国除。

彭越被封为梁王后，安安定定地过了好多年诸侯王的日子，没想到因为陈豨造反，彭越的舒服日子也到了尽头。汉高祖刘邦亲自率领部队前去讨伐陈豨，到了邯郸，向梁王彭越征发部队。梁王害怕刘邦将在云梦泽对韩信玩的那一手用在自己身上，不敢亲自去见刘邦，推说有病，就命令部下带些兵去见刘邦。高祖刘邦非常不高兴，派人去责备梁王。彭越很害怕，打算亲自前往谢罪。这个时候他的部将扈辄说："一开始的时候大王怎么不去，现在被他责备了你才去，这时您去无异于自投罗网，不如就此借机出兵造反吧，与汉王一争高下。"此时的彭越，因为忠心于当朝，不愿舍弃舒服的日子，就没有采纳扈辄的意见，仍然推说有病，不肯前往。其实，如果彭越当时与汉朝对抗，并不是什么智者的行为，因为，当时的刘邦早已经稳定了天下，要造反也应该选在项羽没有被打垮的时候，彭越若现在造反，失败的命运是

肯定的。所以，彭越拒绝听从扈辄的建议并不算失策，可是他因此放弃面见刘邦做政治检讨的做法是失策的(当然，他更大的失策就是不该在刘邦要求支持的时候而没有前往与刘邦一起抗敌)。但是不管怎样，彭越对刘邦对整个汉朝还是非常忠诚的。

当时，彭越与他的太仆关系不太好，于是打算杀掉他。太仆慌忙逃到汉高祖那儿，为泄私愤，他就控告彭越和扈辄谋反。高祖非常震怒，于是派使臣，用计出其不意地袭击彭越，彭越没有防范，很快就束手就擒，囚禁在洛阳。经主管官吏审理，认为他谋反的罪证具备，请求高祖依法判处。

要说刘邦这个人，还算没有狠到顶点，比朱元璋之辈要和善一些。刘邦念及彭越当初与自己出生入死，多次在关键时刻助自己摆脱困境的面上，赦免了他的死罪，降为平民，流放到蜀地的青衣县。说刘邦假仁假义也好，说他作秀也好，但历史上的刘邦确实有仁义的一面。当然，作为一个开国帝王，他本质上肯定是一个凶猛狡诈的家伙。

对于一下子失去了锦衣玉食的生活，成为阶下囚的彭越非常痛苦，同时对刘邦还存在着一丝幻想。也正是他的这一点点幻想彻底葬送了他的前途、生命以及无辜的家族。在他向西走到郑县时，遇到了一个他本不该遇到的人，遇到一个可以左右他生命的重量级人物，他希望那人可以帮助他有更好的命运，但历史却跟他开了个致命的玩笑。他遇到了谁呢，他遇到了吕后，吕后正好从长安回来，要去洛阳办事，就这样鬼使神差的被彭越遇上了。彭越像在水中遇到一棵救命稻草似的，对着吕后哭泣，极力辩解说自己的无罪与无辜，希望吕后可以在刘邦那里说说好话，让自己回到老家昌邑居住，吕后答应给他帮助，并且“逆转”了彭越的方向，和他一块儿向东前往洛阳。可怜彭越万万没有想到，这完全是所托非人。不但他囚车的方向“逆转”了，他的命运也因此逆转了，不过并不是向生的方向走，而是向着死亡的方向去了。吕后的“答应”只是表面上的答应，心里却想着要斩草除根。吕后回到洛阳后，向高祖陈述说：“彭王是豪壮而勇敢的人，如今把他流放蜀地，是放虎归山，日后必有后患。如今，臣妾已经把他带回来了，不如现在杀掉他。”这时的刘邦对杀死彭越依然很犹豫，但吕后有能力扭转刘邦的决定。

于是，吕后收买彭越的门客，彭越的舍人，他原先的太仆，在吕后的唆使授意下，第二次告发彭越谋反，受理这个案子的是大汉朝的最高法院和高级军事法院，并且以极高的效率审结此案，除上次的犯罪事实之外，吕后又唆使彭越的舍人提供了更多的谋反“罪证”。结果，最高法院和高级军事法院的法官们在认定彭越的犯罪“事实”后，对他适用了大汉王朝中最严厉的“阴谋颠覆国家和政府罪”，也就是说，彭越的谋反罪名成立，他被判处了死刑立即执行，附加刑罚是：夷灭三族。随后，梁国的封号也被撤销了。可怜一代枭雄彭越因为认人不清，被舍人告发在前，又被吕后陷害在后，最终连同自己的三族也被消灭在历史的血泊之中。更残忍的是，刘邦夫妇命令手下的人将彭越的尸体做成肉酱，并把这些肉酱分成好几份送给各位诸侯，以示警戒。刘邦的这一举动不但没有起到警戒的作用，反而起了反作用，英布在彭越死后不久也谋反了，大概就是受了这个悲惨事件的刺激吧。

彭越最后死在吕后的手中，也只能怪他遇人不淑。特别是在残酷的政治斗争中，一定要慎重。吕后一向刚毅、凶狠，她的政治特色早已显露，她对韩信的残酷诛杀就发生在彭越被杀之前。高祖刘邦虽然也不是什么好人，但他的狠辣程度与吕后比起来那还差得远，彭越却不能辨识吕后的真伪，这也是他行动策略方面的一个重大失误。抚案沉思，他的悲剧实在是令人扼腕。

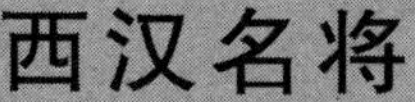

西汉名将

◎周亚夫

周亚夫是汉朝军事家。《史记·绛侯周勃世家》中载:“太史公曰:绛侯周勃始为布衣时,鄙朴人也,才能不过凡庸。及从高祖定天下,在将相位,诸吕欲作乱,勃匡国家难,复之乎正。虽伊尹、周公,何以加哉!亚夫之用兵,持威重,执坚刃,穰苴曷有加焉!足己而不学,守节不逊,终以穷困。悲夫!”司马迁对他称赞的同时,也为他惋惜,说他因为过于耿直,对皇帝不尊重,不善谋身,结果导致悲剧结局,令人慨叹。

治军严谨,阅兵扬名

据《史记·绛侯周勃世家》记载:条侯亚夫自未侯为河内守时,许负相之,曰:"君后三岁而侯。侯八岁为将相。持国秉,贵重矣,于人臣无两。其后九岁而君饿死。"亚夫笑曰:"臣之兄已代父侯矣,有如卒,子当代,亚夫何说侯乎?然既已贵如负言,又何说饿死?指示我。"许负指其口曰:"有从理入口,此饿死法也。"居三岁,其兄绛侯胜之有罪,孝文帝择绛侯子贤者,皆推亚夫,乃封亚夫为条侯,续绛侯后。

周亚夫是名将周勃的次子,在历史上也非常有名。

周亚夫起初当河南太守,未曾封侯。许负为他看相,说:"您三年以后被封侯,封侯八年以后任将军和丞相,掌握国家大权,位尊而权重,在大臣中没有第二个能和你比。此后再过九年,您将会饿死。"周亚夫笑着说:"我的哥哥已经继承父亲的侯爵了,如果他死了,他的儿子应当接替,我周亚夫怎么谈得上封侯呢?既然我已像你说的那样富贵,又怎么说会饿死呢?请你指教我。"许负指着周亚夫的嘴说:"您脸上有纵纹入口,这是饿死的面相。"过了三年,周亚夫之兄绛侯周胜之犯罪处死,文帝要选择周勃之子中贤能的人,大臣都推举周亚夫,于是封周亚夫为条侯,作为绛侯的继承人。

有这样一句谚语:一头羊率领的狮群打不过一头狮子率领的羊群,说明战争中将领的重要地位。

公元前二世纪,汉朝与西部匈奴贵族通过联姻维持和平,双方没有发生大规模的战争。但是后来匈奴的单于听信了别人的挑拨,跟汉朝绝了交。公元前158年,匈奴起兵侵犯汉朝边境,杀人掠物,边境的烽火台都放起烽火来报警,远远近近的火光,连国都长安也望得见。汉文帝于是派三位将军带领三路军队去抵抗。为了保卫国都长安,另外派了三位将军带兵驻扎在长安附近:将军刘礼驻扎在灞上,徐厉驻扎在棘门，周亚夫驻扎在细柳。

有一次，汉文帝亲自到这些地方去慰劳军队，顺便也去视察一下。他先到灞上，刘礼和部下将士一见皇帝驾到，就以盛大的礼仪迎接。汉文帝的车队闯进军营，没有受到任何阻拦。汉文帝慰劳了一阵走了，将士们忙不迭欢送。接着，汉文帝一行又来到棘门，受到的迎送仪式也是一样隆重。最后，汉文帝来到细柳。周亚夫军营的前哨看到远远有一队人马过来，立刻报告周亚夫。将士们披盔带甲，弓上弦，刀出鞘，完全是准备战斗的样子。汉文帝的先遣队到达了营门，守营的岗哨立刻拦住，不让进去。先遣的官员威严地吆喝了一声，说："皇上马上驾到！"营门的守将毫不慌张地回答说："军营中只听将军的军令。将军没有下令，不能放你们进去。"官员正要同守将争执，汉文帝的车驾已经到了。守营的将士照样挡住。汉文帝只好命令侍从拿出皇帝的符节，派人给周亚夫传话说："我要进营来劳军。"周亚夫下命令打开营门，让汉文帝的车驾进来。护送文帝的人马一进营门，守营的官员又郑重地告诉他们："军中有规定，军营内不许车马奔驰。"侍从的官员都很生气。汉文帝却吩咐大家放松缰绳，缓缓地前进。

到了中营，只见周亚夫披戴着全身盔甲，拿着兵器，威风凛凛地站在汉文帝面前，拱拱手作个揖，说："我盔甲在身，不能下拜，请允许按照军礼朝见。"汉文帝听了，大为震动，也扶着车前的横木欠了欠身，向周亚夫表示答礼。接着，又派人向全军将士传达他的慰问。

劳军完毕，出了营门，文帝感慨地对惊讶的群臣说："这才是真将军啊！那些灞上和棘门的军队，简直是儿戏一般。若敌人来偷袭，恐怕他们的将军也要被俘虏了。可周亚夫怎么可能有机会被敌人偷袭呢？"汉文帝在这一次视察中，认定周亚夫是个军事人才。好长时间里对其都赞叹不已。

一个月后，匈奴兵退去。文帝命三路军队撤兵，然后升周亚夫为中尉，掌管京城的兵权，负责京师的警卫。

第二年，汉文帝害了重病。临死的时候，他把太子叫到跟前，特地嘱咐说："如果将来国家发生动乱，叫周亚夫统率军队，准错不了。"

周亚夫汉军扬名，阅柳扬名，景帝继位后升他为车骑将军。

智平叛乱，立下大功

据《史记·绛侯周勃世家》记载：孝景三年，吴楚反。亚夫以中尉为太尉，东击吴楚。因自请上曰："楚兵剽轻，难与争锋，愿以梁委之，绝其粮道，乃可制。"上许之。

太尉既会荥阳，吴方攻梁，梁急，请救。太尉引兵东北走昌邑，深壁而守。梁日使使请太尉，太尉守便宜，不肯往。梁上书言景帝，景帝使使诏救梁。太尉不奉诏，坚壁不出，而使轻骑兵弓高侯等绝吴楚兵后食道。吴兵乏粮，饥，数欲挑战，终不出。夜，军中惊，内相攻击扰乱，至于太尉帐下。太尉终卧不起。顷之，复定。后吴奔壁东南陬，太尉使备西北。已而其精兵果奔西北，不得入。吴兵既饿，乃引而去。太尉出精兵追击，大破之。吴王濞弃其军，而与壮士数千人亡走，保于江南丹徒。汉兵因乘胜，遂尽虏之，降其后，购吴王千金。月余，越人斩吴王头以告。凡相攻守三月，而吴楚破平。于是诸将乃以太尉计谋为是。由此梁孝王与太尉有郄。

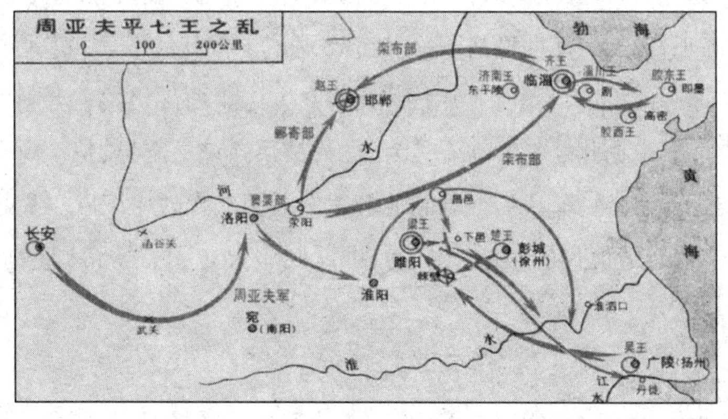

周亚夫平七王之乱

汉景帝三年(公元前154年),周亚夫出兵平定以吴王刘濞为首的七个同姓诸侯王叛乱的作战。

自汉高祖刘邦建立西汉政权后,先后翦除韩信、彭越、英布等异姓诸王,消除了隐患,并大封同姓子弟为王,企图用家族血缘关系来维护其统治。同姓王封地面积占去全国疆土大半,势力日渐强盛。到文帝时期,诸侯王国已成割据状态。文帝十六年(公元前164年),文帝采用太中大夫贾谊"剖分王国策"划小诸侯国。景帝继位,又采纳御史大夫晁错削藩建议,将诸侯王部分封地收归朝廷管辖,先后削夺楚东海郡(郡治郯县,今山东郯城西北),赵常山郡(郡治真定,今河北正定南)及胶西王所属六个县,招致诸侯王不满,反对最强烈的是吴王刘濞。刘濞乃高帝刘邦之侄,封土广大,财力富足,经营吴地(都广陵,今江苏扬州市)四十余年,蓄谋夺取中央政权已久。吴王利用诸侯王不满削藩之策,乘机游说胶西、胶东、甾川、齐、济南、赵等诸王,图谋武力反叛汉廷。景帝三年正月,景帝下诏削夺吴会稽郡(郡治吴县,今江苏苏州市)、豫章郡(郡治豫章,今江西南昌市)。削地诏书方至,刘濞即以诛晁错、清君侧为名,征发二十多万人,并联络闽越、东瓯助战,起兵广陵。胶西、胶东、甾川、济南、楚、赵六国亦反叛,形成七国联合反叛汉廷之势。景帝先用姑息之策,杀晁错,允许恢复诸王封地。吴王意欲夺取皇位,并不就此罢兵。景帝遂决心武力平叛。吴王率军西渡淮河与楚军合兵,在棘壁(今河南永城西北),击溃梁军数万人。旋即乘胜围攻梁都睢阳(今河南商丘县城南),意图打通西进通道,抢占荥阳(今河南荥阳东北古荥镇),与胶西等四国之兵及赵军会师洛阳,合兵西入长安(今陕西西安市西北)。因梁王刘武拼死据守,吴、楚军被阻。胶西、胶东、甾川、济南四国之兵,因齐王背约,未能西进洛阳,先攻齐都临淄(今山东淄博市东北临淄故城),赵军亦未从邯郸(赵都,今属河北)南下,而将兵力屯集西部边境。七国会师洛阳企图亦已落空。景帝据此以中尉周亚夫为太尉,领兵向东进击吴、楚。周亚夫对景帝说:"吴楚勇猛,行动迅捷,我们很难同他们在面对面的作战中取胜。我想让梁国拖住吴兵,再率兵断绝他们的粮道,这样就可以制服吴楚了。"景帝同意了这个战略建议。

遇赵涉依议出奇兵

周亚夫到灞上时,有个名叫赵涉的人拦道对他说:"将军东诛吴楚,胜则宗庙安，不胜则天下危，能用臣之言乎？”周亚夫当即下车，向这人行礼请教。赵涉说，吴王刘濞得知将军领兵出发，必然伏兵于东去路线上崤山至渑池险要之处，伺机伏击。况且兵贵神速秘密，将军为什么不从此向右行进，走蓝田、武关一线，奔向洛阳，不过相差一二日就可赶到。到了洛阳，先控制武库，击响战鼓。诸侯听到消息，会以为将军从天而降。周亚夫采纳赵涉的建议，南出武关，经南阳到达洛阳，据有洛阳武库，抢先占了荥阳，控制敖仓，还抚慰游侠剧孟。周亚夫听从了赵涉的建议，走蓝田、出武关，迅速到达了雒阳，搜索之后果然捕到吴王所遣的伏兵，于是任赵涉为护军。

避敌锋锐，疲敌制胜

吴楚联军“先击梁棘壁，杀数万人”，围攻梁军于睢阳。梁王刘武请求周亚夫派兵救援。这时周亚夫曾向邓都尉(原是周勃门客)请教破敌之策。邓都尉说：“吴兵锐甚，难与争锋。楚兵轻，不能久。方今为将军计，莫若引兵东北壁昌邑，以梁委吴，吴必精锐攻之。将军深沟高垒，使轻兵绝淮泗口，塞吴饷道。彼吴梁相敝而粮食竭，乃以全强制其疲极，破吴必矣。”周亚夫说：“善。”于是确定了“坚壁昌邑南，轻兵绝吴饷道”的战策。他带军向东北进至昌邑，深沟高垒而防守。梁王一再派使者来向周亚夫请求援助，周亚夫按既定策略，不发兵。梁王上书向景帝报告，景帝派使者诏令周亚夫救援梁国。周亚夫不执行诏令，仍然坚守营垒不肯出兵，而派遣弓高侯韩颓当率领轻骑兵断绝吴军后面的粮道，然后将大军推进到下邑。

这时吴楚联军已感到进退两难，乃回军向下邑，要与汉军主力决战，多次向汉军挑战，周亚夫始终不出兵应战。夜间，汉军营中突然惊动，互相攻击，扰乱到周亚夫帐旁。周亚夫安卧不起。过了一会，就安定了。吴军拉到汉军营垒的东南角，摆出在东南进攻的态势，周亚夫却安排在营垒的西北角加强戒备。一会儿吴军的精锐部队果然调到西北方发起进攻，但不能攻入。吴楚联军因为饥饿，不得已引军撤退。周亚夫乘机发动精锐部队追击，大破吴军。吴王刘濞丢弃自己的军队，带着几千名士兵逃跑，到了长江以南，在丹徒进行防守。楚王刘戊走投无路而“自杀”。汉军乘胜追击，俘虏了大部分吴楚将士，平定了许多县邑，并悬赏黄金千斤捉拿吴王。过了一个多月，越地民众斩了吴王刘濞的头前来领赏。这次用兵，前后三个月，平定了吴楚七国之乱。到这时候，将领们都承认太尉周亚夫的计谋正确，只有梁王刘武从此与周亚夫有了嫌隙。

汉军凯旋，朝廷重新设置太尉官，正式任命周亚夫为太尉。过了五年，景帝七年(公元前150年)二月，周亚夫升任丞相，深受皇帝的器重。

西汉时期的平定吴楚七国叛乱，是一场反对割据、维护国家统一和安定的战争。在此次战争中，汉军抢占关东战略要地荥阳，控制南北要道，争得了战略上的主动，造成了东阻吴楚、北拒齐赵，屏蔽关中的有利态势。然后以一部分钳制齐赵，而把吴楚作为主要打击目标，并根据楚军剽轻、吴军精锐的客观情况，采取了“以梁委之”，吸引和消耗吴楚联军，乘敌疲惫而后击的正确作战方针，最终各个击破，迅速平定了七国之乱。但反观吴楚等七国，为了维持诸侯割据而发动战争，破坏国家统一和社会安定，违背了历史发展的潮流和人民的意愿。其次，七国内部钩心斗角、矛盾重重、各怀鬼胎、步调不一、缺乏统一的计划和指挥。叛乱初期所提出的分进合击，从南、北、东三个方向包围关中，先取荥、洛会师长安的构想，由于各诸侯国或临时背约，或轻易改变，或屯兵观望而化作泡影。战争中，吴王既不听田禄伯、桓将军进军之计，又忽视了对粮运要道的设防，孤军一路，全力攻梁，结果顿兵坚城，贻误战机。战争中丧失了主动权，那么最终的失败命运也就成为必然。

在这次战争中，下邑之战是其中的关键一役，名将周亚夫先抢占中原战略要冲，委梁于吴、楚，坚壁不出，断其粮道，然后乘其饥疲进击，迅速获得平叛作战的胜利，是中国历史上疲敌制胜的典型战例。

性格率直，英雄末路

据《史记·绛侯周勃世家》记载：景帝居禁中，召条侯，赐食。独置大胾，无切肉，又不置箸。条侯心不平，顾谓尚席取箸。景帝视而笑曰："此不足君所乎？"条侯免冠谢。上起，条侯因趋出。景帝以目送之，曰："此怏怏者非少主臣少！"

居无何，条侯子为父买工官尚方甲盾五百被可以葬者。取庸苦之，不予钱。庸知其盗买县官器，怒而上变告子，事连污条侯。书既闻上，上下吏。吏薄责条侯，条侯不对。景帝骂之曰："吾不用也。"召诣廷尉。廷尉责曰："君侯欲反邪？"亚夫曰："臣所买器，乃葬器也，何谓反邪？"吏曰："君侯纵不反地上，即欲反地下耳。"吏侵之益急。初，吏捕条侯，条侯欲自杀，夫人止之，以故不得死，遂入廷尉。因不食五日，呕血而死。国除。

在公元前152年，丞相陶青有病退职，景帝任命周亚夫为丞相。开始景帝对他非常器重，由于周亚夫的耿直，不会讲政治策略，逐渐被景帝疏远，最后绝食而死，落的个悲剧的结局。

那么究竟是什么事情导致景帝疏远周亚夫呢？

在废立太子的事情上。景帝逐渐疏景帝立长子刘荣为皇太子，但因其母栗姬逐渐失宠，景帝就想废掉太子，另立王皇后之子刘彻为太子。在中国的封建社会，立太子是大事，因为将来国家社稷的命运在很大程度上都掌握在他一个人的手里，稍有不慎，就会引起巨大的灾难，况且废长立幼一般是不允许的。周亚夫位居相位，自然得管这件事情，他认为太子并无过失，随意废立，会引起混乱。就这样，与景帝发生了争执。后来景帝说废立太子是家事，不需外人插手，周亚夫这才无奈罢休。周亚夫的劝谏不仅未能说服景帝，反而使景帝觉得他太过张狂，太蔑视皇帝，因而深为愤怒。这样一来，周亚夫的处境也就可想而知。

一代名将竟落此下场！其实，周亚夫不明白的地方在于，越是有为的帝王越对权力充满着野心，攫取的权力越多，导致帝王的人格越残缺。而周亚夫自己却偏偏有意无意地拨动了帝王对权力占有的这根心弦，最终汉景帝将他下狱致死，也似乎是情理之中的事了。

也许只此一事还不足于使功勋卓著的周亚夫命丧黄泉，在这件事过后不久，有三件事导致了周亚夫的悲剧：

其一：见死不救，得罪梁王。周亚夫只知谋国，不知谋身，七国之乱时，周亚夫拒绝直接救援梁国，而是以洛阳为根据地，坚持不战，派人切断吴楚联军粮道，使七国叛军不战自乱。这本来是非常高明的战略，但梁王认为周亚夫见死不救，对周亚夫怀恨在心。因此，梁王每逢入朝，经常与母亲窦太后说起周亚夫，极尽中伤诬陷之事。时间一长，假话也成真话，何况梁王所说并非假话，只是对事实的理解不合实际而已。窦太后听信了梁王的谗毁，经常向景帝说周亚夫的坏话。

其二：是在封王皇后之兄王信为侯上。窦太后想让景帝封皇后的哥哥王信为侯，但景帝不愿意，说窦太后的侄子在父亲文帝在世的时候也没有封侯。窦太后说她的哥哥在世时没有封侯，虽然侄子后来封了侯，但总觉得对不起哥哥，所以劝景帝封王信为侯，景帝只好推脱说要和大臣商量。在景帝和周亚夫商量时，周亚夫说刘邦说过，不姓刘的不能封王，没有功劳的不能封侯，如果封王信为侯，就是违背了先祖的誓约。景帝听了无话可说。这样一来，不光皇帝不悦，还得罪了窦太后，王皇后及她娘家。而这二人对景帝的影响都很大。

其三：是在封匈奴王为侯的事上。匈奴王唯许卢等五人归顺汉朝，景帝非常高兴，想封他们为侯，以鼓励其他人也归顺汉朝，但周亚夫又反对说："如果把这些背叛国家的人封侯，那以后我们如何处罚那些不守节的大臣呢？"景帝说："丞相议不可用。"否定了周亚夫的意见，封王唯许卢等人为侯。周亚父便称病不朝，这又是一个错误。此举显出他对皇帝没听从他而有怨气。作为臣子竟敢公开和皇帝叫板，皇帝心中也会有不满和防范。

说起来，周亚夫也算是汉景帝的股肱重臣，他在平定七国之乱的时候立下了赫赫战功，以后又官至丞相，为汉景帝献言献策，也算是忠心耿耿了。但汉景帝在选择辅佐少主的辅政大臣的时候，还是把他抛弃了。使景帝如此不念周亚夫的奇功，痛下杀手的原因何在呢？

在古代，每个皇帝年老之后，皇位的继承问题就空前复杂起来，老皇帝们都会费一番心血，汉景帝就碰到了这个问题，他预感自己不久于人世，担心军权在握的周亚夫对自己的儿子不利，当时太子才刚刚成年需要辅政大臣的辅佐，再加上周亚夫之前的种种表现。景帝愈加不放心，于是，在自己死前，设计了“食不置箸”来试探周亚夫，试探结果证实了汉景帝的担心。

“食不置箸”整个事情的过程是这样的。

一日，景帝特赐食于周亚夫。周亚夫虽已免官，尚居都中，见召即到。周亚夫来到宫中，看景帝独坐在那里，便行了拜谒之礼，接着，走到自己的位子上坐了下来。

景帝跟周亚夫闲聊了几句，就命摆席。席间并无他人，只有一君一臣，周亚夫感到有些慌惑，等到食物摆上来时，周亚夫发现自己面前只有一只酒杯，并无筷子，菜肴又只是一整块大肉，根本没有办法吃。周亚夫觉得这是景帝在戏弄他，忍不住就想对主席官发火，可一看景帝坐在那儿，也就只好转头对主席官说：“请拿双筷子来!”主席官早受了景帝的嘱咐，装聋作哑，站着不动。周亚夫正要再说，景帝忽然插话道：“你难道还不满意吗?”周亚夫一听，又愧又惊，又恨又羞，急忙起座下跪，脱下帽子谢罪。景帝刚说了一个“起”字，周亚夫就起身而去。景帝盯着周亚夫愤愤而去的背影，说：“此怏怏者，非少主臣也”。

分析这整个事情的过程，我们可以看出，汉景帝试探周亚夫的方法是很巧妙的，辅佐少主的大臣，一定要稳重平和，任劳任怨，不能有什么娇气，因为少主的年轻气盛，万一有什么做得过分的地方，只有具有长者风范的人，才能包容这些过失，一心一意地忠贞尽责。从周亚夫的表现来看，连老皇帝对他不礼貌的举动，他都不能忍受，一副很不高兴的样子，以后又怎么能包容少主的过失呢？赏赐他的肉，虽然不方便食用，但在汉景帝看来，他也应该二话不说，把它吃下去，这表现了一个臣子安守本分的品德，他要筷子的举动，在汉景帝看来就是非分的做法，到辅佐少主的时候，会不会有更多非分的要求呢？这一点是汉景帝不能不防的，为了江山社稷永固，为了儿子能坐稳天下，景帝虽知周亚夫不可能谋反，仍坚决地除去他。杀心既定，只等寻到借口。不想借口很快来了。时过不久，周亚夫之子为父从工官那里购买五百具甲盾备作殉葬品。苛待雇工，不给工钱。雇工们知道他偷买天子用的器物，一怒就上告周亚夫的儿子要反叛，事情自然牵连到条侯。雇工的上书呈报给景帝,景帝交给官吏查办。官吏按文书上内容一一责问条侯,条侯拒不回答。景帝责骂他说:“我不任用你了。”并下令把周亚夫交到廷尉那里去。廷尉责问说:“您是想造反吗?”周亚夫说:“我所买的器物都是殉葬用的,怎么说是要造反呢?”狱吏说:“您纵使不在地上造反,也要到地下去造反吧!”狱吏逼迫越来越加紧。比秦桧的莫须有更荒谬。真是欲加之罪,何患无辞?周亚夫受此屈辱,无法忍受,开始差官召他入朝时就要自杀,被夫人阻拦,这次又受羞辱,更是难以忍受,于是绝食抗议,五天后,吐血身亡。现河北景县有周亚夫墓。据说周亚夫死后,消息传至修地,当地人悲痛万分,每人一捧土堆起一座高大的衣冠冢。真正的周亚夫墓在何处,如今已经不考。司马迁在《史记》中对他称赞的同时,也为他惋惜,说他因为过于耿直,对皇帝不尊重,结果导致悲剧结局,令人慨叹。

我们在慨叹周亚夫悲剧命运的同时,也不得不承认,历来功高震主者从没有好下场,周亚夫也不例外,这是历史的必然,专制的标志之一就是君让臣死,臣不得不死。不为其用就得毁掉,若在酒宴上周亚夫不去索要筷子,而是不管三七二十一,手抓牙啃像条狗一样将那块大肉吃下,那么,他也许会活得很自在,但他没有,于是他只能死。要么丢掉尊严得生,要么带着尊严去死。这就是专制之下人的生存方式。专制的君主想要一个人的命又是再简单不过,有罪名得死,没有罪名创造罪名也得让你死,于是就有了“地上不反地下反”,就有了“莫须有”。表面上他们死在小人奸臣手中,实际上,他们是死在专制君主手中。无数的英雄,就这么无声无息地去了。

一代名将,力挽狂澜。周亚夫因治军严谨而留下细柳营的千古佳话,匡扶汉室竟是如此下场,许多人都为其痛惜和不平。但若细心分析周亚夫之死也有自己的原因,即其性格上的缺陷。对政治懵懵无知,不知变通,对官场生存法则毫无了解,同时也是封建社会帝王为家国天下永久和安定的必然选择。只是可叹周亚夫这样的性情人物,能在沙场上建功立业,却无法在政治斗争中生存。

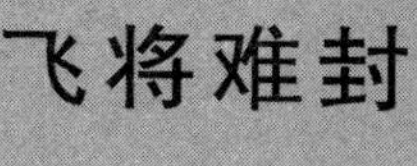

飞将难封

◎李　广

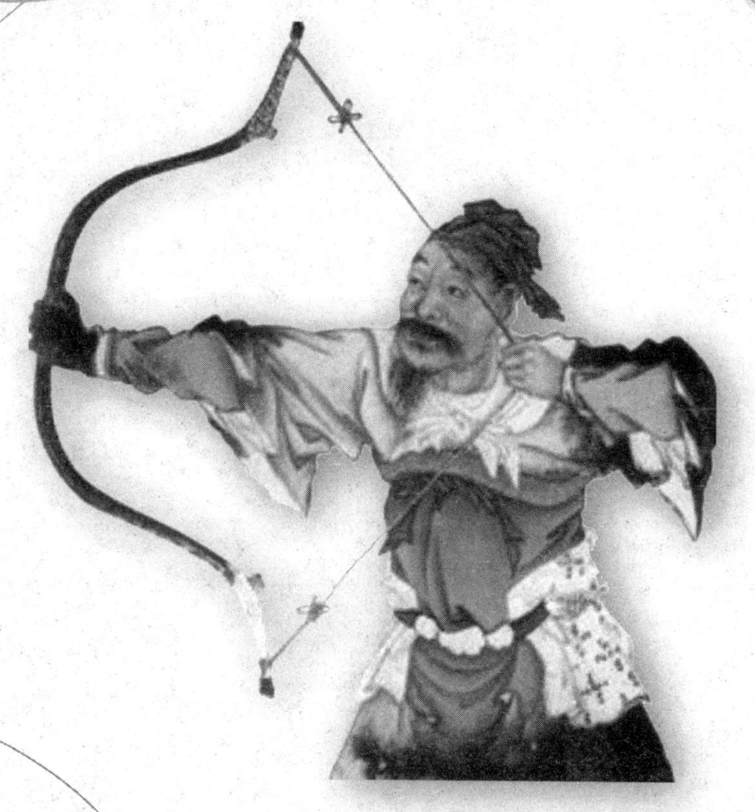

李广一生戍敌边关，与匈奴交战七十余次，以骁勇善射、智谋超群著称，匈奴闻其名则远而避之，不敢与其相战，堪称不战而屈人之兵。李广治兵宽缓不苛，与士卒同甘共苦，深受边关军民的爱戴，在历代的边疆士兵中都有非常高的威望，是一位“才气天下无双”的将军。可就是这位人称“飞将军”的名将，终其一生竟然没有得到封侯，引来民间无数惆怅，“李广不封侯，古往今来同一哭”，“自叹马卿常带痪，还嗟李广不封侯”。

戍敌边关，才气无双

据《史记·李将军列传》记载：李将军广者，陇西成纪人也。其先曰李信，秦时为将，逐得燕太子丹者也。故槐里，徙成纪。广家世世受射。孝文帝十四年，匈奴大入萧关，而广以良家子从军击胡，用善骑射，杀首虏多，为汉中郎。广从弟李蔡亦为郎，皆为武骑常侍，秩八百石。尝从行，有所冲陷折关及格猛兽，而文帝曰："惜乎，子不遇时！如令子当高帝时，万户侯岂足道哉！"

李广(公元前186年—公元前119年)西汉陇西成纪人。为人口讷，不善言辞。他身体高大，两臂如猿，灵活自如，这就是他善于骑射的优越条件。那时候，北方的游牧民族——匈奴，经常侵入汉朝的边塞地区进行掠夺。公元前166年(文帝前元十四年)，匈奴又大举入侵萧关。广年二十岁，以良家子从军抗击匈奴。因立战功升中郎，补武骑常侍，曾随文帝出行，冲锋陷阵，挫伤敌人，又格斗猛兽，勇力超群，得到文帝的喜爱，曾说："惜乎！子不遇时，如令子当高帝时，万户侯岂足道哉！"

李广之才，从何说起？

其一：骁勇机智，精于骑射

在司马迁的笔下，汉代名将李广是一位英勇善战、智勇双全的英雄。他一生与匈奴战斗七十余次，常常以少胜多，险中取胜，以致匈奴人闻名丧胆，称之为"飞将军"，"避之数岁"。李广英勇善战，胆艺过人在以下三个战例中，表现的尤为突出：

1. 上郡遭遇战。景帝初，与太尉周亚夫削平吴楚等七国之乱，授上谷太守；历转上郡、北地、雁门、代郡、云中等毗邻匈奴前沿的边郡太守，都因力战传名。

李广作战机智骁勇，谋略过人。一次，匈奴进攻上郡，景帝派了一名宦官到李广军中，这名宦官带了几十骑卫士出游，路上遭遇三名匈奴骑士。结果，卫士们全被射杀，宦官本人也中箭逃回。李广闻讯，即率百名骑兵追击，亲自射杀其中两人，生擒一人。刚把俘虏缚上马，匈奴数千骑兵赶来，见到李广等人，以为是汉军诱敌之兵，连忙抢占了一座高地。李广所带的百骑兵士慌忙上马欲逃。李广大喝："我们远离大军数十里，逃必死！不逃，匈奴以为是诱敌之计，必不敢攻击我们。"遂带领兵士向匈奴骑兵迎去，离匈奴阵前二里之遥，他令士兵下马解鞍，匈奴搞不清他们的意图，果然不敢攻击，只派一名将官出阵试探，李广飞马抢到阵前，将他射落马下，然后从容归队。到夜半时，匈奴人认为一定有汉军埋伏夜袭，遂引兵而去。

2. 雁门出击战。公元前137年，李广由卫尉被任为将军，出雁门关进攻匈奴。匈奴兵多，打败了李广的军队，并生擒了李广。单于平时就听说李广很有才能，下令说："俘获李广一定要活着送来。"匈奴骑兵俘虏了李广，当时李广受伤生病，就把李广放在两匹马中间，装在绳编的网兜里躺着。走了十多里，李广假装死去，斜眼看到他旁边的一个匈奴少年骑着一匹好马，李广突然一纵身跳上匈奴少年的马，趁势把少年推下去，夺了他的弓，打马向南飞驰数十里，重又遇到他的残部，于是带领他们进入关塞。匈奴出动追捕的骑兵几百名来追赶他，李广一边逃一边拿起匈奴少年的弓射杀追来的骑兵，因此才能逃脱。于是回到汉朝京城，朝廷把李广交给执法官吏。执法官判决李广损失伤亡太多，他自己又被敌人活捉，应该斩首，李广用钱物赎了死罪，削职为民。这一役虽败，但李广单骑逃脱，极具传奇，匈奴人都称之为飞将军。

3. 右北平之战。公元前121年，李广以郎中令身份率四千骑兵从右北平出塞，与博望侯张骞的部队一起出征匈奴。李广部队前进了数百里，突然被匈奴左贤王带领的四万名骑兵包围。李广的士兵们都非常害怕，李广就派自己的儿子李敢先入敌阵探察敌情。李敢率几十名骑兵，冲入敌阵，直贯匈奴的重围，抄出敌人的两翼而回。回来后向李广报告说："匈奴兵很容易对付。"李广的军士听了才安定下来。李广布成圆形阵势面向四处抗敌。匈奴猛攻汉军，箭如雨下，汉兵死伤过半，箭也快射光了。李广就命令士兵把弓拉满，不要发射，他手持强弩"大黄"射杀匈奴裨将多人，匈奴兵将大为惊恐，渐渐散开。这时天色已晚，汉官兵都吓得面无人色，但李广却意气自如，更加地整饬军队。军中官兵从此都非常佩服李广的勇气。第二天，他又和敌兵奋战，这时博望侯张骞的救兵才赶到，解了匈奴之围。李广的军队几乎全军覆没，李广功过相抵，没有得到赏赐。博望侯张骞当斩，后用钱赎罪，成为平民。

上述三个战例，李广都是在寡不敌众、险象环生的不利情况下，凭借智勇转危为安的，这就充分表现出了他胆略非凡而又英武过人。

将兵之才，称飞将军

李广家居数年后，匈奴兵又侵入边境，杀死了辽西太守，打败了将军韩安国。于是武帝又起用李广为右北平太守。匈奴畏惧，称李广“汉之飞将军”，避之，数年不敢入侵右北平。

边患虽然宁息下来，但是，右北平地带，燕山蜿蜒，草木茂密，期间常有猛虎出没，伤害人畜。为了除灭虎害，李广不辞劳瘁，冒着危险，亲自出动猎杀。

一个月黑夜，李广又出去猎虎了，他和随从军士，搜索行进，接近了一座黑森森的大树林。猛然，一阵夜风掠过，树叶纷纷坠落，李广警觉起来，他定睛望着一个隐僻角落，见到茂密的草丛里，蜷伏着一个黑色物体，一动也不动。李广暗想：“这无疑是一只伺机伤人的猛虎了。”于是，挥手示意随从们隐蔽起来，自己搭好箭，认定目标，不偏不倚地射了过去，只见火星溅射，同时，耳边传来重重的金属和石块撞击声。大家赶上去验看猎物，原来射中的并不是猛虎，而是块青色的卧牛石。李广射出的箭碹，深深地钻进石缝里。

李广射虎

大家对飞将的神力和技艺，赞叹不止，无不现出惊讶的神色。“林暗草惊风，将军夜引弓。平明寻白羽，没在石棱中。”诗人卢纶的《塞下曲 · 其二》叙说也是就是此事。

据《史记 · 李将军列传》记载：居久之，孝景崩，武帝立，左右以为广名将也，于是广以上郡太守为未央卫尉，而程不识亦为长乐卫尉，程不识故与李广俱以边太守将军屯。及出击胡，而广行无部伍行陈，就善水草屯，舍止，人人自便，不击刀斗以自卫，莫府省约文书籍事，然亦远斥侯，未尝遇害。程不识正部曲行伍营陈，击刀斗，士吏治军簿至明，军不得休息，然亦未尝遇害。不识曰：“李广军极简易，然虏卒犯之,无以禁也;而其士卒亦佚乐,咸乐为之死。我军虽烦扰,然虏亦不得犯我。”是时汉边郡李广、程不识皆为名将,然匈奴畏李广之略,士卒亦多乐从李广而苦程不识。

公元前140年,汉武帝即位,众臣认为李广是名勇将,武帝于是调任李广任未央宫的卫尉。这时程不识也任长乐宫卫尉,他俩从前都以边郡太守的身份统帅军队,却有截然不同的带兵方法。李广行军,没有严格的编制和一定的行列,只是选择有好水草的地方屯扎,起居人人自便,夜间也不设巡更以自卫,军中的文书簿籍等事也一切从简,然而却在前敌很远的地方就布置了哨探,因此,尽管军事省便,却从未遭到过敌人袭击。程不识对自己的部队管束得非常严格,军队的编制和军纪、军规也都很严密。夜间派人巡更,军吏备办文书簿籍常常通宵达旦,军队搞得很紧张,倒也未曾遭到过袭击。程不识曾说:“李广治军简易得很,但是,如有敌人搞突然袭击,却很难伤害他,他的士卒因此安逸而快乐,大家都愿为他出力。我的军队老是处于紧张状态,由于戒备森严,敌人也不敢偷袭。”李广将军家无余财,也从不讲置家产之事。得到奖赏,都分给部下,饭食和士兵一样,毫不特殊,遇到缺粮缺水的地方,等全军战士吃喝完毕,他才去吃喝。为人廉洁,待人宽厚,毫不苛求,故得到战士的爱戴,愿为他效命疆场。

汉初的战争是一场特殊的战争,其自然和人文特点决定了这场战争的异常坚苦和残酷。远离后方的长途奔袭,急风暴雨般的仓促遭遇,以及众寡悬殊的孤军奋战,成为经常作战的方式。李广无疑是适应这些作战特点的杰出将领。非凡的勇敢、决断和应变能力、忠信正直的磊落襟怀,以及有别于传统的治军方法,使他成为受部下拥戴、敌军闻之丧胆的一代名将。

悲情结局，李广难封

公元前119年，大将军卫青、骠骑将军霍去病分道大举出击匈奴。广几次请求随军出征，因其年老，武帝不肯，后来才同意他的要求，让他做前将军。既出塞，卫青抓得俘虏，知道了单于所在的地方，便亲自率领精兵追击单于，即令广与右将军赵食其出兵东道。广知道其中内幕，主动向卫青阐述原因，愿承担前锋，先同单于决一死战。本来卫青想和自己的好友中将军公孙敖同去立功，同时暗中又受武帝指示，认为广已年老，命运不好，不能当前锋，恐失良机，因而不听李广所请，广愤愤而去。东道无向导，过沙漠时迷失道路，行军迟缓，落在大将军之后。

大将军卫青与单于作战，单于逃走，卫青横渡沙漠南归，遇到李广和赵食其，责问迷失道路的情况，准备上报武帝，广不答。卫青即派长史去广幕府核实。李广说："诸校尉无罪，广自迷失道。"李广到幕府后，对他的部下说："我自幼与匈奴打仗，大小七十余战，今天有幸跟大将军出击匈奴，大将军却强令我走迂回遥远的东路，我部又迷失道路，怎能说这不是天意呢！我今年已有六十多岁了，总不能再受刀笔吏审讯的侮辱了。"说罢，遂引刀自刎，一代名将，就此陨落。广统率的将士及军中所有的人都哭了，老百姓听到后，不论年老年轻的都落下了眼泪。

李广以自杀尽职，不仅当时人人尽哀，而且史学家司马迁对他的才干，也给予崇高的评价，对他的不幸遭遇给予深切的同情，使他名垂史册，流传千古，并留有名言"桃李不言，下自成蹊"。

此一刀不仅要了李广的命，更是彻底地断了他封侯的路。为什么只算下中等之才的李广的堂弟李蔡能封侯？李广的一些部下也被封侯？在攻击匈奴的战争中，各部队好多校尉以下的官的才能不及上中等，却能立功封侯？而李广每次战争都在其中，难道就没有一点功可以封侯吗？其实，仔细观察一下李广平生之事，其

李广墓

不能封侯并不是没有机遇，其中的原因大抵如下：

原因一：私自接受军印，不能封侯。汉景帝刚刚登基时，李广任陇西都尉，后调为骑郎将。吴王刘濞起兵叛乱而引起“七国之乱”时，李广任骁骑都尉，随太尉周亚夫反击吴楚叛军。在昌邑城下，李广夺取敌人军旗，立了大功，从此威名远扬。可是，由于李广曾经接受过具有反叛嫌疑的梁王授予的将军印，所以胜利还师后，朝廷没有给予封赏。李广缺乏政治上的敏感，汉朝有规定，中央朝廷不得与诸侯交往的。景帝曾为了讨好窦太后戏言“千秋之后传梁王”，因而梁王一直念念不忘，觊觎王位，梁王私授李广军印，拉拢之意是司马昭之心。而李广居然接受，结果引起了当朝皇帝的疑忌。

原因二：官报私仇，不能封侯。李广心胸狭窄，也成为他性格上的污点。金无足赤，人无完人，李广在度量上的确不广。李广曾和随从外出打猎，夜归时路过霸陵亭。霸陵尉酒醉，呵斥李广，不让其通行，李广只好夜宿霸陵亭。李广被任命为右北平太守后，便请命使霸陵尉一起戍边，霸陵尉至右北平后遭李广杀害。

原因三：缺少战功，不能封侯。郎中令石建死后，皇上让李广接替石建任郎中令。元朔六年李广又被任为后将军，跟随大将军卫青的军队从定襄出塞征伐匈奴。许多将领因斩杀敌人首级符合规定数额，以战功被封侯，而李广的军队却没有战功。

原因四：杀害已降，不能封侯。李广一生命运不济，他的部吏得机会封侯者不少,而李广始终不得侯爵。他曾询问相命专家王朔说:“难道我的相貌不配封侯吗?或是命中注定不该受爵?”王朔说:“将军自当省察,平生是否作过愧对良心的恨事?”李广说:“过去我镇守陇西时,羌人造反,我曾使用诈术,诱羌兵八百多人投降,加以坑杀,至今追悔不及,感到终身引恨。”王朔说:“最大的罪咎,莫过于使用诈术,最大的灾祸,莫过于杀害已降,这就是将军平生不得封侯的原因了。”

纵观李广传奇的一生,有功有过,然而过不掩其功,是以李广在历代的文史学家和诗人的眼中,均是褒远多于贬。在其曲折的军事生涯中,李广既是幸运的,又是不幸的。

李广所处的时代,正是西汉国防战略发生重大转折的关键时期。汉文帝、汉景帝这两代君主休养生息,不动兵戈,李广的卓越的军事才能得不到发挥,无用武之地。雄才大略的汉武帝登基后,变“无为而治”为“有为进取”,在“犯我强汉者,虽远必诛”、“寇可往,我亦可往”的强硬治国方针下,一改汉高祖以来在匈奴和战问题上的消极防御国策。对匈奴的侵扰,汉武帝采取积极反击的措施,运用骑兵集团纵深突袭的战法,对匈奴贵族势力实施歼灭性打击。在这一重大战略转变形势面前,李广作为在对匈奴消极防御环境下成长起来的将领,显然,“江郎才尽”,无力承担统率汉军大规模反击匈奴的重任,只好眼睁睁地看着以卫青、霍去病为代表的“新生代”将领后来居上,建功立业。“人事有代谢”,“长江后浪推前浪”,历史的规律就是这样无情:汉朝廷战略方针的演变遂成为李广难封的一个重要原因。

总之,不论王勃的“时运不济,命运多舛,冯唐易老,李广难封”的嗟乎也好;王维的“卫青不败由天幸,李广无功缘数奇”的惊叹也罢;辛弃疾的“李蔡人品在下中,却是封侯者”的不平也好;郁达夫的“恨司马贫穷、江郎才尽、李广难朝”的感叹也罢;等等,这些都是过多地看到了司马迁写李广的优秀品质特点一面,而没有看到司马迁还写了李广的缺点和问题的一面。

戎马一生，千古留名

平心而论，李广的悲剧命运是注定了的，这既有时代的背景，更有其个人的因素。所以，对他的分析和评价，也应少一点道德上廉价的同情，多一份历史上冷峻的思考。

是将才而非帅才

世人大多认为李广没有得到重用，是因为皇帝不知人善任，任人唯亲，比如卫青、霍去病等，但是仔细分析李广的事迹，不难得出以下结论：李广抑郁不得志更在于其个人军事才能局限所致。作为一名久历战阵的将领，李广长于战斗指挥，骁勇善射，在战术上灵活机智，有勇有谋，敢于打硬仗，打恶仗，射术之精堪称一绝，威震匈奴各部，被匈奴畏誉为“飞将军”。在战场上冲锋陷阵，不辟刀剑，身先士卒，大概没有人敢和他并肩，大概是个有点像李逵似的人物，但其在深陷绝境时表现出的机智和胆略，又远高出李逵，大概可以和张飞一比吧。而这种近攻格斗上的剽悍骁勇，终究掩盖不了李广拙于战役和战略指挥的根本缺陷。李广缺的是运筹帷幄，决胜千里的智慧，若不是这样的话，我们就无法解释为什么在与匈奴交战七十余次，竟然挣不到可以封侯的杀敌之数。李广曾先后五次率精兵参加反击匈奴的作战，应该说杀敌立功、晋爵封侯的机遇多多，可是他不是无功而返，就是损师折将，根本没有表现出“飞将军”的风采。常言道，“一之为甚，其可再乎！”连续多次机会李广都不曾把握住，这恰好说明，李广只是一名斗将，而非真正大将之才。其实更重要的是，他明显疏于战略战役指挥上的大智大勇，尤其不善于指挥大规模骑兵集团远程奔袭、机动作战，而这一点正是他的致命弱点，也是他一生不得封侯的最主要原因。其作为军事将领所必备的才华，与卫青和霍去病相比，差距也是显而易见的。

一个青年时有为但不能积累智慧和经验的将领，一个小战时可胜而大战时无用的将领，赢得了后人过分的尊崇与敬爱。

的确，李广虽然将兵有一套，例如他自己所得的赏赐，全部分给部下，行军时和大家同吃同饮，士卒没有全部喝上水，他决不先喝，士卒没有全部吃上饭，他也决不先吃，这些举止使他赢得广大士兵发自内心的尊敬，部属都乐于效命。以至他自尽后，“一军皆哭”，连普通百姓也“皆为尽哀”。

可是，他在治军上放任自流，不讲求以法治军、严格管理也是不争的事实。

各其他汉朝将领不同，李广可以说是被匈奴化了。他的带兵特色和作战方略都有很强的匈奴特色，比如军令宽延，逐水草而居。作战勇猛，精于骑射，但缺少汉朝军队所特有的纪律性和整体性特色。而汉军对匈奴的优势，正在于严格的纪律性和协同作战能力。这也是李广没有战功的原因之一。在取长补短的同时，也摒弃了自己的优点，这显然是不可取的。

可以说，李广具有“天下无双”的才气，“悛悛如鄙人”的品质，勇于抗敌的豪迈气概，仁爱士丰的情感，他作战勇敢，沉着、机智，这些都弥足珍贵，但说到治军，他显然还缺少火候。他的功绩多数是以个人勇敢换来的，常常是局部胜利整体失败，缺少通观全局的能力。他可以说是一个好的先锋，好的将军，却做不成一个好的元帅。因此封不上侯也属正常。

孙子说“令之以文，齐之以武，是谓必取”，李广违背了这一治军的基本原则，无怪乎劳而无功、际遇坎坷了。

漠北大决战，大将军卫青令李广从侧翼出击，从军事角度讲，并非是看轻李广的才华，而是为了更好的发挥李广作战冲击力强，运动迅速的特点。可惜天不助卿，一场沙暴毁灭了李广最后的机会，也使他遭受了横刀自刎的悲惨结局。但作为一代飞将，他将名留千古，永远得到后人的尊重。

大漠将军

◎卫　青

他是一位才华与人品俱佳的将领，他礼贤下士，性格谦和，从不居功自傲，体恤士卒，因此深受部下拥戴。在中国历史上，这样的将领是不多见的。即使在建立战功，得到高官厚禄之后，也懂得谦虚谨慎，宽厚待人，故司马迁称其“为人仁善退谦”；班固亦称“青仁，喜士，退让”。曾是大汉帝国的擎天之柱，纵使归于尘土，也掩盖不了千秋功业、千秋声名。这就是汉朝大漠第一将军卫青。

出身低微，一朝显贵

据《史记·卫将军骠骑列传》记载：大将军卫青者，平阳人也。其父郑季，为吏，给事平阳侯家，与侯妾卫媪通，生青。青同母兄卫长子，而姊卫子夫自平阳公主家得幸天子，故冒姓为卫氏。字仲卿。长子更字长君。长君母号为卫媪。媪长女卫孺，次女少儿，次女即子夫。后子夫男弟步、广皆冒卫氏。

青为侯家人，少时归其父，其父使牧羊。先母之子皆奴畜之，不以为兄弟数。青尝从入至甘泉居室，有一钳徒相青曰："贵人也，官至封侯。"青笑曰："人奴之生，得毋笞骂即足矣，安得封侯事乎！"

汉武帝的大将军卫青少年时期是比较悲惨的。他的母亲是平阳侯曹寿府里的下人，他的生父郑季当过平阳县吏，因为办事经常出入平阳侯曹寿家。曹寿的妻子平阳公主(原封阳信公主，下嫁曹寿后改称平阳公主)是汉武帝之姊。郑季在平阳侯家办事时，与平阳公主侍婢卫氏私通，生卫青，因从其母冒姓卫氏。在此以前，卫氏尚生有子女数人，长子长君，长女君孺，次女少儿，三女子夫，子夫的弟弟步广。他们都是卫青的同母兄姊，也都冒姓卫氏。这么多的孩子，一个寡妇养起来自然吃力，因此当母亲的只能把幼年的卫青送到父亲家。但郑季对这个儿子并不关心，让他去放羊，卫青后来因不堪异母兄弟的歧视凌辱，重新回到平阳侯家当家奴，年长，善骑射，为平阳侯府骑卒，常骑马扈从平阳公主出游。

卫青曾经随侍入甘泉宫，一名钳徒(戴枷的囚犯)给他相面，说他是贵人，将来有封侯之望。卫青笑道："人奴的孩子，不被打骂就满足了，谈什么封侯。"这就是"钳徒相面"的典故。然而一个偶然改变了卫青的命运。

卫青的同母姊卫子夫为平阳侯家讴者(歌女)。建元二年春，卫青的姐姐卫子夫入选宫中，受到汉武帝的宠爱，身怀有孕。当时的陈皇后(景帝之姐、武帝姑母的女儿,当年曾让武帝许下“金屋藏娇”誓言的陈阿娇)一直未能给武帝生一个,听说卫子夫得到武帝宠爱并有了身孕,非常嫉妒,担心卫子夫一旦生下的是个男孩,那就会被立为太子,而卫子夫也就会因为儿子的关系,青云直上,成为皇后。这对她的地位无异是一个很大的威胁。但是,卫子夫正得武帝宠幸,陈皇后对她不敢加害,就找母亲大长公主诉屈。大长公主是汉武帝的姑姑,为了给女儿出气,嫁祸于卫青。她找了一个借口,把卫青抓了起来,并准备处死。当时的卫青还没有什么名气。卫青当骑奴时结识的朋友公孙敖听到了消息,马上召集了几位壮士前去把卫青劫夺出来,使卫青免此一死。另一方面,公孙敖还派人给汉武帝送信。武帝听说此事后,大怒,馆陶公主这场胡闹,将卫青推到了历史的前台。汉武帝赌气,任命卫青做建章监,侍中。大肆封赏卫家兄妹姐弟,将卫家大姐嫁给太仆公孙贺,就连卫家二姐的情夫陈掌都没落下。自此,卫青一家都显贵了,几天里赏赐达千金之多,他的朋友公孙敖也都因此显贵。待到卫子夫成为皇后,又升卫青为太中大夫、典护军。

时值武帝建元新政失败,从太皇太后到淮南王刘安都有废他的意思,就连他的亲舅舅田蚡也跑去和淮南王密谋废立。武帝便跑到终南山去打猎,自称平阳侯,践踏农田,憋着一肚子的火扮演他前程远大的跋扈子弟角色,其实是借此机会结交功臣子弟,他的姐夫平阳侯曹寿当然少不了插一脚。

到建元三年七月,闽越发兵围困东瓯。武帝刘彻接到东瓯的告急文书后,借着救助东瓯国的机会,让严助持节到会暨发兵,严助斩了一名司马,让会暨守不得不发兵。借此,武帝绕过了掌握兵符的太皇太后,用皇帝谕取得兵权。九月,武帝招募出使月氏的勇士,郎官张骞应招出使西域。(张骞此行是为了寻找大月氏,并探查西域之地理人文情况,为打击匈奴作外交准备)同年,武帝命卫青建立期门军(后改名为羽林军),这是一支属于皇帝的私人军队。自此,青年卫青开始了他的军人生涯。

元光元年(公元前134年),太皇太后死,董仲舒上“天人三策”,汉武帝独尊儒术。元光元年秋还有一件大事,就是匈奴来请求和亲。大行王恢是燕人,认为匈奴反复无常,主战,御史大夫韩安国则认为到千里之外不属于自己的土地上作战难以胜利,就如强弩之末不能穿鲁缟一样,主和。当时朝臣多附和韩,武帝同意和亲。

到了元光二年夏,雁门马邑豪民聂翁壹通过大行王恢向武帝进言,利用匈奴刚与汉朝修好,信任边民这一点来引诱军臣单于。武帝听从了王恢的建议,于马邑城伏兵三十万,开始了对匈奴的第一场战争,事泻未果。对这场战事,太史公在《韩长儒列传》中有详细的描述。

首先是聂翁壹逃进匈奴做间谍，对单于说自己能斩杀马邑官吏，献城投降。单于贪图财物，信以为真。聂翁壹返汉后斩杀了几个死罪囚徒，把他们的头悬挂在马邑城上，告诉单于的使者说马邑的高级官吏已经死了，可以发兵。军臣单于果然统率十多万骑兵，入侵武州塞。

武帝派出五位将军连同车骑步共三十万在马邑设伏。这五位将军是卫尉李广骁骑将军，太仆公孙贺轻车将军，大行王恢将屯将军，太中大夫李息材官将军，御史大夫韩安国护军将军。各位领军都隶属韩安国，约定在单于进入马邑时纵兵出击。其中王恢、李息、李广三部从代郡出兵，主要攻击匈奴后勤部队。

可惜汉军伪装得太过火，单于一路抢劫到马邑一百里外，看见牛羊遍地，却不见一个人，就起了疑心。于是攻打汉军卫所，捉到武州尉史（匈奴传说是雁门尉史），问出了伏兵实情，引兵北还。王恢听说单于跑了，想想自己带兵不过三万人，万一匈奴合兵一处，肯定抵挡不了，就没去打匈奴的辎重部队。这场大规模的伏击战就这样窝窝囊囊地夭折，双方都白跑一趟。武帝以王恢首发战争却临阵脱逃将王恢下狱，廷尉判处王恢畏敌观望死刑。虽然王恢辩说自己是想保存汉朝三万精兵，且买通田蚡通过太后求情，武帝依然不肯饶他，说单于虽然逃了，但是王恢如果敢击匈奴后勤部队，还是可以有所斩获，以慰将士之心。于是王恢自杀。而武州尉史被单于封为天王，成为历史上第一个汉奸。

汉武帝从马邑事件中看到，原有的一些将领老成持重有余，主动进攻不足，魄力不够，很难适应战争的需要。他认为“有非常之功，必待非常之人”，要想取得胜利，必须提拔后起之秀。武帝元光六年（公元前 129 年），武帝毅然决定，拜卫青为车骑将军。

这年冬天，匈奴又一次兴兵南下，前锋直指上谷（今河北省怀来县）。这次用兵，汉武帝分派四路出击。车骑将军卫青直出上谷，骑将军公孙敖从代郡（今河北蔚县东北）出兵，轻车将军公孙贺从云中（今内蒙古托克托东北）出兵，骁骑将军李广从雁门出兵，四路将领各率一万骑兵。

这次进击匈奴，卫青是首次出征。但他在战斗中，勇猛非凡，领兵打出长城，深入匈奴境内，直至龙城（匈奴单于祭天和聚会首领的地方），斩敌七百人，取得初战胜利。其余三路，公孙敖损失了七千人马，李广战败被匈奴俘获后于半路逃归，公孙贺则是无功而还。汉武帝看到只有卫青胜利凯旋，非常赏识，加封关内侯。

平心而论，卫青以一万之众，斩杀七百余人，并不是什么大胜利。战况可能也不会太惨烈(史记里找不到有关双方力量的记载，姑且认为卫青兵多吧)。不过武帝要的只是一个胜利，或者一个对匈奴强硬的理由。第一，卫青打了一场胜仗，战果再微不足道也已够瞩目，第二，四将中唯有年轻的卫青是他一手提拔栽培出来的。武帝高兴之余，封卫青作关内侯。

卫青一战封侯，许多人眼红，不服气的大有人在，尤其是士大夫们，卫青当建章监、管一管羽林军也就罢了，士大夫们好歹可以在心底里骂一句裙带官得到点精神安慰；想不到小马奴竟然打了胜仗，这就让人没话好说了，那么就算他运气好吧；再一看，小马奴还封了侯，这……这……这，岂有此理，这下连老将军们也得罪了，其中也包括了上次出征的总指名将韩安国。武帝对卫青的偏爱无疑是给嫉妒瞧不起小马奴的人火上浇油，以后卫青打再多的胜仗也只落个“不败由天幸”的评价。

平心而论，卫青初战得胜是有些幸运，但是没有人能靠幸运过一辈子。匈奴是马背上的民族，在边境掳掠一番退回草原后，就和草原连成了一体。当时又没有什么先进的通讯技术，汉军分兵进入大草原真正成了沧海一粟，追击搜索常常是徒劳无功，有时甚至损失惨重。再遇上恶劣的气候，迷失在草原或者沙漠里也不是稀罕的事情。比如老将军李广就常常被迷路的问题困扰，迷路的频率高得让人怀疑他是不是路痴。然而卫青七出沙漠，没有一次迷路，没有一次战败，不能不让人惊叹他的本领。作为侍中，他可能早就知道武帝迟早要对匈奴用兵，十年漫长的岁月里，想来已经对匈奴的情况仔细做过研究。再者，对匈奴作战最重要的是骑兵，卫青是马奴出身，又当过骑奴，对于战马应当有着比别人更深的感情，这一点可能也对他后来的马上生涯也有所帮助。元光六年这次出征，与草原接触，并到龙城，应该会想得更多。

这一年西汉朝改变了匈奴战略：被动防御改为主动出击；同时以骑兵取代步车为主的军队。如果说卫青的胜利不是促使武帝下决心的理由，起码也坚定了武帝的信念。

秋冬之际，匈奴又来了几次，渔阳一带边患尤其厉害，汉武帝就派了韩安国驻守渔阳。身在长安的卫青，则在武帝的偏宠和士人的毁誉中度过了一年。

出击匈奴，大展拳脚

据《史记·卫将军骠骑列传》记载：元朔元年春，卫夫人有男，立为皇后。其秋，青为车骑将军，出雁门，三万骑击匈奴，斩首虏数千人。明年，匈奴入杀辽西太守，虏略渔阳两千余人，败韩将军军。汉令将军李息击之，出代；令车骑将军青出云中以西至高阙。遂略河南地，至于陇西，捕首虏数千，畜数十万，走白羊、楼烦王。遂以河南地为朔方郡。以三千八百户封青为长平侯。青校尉苏建有功，以一千一百户封建为平陵侯。使建筑朔方城。青校尉张次公有功，封为岸头侯。天子曰："匈奴逆天理，乱人伦，暴长虐老，以盗窃为务，行诈诸蛮夷，造谋藉兵，数为边害，故兴师遣将，以征厥罪。《诗》不云乎，'薄伐猃狁，至于太原'；'出车彭彭'，城彼朔方'。"今车骑将军青度西河至高阙，获首虏二千三百级，车辎畜产毕收为卤，已封为列侯，遂西定河南地，按榆溪旧塞，绝梓领，梁北河，讨薄泥，破符离，斩轻锐之卒，捕伏听者三千七十一级，执讯获丑，驱马牛羊百有余万，全甲兵而还，益封青三千户。"其明年，匈奴入杀代郡太守友，入略雁门千余人。其明年，匈奴大入代、定襄、上郡，杀略汉数千人。

元朔元年(公元前128年)春，卫夫人生皇子，被立为皇后。同年秋，卫青领三万骑兵出雁门击匈奴，歼敌数千。

……

公元前127年，匈奴贵族集结大量兵力，进攻上谷、渔阳。武帝决定避实击虚，派卫青率大军进攻久为匈奴盘踞的河南地(黄河河套地区)。这是西汉对匈奴的第一次大战役。

卫青率领四万大军从云中出发，采用"迂回侧击"的战术，西绕到匈奴军的后方，迅速攻占高阙(今内蒙古杭锦后旗)，切断了驻守河南地的匈奴白羊王、楼烦王同单于王庭的联系。然后，卫青又率精骑，飞兵南下，进到陇西，形成了对白羊王、楼烦王的包围。匈奴白羊王、楼烦王见势不好，仓皇率兵逃走。汉军活捉敌兵数千人，夺取牲畜一百多万头，完全控制了河套地区。因为这一带水草肥美，形势险要，汉武帝在此修筑朔方城(今内蒙古杭锦旗西北)，设置朔方郡、五原郡，从内地迁徙十万人到那里定居，还修复了秦时蒙恬所筑的边塞和沿河的防御工事。这样，不但解除了匈奴骑兵对长安的直接威胁，也建立起了进一步反击匈奴的前方基地。卫青立有大功，被封为长平侯，食邑三千八百户。

匈奴贵族不甘心在河南地的失败，一心想把朔方重新夺回去，所以在几年内多次出兵，但都被汉军挡了回去。公元前 124 年春，汉武帝命卫青率三万骑兵从高阙出发；苏建、李沮、公孙贺、李蔡都受卫青的节制，率兵从朔方出发；李息、张次公率兵由右北平出发。这次总兵力有十几万人。匈奴右贤王认为汉军离得很远，一时不可能来到，就放松了警惕。卫青率大军急行军六七百里，趁着黑夜包围了右贤王的营帐。这时，右贤王正在帐中拥着美妾，畅饮美酒，已有八九分醉意了。忽听帐外杀声震天，火光遍野，右贤王惊慌失措，忙把美妾抱上马，带了几百壮骑，突出重围，向北逃去。汉军轻骑校尉郭成等领兵追赶数百里没有追上，却俘虏了右贤王的小王十余人，男女一万五千余人，牲畜有几百万头。汉军大获全胜，高奏凯歌，收兵回朝。

汉武帝接到战报，喜出望外，帕特使捧着印信，到军中拜卫青为大将军，加封食邑八千七百户，所有将领归他指挥。卫青的三个儿子都还在襁褓之中，也被汉武帝封为列侯。卫青非常谦虚，坚决推辞说："微臣有幸待罪军中，仰仗陛下的神灵，使得我军获得胜利，这全是将士们拼死奋战的功劳。陛下已加封了我的食邑，我的儿子年纪尚幼，毫无功劳，陛下却分割土地，封他们为侯。这样是不能鼓励将士奋力作战的。他们三人怎敢接受封赏。"汉武帝随后又封赏了随从卫青作战的公孙敖、韩说、公孙贺、李蔡、李朔、赵不虞、公孙戎奴、李沮、李息、豆如意等。

经过几次打击，匈奴依然猖獗。入代地，攻雁门，劫掠定襄(今内蒙古和林格尔)、上郡(今陕西绥德县东南)。公元前 123 年 2 月，汉武帝又命卫青攻打匈奴。公孙敖为中将军，公孙贺为左将军，赵信为前将军，苏建为右将军，李广为后将军，李沮为强弩将军，分领六路大军，统归大将军卫青指挥，浩浩荡荡，从定襄出发，北进数百里，歼灭匈奴军数千名。这次战役中，卫青的外甥霍去病率八百精骑首次参战，取得了歼敌两千余人的辉煌战果。战后全军返回定襄休整，一个月后再次出塞，斩获匈奴军一万多名。但是，右将军苏建和前将军赵信与匈奴打了一场遭遇战，汉军死伤惨重，苏建突围逃回，赵信本是匈奴降将，兵败后就又投降了匈奴。

在讨论如何处置苏建弃军而逃的罪过时，有人建议将他斩首以建立大将军的威严，有人认为苏建是尽力而战的，不应斩首。卫青认为自己身为皇亲国戚，没有必要再建立威严；自己本有权力可以处决部将，却不敢擅杀。他要做一个人臣不敢专权的榜样，于是把苏建用囚车送回长安由皇帝处理。汉武帝赦免了苏建的死罪，令其交纳了赎金后贬为平民。

公元前121年，西汉对匈奴的第二次大战役开始，由霍去病指挥，结果使汉朝完全控制了河西地区，切断了匈奴与羌人的联系。

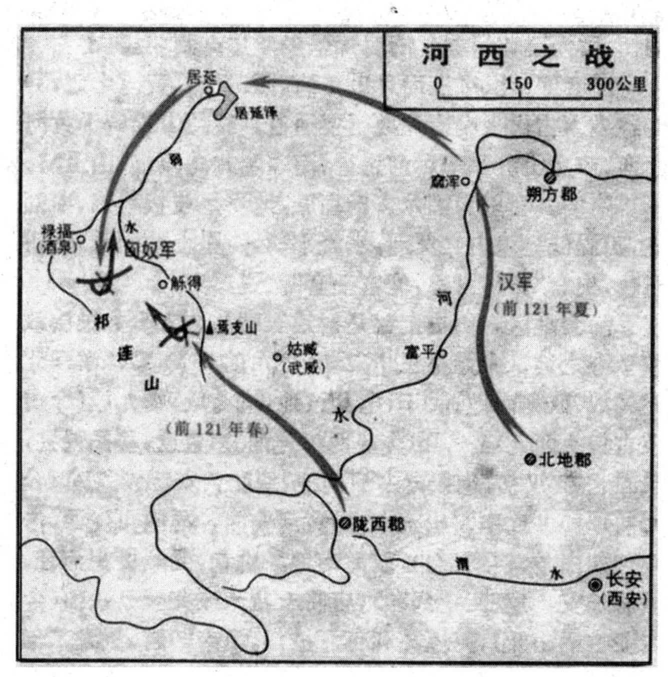

河西之战

公元前119年，汉武帝为了消灭匈奴的有生力量，又选十万骑兵，派大将军卫青，骠骑将军霍去病各率五万，选随军和马四万匹，步兵和辎重兵数十万人，分道进入大漠。卫青深入漠北千余里，越过茫茫沙漠，找到了伊稚斜单于的主力，匈奴兵已严阵以待，双方展开激战。卫青让军队用武刚车（一种有车棚的战车）围成坚固的营垒，把最精锐的骑兵隐蔽在营垒中，然后派五千骑兵出击敌军。单于看了非常得意，以为营垒中只有老弱和辎重，使用一万骑兵起直扑过去，双方恶战直到黄昏，将士疲惫。卫青见时机已到，一声令下，武刚车推开，营内铁骑冲出，分两路直朝单于大军包抄过去，战鼓齐鸣，杀声震天，单于一见，自知上当中计，赶紧带兵撤退，逃向西北，卫青率部追赶，直至寘(zhì)颜山赵信城(今蒙古人民共和国中戈壁省翁金河东)，烧掉匈奴储积在赵信城的大批军粮，捕斩一万九千人，使匈奴主力大伤。霍去病率兵出代郡两千多里，击败了右贤王的主力。这次抗击匈奴的胜利，使匈奴元气大伤，这也是汉朝自抗击匈奴以来取得的最大一次胜利。汉军班师回朝，武帝加封有功将士，命卫青和霍去病共掌大司马，负责全国军事。

随着地位的不断上升，卫青在军事战术运用上更是精益求精。他经常能根据敌我双方的具体情况，以己之长，击敌之短。在几次出击匈奴的作战中，由于汉军长途跋涉，人马困乏，而匈奴则是以逸待劳，在地理上占有优势，卫青看出了这一点，往往采取出其不意、攻其不备的速决战术，一鼓作气，打败敌人。这在河南之战中表现得最为突出。而在临敌应变方面，卫青也表现出了他的智勇兼备，临危不惧的大将风范。漠北之战，就是一个典型的例子。

谦虚谨慎，奉法守职

司马迁称其“为人仁善退让”；班固亦称“青仁，喜士，退让”，在作风上与他的外甥霍去病的恃贵而骄、不恤将士有所不同。

武帝朝时，有一个大臣名叫汲黯，性情倨傲，好当面指责旁人的过失，不留情面。就算是皇帝有了错误，他也敢于直言进谏，无所顾忌，所以总是不得长久在位。这时卫青正权倾朝野，炙手可热，而且他的姐姐又是皇后，一般大臣谁不慕而敬之。只有汲黯敢与卫青分庭抗礼。有人劝他说：“大将军现在地位尊崇，群臣无不甘拜下风，您见大将军不可不拜。”汲黯说：“以大将军的身份地位，居然有只作揖不行跪拜礼的客人，不是更加重了他的声望吗？”听到汲黯的话，卫青并不恼怒，反而对他愈加敬重，还曾多次向他请教朝中军国大事，对待汲黯远远胜过一般大臣。

卫青家奴出身，一步一步凭着自己的实力变成了贵极人臣的大将军，朝中官员无不巴结奉承。这时，平阳公主寡居在家，要在列侯中选择丈夫，许多人都说大将军卫青合适，平阳公主笑着说：他是我从前的下人，过去是我的随从，如何能做我的丈夫呢？左右说：大将军已今非昔比了，他现在是大将军，姐姐是皇后，三个儿子也都封了侯，富贵震天下，哪还有比他更配得上您的呢。汉武帝知道后，失笑道：当初我娶了他的姐姐，现在他又娶我的姐姐，这倒是很有意思。于是当即允婚。时过境迁，当年的奴仆如今却做了主人的丈夫。如此一来，卫青与汉武帝亲上加亲，更受宠信。不过卫青生性谦让仁和，敬重贤才，从不以势压人。卫氏一族显赫后，京城中有歌谣说：生男无喜，生女无怨，独不见卫子夫霸天下。意思是说卫氏一族的显贵全靠了卫皇后。事实上也不全是如此，在两汉时期，左右朝政的外戚大多是靠裙带关系窃居高位的，但卫青则是出生入死、浴血奋战，为国家作出了突出贡献。就是因为这样，日后卫皇后的失宠，丝毫没有影响其在朝廷中的地位。

卫子夫受宠之时，卫姓一族接连受到汉武帝恩惠。值得尊敬的是，卫青并不因为是姐姐受汉武帝恩宠而恣意纵横，骄傲自满，反而他以谦虚谨慎的态度，获得了汉武帝的信任。《资治通鉴·汉纪十》载：青虽出于奴虏，然善骑射，材力绝人；遇士大夫以礼，与士卒有恩，众乐为用，有将帅材，故每出辄有功。这是说卫青虽然出身微贱，但善于骑射，材力过人；与士大夫交往很注意礼节，对士卒很关心、很宽容，常施恩惠，因而大家乐于接受卫青的调遣。卫青本人又有将帅之才，故每次出击都能立功。然后司马光结论：天下由此服上之知人。

卫青的谦虚谨慎虽是其闪光的一面，但却过于小心拘谨，"以和柔自媚于上"，一味顺承武帝旨意，不敢有所谏诤；他虽然"喜士"，也能"礼贤下士"，却不能招贤纳士，苏建劝他注意这个问题，他回答说："自魏其、武安之厚宾客，天子常切齿。彼亲附士大夫，招贤绌不肖者，人主之柄也。人臣奉法遵职而已，何与招士!"霍去病也是如此。卫青、霍去病处于亲近的地位，深知武帝不满意诸侯王结交宾客，为了保全禄位，所以不敢招贤纳士。司马迁、班固认为为将之道不应如此，故在《史》、《汉》传赞中作为一个重要问题言及之。

原本想卫子夫贵为皇后，且生下龙种，卫青官至封侯，迎娶平阳公主，卫氏权倾满朝，贵极天下，本该幸福圆满地度过一生，他的人生之路此后会一帆风顺。

但是，随着天才霍去病的崭露头角，汉武帝对其恩宠日盛，霍去病的声望超过了他的舅舅卫青，过去奔走于大将军门下的许多故旧，都转到了霍去病门下。卫青门前顿显冷落，可他不以为然，认为这也是人之常情，心甘情愿地过着恬淡平静的生活。卫青的博大胸襟并没有对汉武帝的"喜新厌旧"产生丝毫怨气，逐渐调整自己的心态，不骄不躁地对待自己和他人。面对后期汉武帝的一步步紧逼，削减兵权，卫青显示出了极大的忍耐和忠诚，他的晚年甚为寂寞凄凉。姐姐失宠，官场失意，平阳公主先逝，三个儿子剥夺侯位，外甥太子地位的不保……一系列的打击反而突显出卫青的善良和谦卑、谦虚谨慎为人，踏踏实实做事，凭借自己过人的毅力，过度的谦恭，终于能够善始善终，安享余年。在元封五年(公元前 106 年)，一代名将卫青离开人间。他死后，武帝下令按国葬礼仪将其葬于自己的阴宅茂陵旁边，形似阴山，以纪念他打击匈奴立下的汗马功劳，可见武帝对其情谊之深。

从一个地位卑微的小骑奴成长为一个名垂后世的大将军，对卫青来说，除了躬逢盛世之幸运外，也与他的才华和个性密不可分。卫青为人大度、仁善退让、谦和谨慎、礼贤下士，皇上封他三个儿子时他曾推辞不受，苏建曾劝他召门客他加以拒绝。卫青对武帝和大汉的忠心至死不渝，他只是做好分内的事，就算曾经受到别人的质疑以及不平的待遇，也始终无怨无悔。

卫青的才能和品格，不但让士兵们万分爱戴，武帝恐怕也敬他三分，而后世之人更是仰慕不已。他留给后世瞻仰的，不仅仅是茂陵旁边的一块墓碑，还有他非凡的军事才能、他的为人品质以及他传奇般的人生。回头看卫青一生的遭遇。其得意、失意都源于汉武帝的喜好，卫青一生的荣辱都由汉武帝来控制和操纵，身不由已的无奈卫青自己清楚得很。所以，辉煌时期，别人的拍马奉承卫青淡然一笑，衰落时期，门前冷落的悲凉寂寞他也没有怨言地接受，人生中的大起大落太快，需要我们有一个平和、感恩的心态，卫青在这一点上做得恰到好处，这样的英雄，让人平添出些许的同情和景仰。

可惜，现实中的人们，在身居高位时，看不到自己的根基还有动荡，当他把头高高扬起的时候，看不到自己的脚步是否踏实，一旦踩错一步，往往得来的便是“站得高，摔得狠”。身在凡尘中的人们，艳羡别人的香车美女，嫉妒他人的前拥后戴，却忘却了自己的淳朴无华的善良本性，抛却了宠辱不惊、去留无意的做人古训。

文毕，想对处于人生顶峰志得意满的人说一句：“身高莫忘低头谦卑”；想对处于人生低谷暂时郁郁不得志的人，同样说一句：“抬头做人，不卑不亢处事！”世人皆能做到如卫青之大境界，一生荣已幸已满足已！

骠骑将军

◎霍去病

杜甫《后出塞》诗云："中天悬明月，令严夜寂寥。悲笳数声动，壮士惨不骄。借问大将谁？恐是霍骠姚。"诗中所说的霍骠姚就是汉武帝时期最为耀眼的青年军事将领霍去病。

霍去病，西汉著名将领，大将军卫青的外甥。霍去病从小生活在奴婢群中，生活十分艰苦，但他勤奋好学，小小年纪就精通了骑马、射箭、击刺等各种武艺。他是个性格坚毅、智勇过人的青年。西汉时期，西汉王朝与匈奴的斗争已达到白热化程度，匈奴屡次入侵，汉武帝一改以前的和亲政策，开始了对匈奴的反击战争。霍去病的才能也在抗击匈奴中得以展现。

横空出世，猛虎出柙

据《史记·卫将军骠骑列传》记载：冠军侯去病既侯三岁，元狩二年春，以冠军侯去病为骠骑将军，将万骑出陇西，有功。天子曰："骠骑将军率戎士逾乌盭，讨遬濮，涉狐奴，历五王国，辎重人众慑慑者弗取，冀获单于子。转战六日，过焉支山千有余里，合短兵，杀折兰王，斩卢胡王，诛全甲，执浑邪王子及相国、都尉，首虏八千余级，收休屠祭天金人。益封去病二千户。"

"匈奴未灭，无以家为。"霍去病，一个遥远的名字。已经模糊的身影。却还有依然滚烫的血性和悍勇。历史、传说，都已经锈蚀斑斑，依然清晰的是风骨和风华。"出身仕汉羽林郎，初随骠骑战渔阳。孰知不向边庭苦，纵死犹闻侠骨香。"这首王维的《少年行》同样是对霍去病的崇敬。

霍去病是大将军卫青的外甥。他的母亲卫少儿是汉武帝姐姐平阳公主家里的奴婢，在与平阳县衙役霍仲孺私通后，生下了霍去病。

霍去病从小生活在奴婢群中，生活很艰苦。可他勤奋好学，小小年纪就精通了骑马、射箭、击刺等各种武艺。后来，霍去病的姨母卫子夫被汉武帝看中，并被立为皇后。卫氏家族从此平步青云。到十六七岁时，霍去病已经长成了一个相貌奇伟、性格坚毅、智勇过人的青年。后来，他得到汉武帝赏识，就派他做了保卫皇帝安全的侍中官。

元朔六年(公元前 123 年)，汉武帝再次筹划了一场大规模的对匈反击战(即历史上著名的漠南之战)。未满十八岁的霍去病主动请缨，武帝遂封他为骠姚校尉随军出征。

在战场上，霍去病一再请战，卫青就给了他八百骑兵。凭着一腔血气骁勇，霍去病率领着自己的第一批士卒，在茫茫大漠里奔驰数百里寻找敌人踪迹，他有着建功立业的雄心，以及不顾危险的豪迈，你可以说他是年轻，初生的牛犊不怕虎，但是正是这种豪迈使少年成功了，他独创的“长途奔袭”遭遇战首战告捷，杀死了匈奴相国和当户，杀死单于祖父一辈的籍若侯产，活捉单于叔父罗姑比，斩首两千零二十八人，而霍去病的八百骑兵则全身而返。这样的功劳在大军失利的衬托下更加耀眼，大喜过望的汉武帝立即将他封为“冠军侯”，赞叹他的勇冠三军，划食邑一千六百户。

在这次战争中，年青、骁勇，没有经验的霍去病，能一战封侯确实有运气的成分，八百骁骑虽然悍勇，但大漠中敌我不明，极可能遭遇匈奴主力，被聚而歼之、血本无归，(汉匈战争中这样的例子屡见不鲜，苏建、李广都有这样的经历，赵信也是在寡不敌众部下将尽的情况下复归匈奴的)，而且出发时也没有明确目标，基本是寻敌决斗，长途奔袭，打的是遭遇战、突袭战，勇则勇矣，实在是险到了极点。我们不得不感叹：真的是天赐名将，战争要催生这样的一代名将，就绝不会让他在自己的首飞中折翼，为他以后大展身手打下了基础。

不过，此战对霍去病以及整个汉军来说具有重大意义，在此战中，长途奔袭战术小试锋芒便显示其巨大的威力，霍去病误打误撞，无意中走对了路、摸对了门，对于霍去病这样的军事天才来说一次胜利可以总结的地方太多了，从此后轻装简从，长途奔袭的战略思想成为霍去病的主要对敌战术并在以后的历次战役中屡试不爽，成为克敌制胜的不二法门。总结一下长途奔袭战法的基本条件：队伍必须骁勇，要求有极强的单兵作战能力，行动迅捷、出击凶猛、号令严明、整齐划一，几百人乃至数万人进退有如一人，机动性强，快打快收，决不恋战。而这个战法的性质也决定了其必然是以少打多，因为人一多，就容易削弱部队的灵活性和机动性，那么，闪击战的迅疾和爆发力就发挥不出来，因此，纵观霍去病的以后几次战役尽管统兵不断增加，可其以少打多的性质从来没变过。

此一战霍去病横空出世，如猛虎出柙，向世人宣告，汉家最耀眼的一代名将横空出世了。

勇武无敌，大破匈奴

据《史记·卫将军骠骑列传》记载：元狩四年春，上令大将军青、骠骑将军去病将各五万骑，步兵转者踵军数十万，而敢力战深入之士皆属骠骑。骠骑始为出定襄，当单于。捕虏言单于东，乃更令骠骑出代郡，令大将军出定襄。郎中令为前将军，太仆为左将军，主爵赵食其为右将军，平阳侯襄为后将军，皆属大将军。兵即度幕，人马凡五万骑，与骠骑等咸击匈奴单于。

……

骠骑将军亦将五万骑，车重与大将军军等，而无裨将。悉以李敢等为大校，当裨将，出代、右北平千余里，直左方兵，所斩捕功已多大将军。军既还，天子曰："骠骑将军去病率师，躬将所获荤粥之士，约轻赍，绝大幕，涉获章渠，以诛比车耆，转击左大将，斩获旗鼓。历涉离侯，济弓闾，获屯头王、韩王等三人，将军、相国、当户、都尉八十三人，封狼居胥山，禅于姑衍，登临瀚海。执卤获丑七万有四百四十三级，师率减什三，取食于敌，逴行殊远而粮不绝。以五千八百户益封骠骑将军。"右北平太守路博德属骠骑将军，会与城，不失期，从至梼余山，斩首捕虏两千七百级，以千六百户封博德为符离侯。北地都尉邢山从骠骑将军获王，以千二百户封山为义阳侯。故归义因淳王复陆支、楼专王伊即靬皆从骠骑将军有功，以千三百户封复陆支为壮侯，以千八百户封伊即靬为众利侯。而骠侯破奴、昌武侯安稽从骠骑有功，益封各三百户。校尉敢得旗鼓，为关内侯，食邑二百户。校尉自为爵大庶长。军吏卒为官，赏赐甚多、掁大将军不得益封，军吏卒皆无封侯者。

初出茅庐的霍去病首战告捷，崭露头角，自此汉武帝对霍去病的用兵天分一直啧啧称奇，也许是为了再试探一次霍去病的天赋和勇气。然而，河西战役对霍去病来说有着很大的意义，可以说是霍去病功名显赫的重大战役。河西地区在黄河以西，祁连山、合黎山之间，地势低平，是汉朝通向西方的黄金通道。这里原来是由月氏人居住的，后来被匈奴侵占，成了匈奴右贤王和他所属的浑邪王和休屠王的老巢。汉武帝想与大月氏及西域各国取得联系，以便共同对付匈奴，于是发动了河西战役。

右贤王拥有十万骑兵，是匈奴单于的强大右臂，河西战争就是要斩断这条右臂。如果不采取武力的手段赶走他们，不但汉王朝的统治受到威胁，而且还会长期中断汉朝与西域的来往。霍去病深知这次战争的重要性，他不辞劳苦，一年之中两次出征。春天，他从陇西出发，直插河西走廊；然后，避开敌人主力，沿焉支出麓一气奔驰千余里，到达居延海，与那里的匈奴交战。由于劳师袭远，人马有些困乏，作为主将的霍去病身先士卒，带头冲锋。

经过激战，他六天连破匈奴五个王国。接着越过焉支山一千多里，与匈奴鏖战于皋兰山下，歼敌近九千人，杀匈奴卢侯王和折兰王，俘虏浑邪王子及相国、都尉多人。另外还缴获了大批的物资和牛羊。同一年的夏天，霍去病率几万骑兵，从北地出发，奔驰两千余里，直抵居延海，一直打到小月氏的边境，共杀敌三万余，俘虏匈奴王五人及王母、单于阏氏、王子、相国、将军等一百二十多人，并得匈奴休屠王的祭天金人。

霍去病用兵灵活、随机应变、避实就虚、军无定势，不按常理出牌，在运动中屡出重拳，闪击制胜，打得匈奴人晕头转向，摸不着头脑。匈奴对这种神出鬼没的运动战很不适应，完全陷入被动挨打的局面。河西大捷为汉军的大兵团长途奔袭战术提供了可贵的实践机会，也证明了该战术的正确性和可操作性，汉军因此积累了宝贵的经验，同时对相应的后勤补给、粮草运输等也提出了更高要求并初步获得了解决方案。

在惨败之后，匈奴又有两千五百余人投降归汉，这次歼灭战沉重地打击了匈奴右部。

这次战役，使匈奴贵族严重受到挫折，匈奴单于对于浑邪王屡次战败、损失惨重非常不满，要治那些使河西之地失去的浑邪王等人的罪。在汉军重压之下，匈奴内部日益不稳。匈奴单于因浑邪王多次战败，损失四万人马，十分恼急，盛怒之下有了杀掉浑邪王的打算，浑邪王和休屠王商议投降汉朝。

这件事是匈奴统治集团由分化而衰落的开端，也是西汉对匈奴战争取得胜利的重要关键之一。浑邪王跟当时一同受责的休屠王为谋生路，派人到汉朝接洽。这时候汉朝大臣李息领兵在陇西黄河沿岸修筑城堡，接待了浑邪王的使者后，便火急地报告汉武帝。汉武帝觉得匈奴的情况还很复杂，受降的风险比冲锋陷阵作战更大，因为情势容易变化，随时有被袭击暗害的可能。汉武帝由于担心他们诈降，于是派霍去病领兵迎接浑邪王和休屠王的投降。霍去病到达河西之前，休屠王就突然反悔，不想降汉了。

浑邪王情急，便刺杀了休屠王，收编了休屠王的军队。等到霍去病率领精锐骑兵一万多人渡过黄河，列阵前进，浑邪王的部队也列阵等候，接近浑邪王的部队。双方阵营遥迢相望，步步逼近，情势很是紧张。正在这紧要关头，浑邪的一些部下看到汉军后便改变了主意，当中有许多本来不是诚心愿降的人，暗中煽动，纷纷溃逃。浑邪王方面的阵营马上骚动起来，大有呼啸惊散的情势。

在部分降众变乱的紧急关头，霍去病立刻挺身飞马驰入浑邪王的阵营，亲自和浑邪王谈判，最后斩杀不想投降的部下九千人，稳定了局势，浑邪王答应率部四万多人归顺汉朝，另一面马上派浑邪王单身乘驿站上的快车上长安去见汉武帝。

随后霍去病亲自率领着投降的匈奴兵约四万余，缓缓地东渡而去，回到长安。霍去病在这次受降的军事指挥中，充分表现出了他的勇敢机智。河西受降的成功，使霍去病的战绩上又添一功。浑邪王归降汉朝以后，武帝在长安举行了隆重热烈的庆祝大会，欢宴匈奴官兵和部落群众，浑邪王等人被武帝封为侯。

霍去病这次受降成功，最终使河西地区得以长期安定，汉朝也从此打通了到西域的道路。汉朝根据当地习俗分设五属国，后来又设立武威、张掖、酒泉、敦煌四郡，加强了对该地的控制。从此，汉王朝的版图上多了武威、张掖、酒泉、敦煌四郡。河西走廊正式并入汉王朝。这是中国历史上第一次面对外虏的受降，不但为饱受匈奴侵扰之苦百年的汉朝人扬眉吐气，更从此使汉朝人有了身为强者的信心。

当然，经过这样一场血与火的对战后，汉王朝中再也没有人质疑少年霍去病的统军能力，在当时的汉军中，他成为了尚武精神的化身、一代军人楷模。而几次战争中霍去病都连连取胜，汉武帝看出了霍去病的勇敢和才能，对这位年轻的虎将也格外爱护和信任。

“元狩四年春，上令大将军青、骠骑将军去病将各五万骑，步兵转者踵军数十万，而敢力战深入之士皆属骠骑。”（《史记・卫将军骠骑列传》）公元前 119 年，汉朝又发动一次规模最大、征途最远、具有决定意义的战役，要深入大漠，消灭匈奴的有生力量，从根本上打垮匈奴，解除边患。

汉武帝命卫青、霍去病各率骑兵五万分别出定襄和代郡，深入漠北，寻歼匈奴主力。霍去病率军北进两千多里，越过离侯山，渡过弓闾河，与匈奴左贤王部接战。霍去病的骑兵，奋勇冲杀，连续作战，歼敌七万零四百人，歼灭了左贤王的精锐，俘虏匈奴屯头王、韩王等三人及将军、相国、当户、都尉等八十三人。左贤王和手下一部分将官狼狈败逃，霍去病紧追不舍，乘胜追杀至狼居胥山，在狼居胥山举行了祭天封礼，在姑衍山举行了祭地禅礼，兵锋一直逼至瀚海，并在此刻石记功，留下了霍去病赫赫战功的标志。霍去病的英名与此永存。“封狼居胥”就成为历代军事辉煌功绩的代名词。

卫青东路军也取得伟大胜利。这次战役，使匈奴元气大伤。经此一战，匈奴远遁，而漠南无王庭，匈奴贵族很难再牧马中原，饮马黄河，汉朝边患基本解除。霍去病因功加封五千八百户，拜大司马骠骑将军，地位和舅舅卫青相同，但威望与权势却超过了卫青，许多卫青部将纷纷投靠霍去病门下。

当然，此时，霍去病毫无争议地成为了汉军的王牌。汉武帝非常信任霍去病的能力，在这场战争的事前策划中，原本安排了霍去病打单于，结果由于情报错误，这个对局变成了卫青的，霍去病没能遇上他最渴望的对手，而碰上了左贤王部。然而，这场大战也称得上是霍去病的巅峰之作了。

漠北之战

霍去病在深入漠北寻找匈奴主力的过程中，率部奔袭两千多里，以一万五千的损失数量，歼敌七万多人，俘虏匈奴王爷三人，以及将军相国当户都尉八十三人。大约是渴望碰上匈奴单于，“独孤求败”的霍去病一路追杀，来到了今蒙古肯特山一

带。在这里,霍去病暂作停顿,率大军进行了祭天地的典礼——祭天封礼于狼居胥山举行,祭地禅礼于姑衍山举行。这虽然是一种仪式,但更是一种决心。

从长安开始,一直奔袭至贝加尔湖,在一个几乎完全陌生的环境里沿路大胜,这是怎样的成就!经此一役,"匈奴远遁,漠南无王庭"。霍去病和他的"封狼居胥",从此成为中国历代兵家的终生奋斗梦想,人生的最高追求。而当时年仅二十二岁的霍去病也登上了他人生的顶峰:大将军大司马。

战功卓著，壮年逝世

据《史记·卫将军骠骑列传》记载：骠骑将军为人少言不泄，有气敢任。天子尝欲教之孙、吴兵法，对曰："顾方略何如耳，不至学古兵法。"天子为治第，令骠骑视之，对曰："匈奴未灭，无以家为也。"由此上益重爱之。然少而侍中，贵，不省士。其从军，天子为遣太官赍数十乘，既还，重车余弃粱肉，而士有饥者。其在塞外，卒乏粮，或不能自振，而骠骑尚穿域蹋鞠。事多此类。

……

骠骑将军自四年军后三年，元狩六年而卒。天子悼之，发属国玄甲军，陈自长安至茂陵，为冢象祁连山。谥之，并武与广地曰景桓侯。子嬗代侯。嬗少，字子侯，上爱之，幸其壮而将之。居六岁，元封元年，嬗卒，谥哀侯。无子，绝，国除。

霍去病少言多行，从不说空话。汉武帝曾经想亲自教他孙吴兵法，他回答道："打仗应该随机应变，而且时势易变，古代的兵法已不合适了。"武帝要为他建府第，他却说："匈奴不灭，无以家为。"所以很得武帝宠信。

霍仲孺当初不愿做胎中霍去病的父亲，卫少儿也就从来不曾告诉过他自己的身世。当他立下不世功勋之后，他终于知道了前因后果。就在他成为骠骑将军之后，他来到了平阳(山西临汾)，向当年抛弃了自己的父亲霍仲孺下跪道："去病早先不知道自己是大人之子，没有尽孝。"霍仲孺愧不敢应，回答说："老臣得托将军，此天力也。"随后，霍去病为从未尽过一天父亲之责的霍仲孺置办田宅，并将后母之子霍光带到长安栽培成材。

霍去病出身富贵，善于用兵却不能够体恤士卒。他率军出征的时候，皇帝御膳房给他准备了数十辆装满膳食的大车，回军以后，车内扔掉了很多吃剩下的米和肉，但是他的士兵却还有忍饥挨饿的。他在塞外打仗时，士卒缺粮，有的人饿得站不起来,而骠骑将军还在画定球场,踢球游戏。这是一种天生的毛病,是家族给他的烙印,考虑到霍去病的身份、年龄和心理成熟度(军事才能上的成熟不等同于其他方面的同步成熟),不要强求一个天生富贵的小孩成为一个圣人,如果让霍去病有机会多活上几十年、也许他也会向李广看齐,何况,尽管霍去病不体恤士卒,好像并不妨碍这些士卒替他卖命。其实从汉朝士兵的角度来说,也许更愿意在霍去病的麾下,因为毕竟大多数人还是渴望一战成名,功成封侯。一是霍去病运气好,从不打败仗。另外,皇帝宠信他,就算打了败仗,也不见得会受到惩罚。

霍去病一生四次领兵正式出击匈奴,都以大胜回师,灭敌十一万,降敌四万,开疆拓土,战功比他的舅舅卫青还要壮观。对于整部世界军事史和中国史来说,霍去病是彪炳千秋的传奇。

但是创造了这样不世的功勋之后,霍去病也登上了他人生的顶峰:大司马骠骑将军。然而仅仅过了两年,元狩六年(公元前 117 年),二十四岁的骠骑将军霍去病就去世了。

霍去病谥封景桓侯。武帝痛失良将,深心惨怛,伤悼不已。他才二十四岁啊!正值青春盛年,可谓来日方长,踏平匈奴,生擒单于,正赖此人啊!谁想到他壮志未酬,便英年早逝。武帝感到自己的灭胡大业中痛失此人,实无异于泰山崩塌,梁柱摧折。汉武帝是如此的宠爱他,将他安葬在自己寝陵的旁边,让他长伴茂陵。

在霍去病出殡之日,曾追随他征战万里的将士们列队为他送行。将士们全都黑衣黑甲,排成整齐的军阵,从长安一直到茂陵,一派庄严肃穆。那一天,阴霾四塞,愁云密布,仿佛苍天也为这位不世出的名将的陨落而垂示哀容。将士们怀着悲痛,也怀着崇敬,目送霍去病的灵柩缓缓行过。他曾是这支战无不胜的大军的灵魂,他曾统帅着他们去创造了一次又一次辉煌的胜利。此刻,他们来接受他最后的检阅。霍去病葬于外形仿祁连山状的高大墓中,墓前还有汉武帝为表彰其战功而立的十四件大型圆雕石刻。上书其座右铭:“匈奴未灭,何以为家!”

他的舅舅卫青在十年后去世,卫青和霍去病的墓都在汉武帝的茂陵旁边,霍去病的墓很像祁连山,而卫青的墓很像匈奴境内的庐山。两山之中,是牢固的汉室江山。霍去病好像就是为了打败匈奴来到这个世界上,在他短暂一生中,从十八岁第一次出塞,十九岁歇了一年,二十岁三出河西,春天的时候在河西走廊纵横了近四千里,带着一万人冲杀于匈奴各部,回来的路上更是在今兰州城西北郊的皋兰山跟匈奴两个部落王鏖战一场，一万人最后只剩下三千人，可以想象其战斗的激烈。稍事修整过后，又在夏天再次出塞，这一次在军事史上堪称经典的大迂回作战，让霍去病在沙漠戈壁中一路砍杀驱驰了近七千里路。在带着他的胜利之师浩浩荡荡地回到长安后不久，被他杀败的两个匈奴王就要求降汉，霍去病再次出河西迎降，然后，二十一岁又休息了一年，二十二岁时做了一生中最后一次也是功勋最卓著的一次出征，带着五万骑兵，北向追杀匈奴左贤王部数千里直至今贝加尔湖。

二十四岁就辞世，一颗璀璨流星就此勋落。史记匈奴列传记载：漠北大战后，双方均受损伤，匈奴遣使和亲，汉朝派任敞出使，与匈奴谈条件。然而匈奴不仅不接受汉方的条件反而扣留使者任敞，于是武帝决心发动又一次对匈的战争。"汉方复收士马"，积极的备战。然而就在这个时候，身为主将的霍去病突然去世，这次很可能彻底摧毁匈奴势力的第二次漠北大战夭折了。霍去病的突然离世，对汉匈双方来说都具有极为重大的意义。关于霍去病的死，朝廷肯定会对外公布一个死因，不然如何向即将出征的将士们交代。但事无巨细的司马迁居然没有写明，让这位天才军人的死成为一个不大不小的历史疑案。但后世却又忍不住对霍去病之死做出了种种猜测，有以下两种说法。

病死之说？

关于霍去病之死，流传最广的、最有分量的便是病死之说。

这种说法最早出自西汉时的褚少孙，他在建元以来侯者年表中有一段补记，借霍光之口说霍去病是病死，然而具体是什么病，没有记载。这段话出自霍光上奏给皇帝的奏折，有案可查，褚少孙也没必要说谎，因此基本上还是有可信之处的。因此，官方说法为病死。

一说霍去病将军在最后一次征战匈奴时，误饮了有瘟疫的河水，当时并没有发病，而是若干年后，因杀死李敢，武帝怜才之心，让其躲避，谁知这一去，路上因为感染某种病，引发多年来藏在体内的病毒而死。

但此说也经不得推敲，因为就算有瘟疫，为什么没有大面积蔓延？为什么随同他一起征战漠北的将领没有染上？为什么潜伏期会长达两年？再者，霍去病是一员纵横沙场的武将，能骑善射，在战场上经常是一马当先，身体素质过硬，肯定不是一个弱质纤纤的天然病夫，要不他如何跟人打仗拼命去，况二十三岁正值壮年，身体还处于上升期，怎会不堪积劳。

因此病死之说难以服人，况若真是病死，司马迁为何三缄其口？对他的葬礼等诸事记述详细，却单单漏掉这个主因？一个说得通的理由是，病死之说只是一个托词，在当时根本就没有人相信，司马迁也不例外。但本着对史实负责任的态度，他没有将虚假死因写在史书中。而且他既没有能力也没有兴趣去探究霍去病的真正死因，因此就形成了这样的一个缺口。那么，若霍去病不是病死，又是谁杀呢？官方又为何要遮遮掩掩？

害死之说？

这位少年将军是和匈奴联系在一起的，从霍去病去世以后，汉武帝再没有发动对匈奴的大规模战略作战，少年将军好像把汉武帝一代对匈奴的仗都打完了，像一位演员，完成了他在历史舞台的表演，从此不再出现。但是他永远以冷峻傲岸强悍的少年姿态留存于千古的记忆之中，他没有机会享受丰富的人生，却避开了他的大多数亲戚和同僚们最后悲惨的下场：族灭、宫刑、失侯、弃市。汉武帝族灭卫氏外戚、汉宣帝族灭霍氏外戚时，都不再顾念这个少年曾经为帝国立下的功勋。这个汉武一朝的天字第一号幸运儿因自己的早逝而画上了一个遗憾却又完美的句号。

史记：骠骑将军去病与青有亲，射杀敢。去病时方贵幸，上讳云鹿触杀之。居岁余，去病死。

我想，这个“上为讳”说明将军当时功高镇主，已经无法再封赏了，只好置大司马位置与卫青共事。他太好胜，如果再打胜仗恐怕只好把江山让给他了。当年韩信就是因为功高镇主，以至刘邦不得不除掉他才心安。本来骠骑将军的军权、智慧和锐气就很了不得，偏偏他终于克制不住自己射杀了李敢，很可能使汉武帝如“芒刺在背”，汉武帝是个猜疑心很重的人，我认为：那种猜测霍少是被汉武帝偷偷害死的可能性是存在的。

自古以来，功劳最大的臣子往往下场都很可悲。所谓“飞鸟尽，良弓藏；狡兔死，走狗烹；敌国灭，谋臣亡。”匈奴气数已尽，霍去病和卫青已经是官位的顶级，汉武帝已不能再封赏他们了。至于霍少死后的殊荣，是因为汉武帝的确喜欢他，喜欢却并不代表不杀他，他也许哭得是：“去病啊，你是我心上的孩子，可是你为什么要这么优秀呢？朕，不得不杀之啊……”

霍去病究竟何因落得壮年而逝的悲凉。或有说,因为他杀戮过重遭了天谴,或有的说,因为过漠北的时候中了难以治愈的病毒,更有人说,霍去病就是巴顿一样的人物是为战争生的,当没战争打的时候也就是该殒命的时候。不管哪种说法是真的,终止年近二十四岁就死了,这不得不说是大汉的遗憾。

"严风吹霜海草凋,筋干精坚胡马骄。汉家战士三十万,将军兼领霍嫖姚。流星白羽腰间插,剑花秋莲光出匣。天兵照雪下玉关,虏箭如沙射金甲。云龙风虎尽交回,太白入月敌可摧。敌可摧,旄头灭,履胡之肠涉胡血。悬胡青天上,埋胡紫塞傍。胡无人,汉道昌。"李白一首《胡无人》,让人于千载之下犹能想象出霍骠姚的虎虎生气。连他墓前那石雕的骏马,也以其内蕴神韵博大气魄而彪炳青史于不朽。"匈奴未灭,何以家为?"这短短的八个字,因为出自霍去病之口而言之有物、震撼人心,刻在历朝历代保家卫国将士们的心里。"霍骠姚"已成了英勇果敢一往无前的代名词。他只活了二十四岁,却长命两千多年。这是一种境界,更是一种超越。人生如此,夫复何求。